U0112892

闽越
文化

易石嘉\著

华艺出版社
HUA YI PUBLISHING HOUSE

图书在版编目（CIP）数据

闽越文化 / 易石嘉著. — 北京：华艺出版社,2011.7
ISBN 978-7-80252-308-1

Ⅰ.①闽… Ⅱ.①易… Ⅲ.①文化史—福建省 Ⅳ.①K295.7

中国版本图书馆 CIP 数据核字（2011）第 155193 号

闽越文化

著　　者：易石嘉
责任编辑：陈娜娜
装帧设计：王　烨
出版发行：华艺出版社
社　　址：北京海淀区北四环中路 229 号海泰大厦 10 层
电　　话：010-82885151
邮　　编：100083
电子信箱：huayip@vip.sina.com
网　　站：www.huayicbs.com
印　　刷：北京兴星伟业印刷有限公司
开　　本：787×1092　1/16
字　　数：176 千字
印　　张：12
版　　次：2011 年 8 月北京第 1 版第 1 次印刷
书　　号：ISBN 978-7-80252-308-1 /K295.7
定　　价：28.00 元

目录

导　论

20 世纪 80 年代，钱学森先生以《研究社会主义精神文明财富创造事业的学问——文化学》为题，提出了文化学是关于社会主义精神财富创造事业的基础理论的观点，于此带动了学界研究传统文化热潮。值得注意的是，此阶段的若干讨论与五四传统存在极为密切的关系，是在当时思想解放运动之下，一种寻找对中国社会问题的文化解释的公共热情的释放。由于偏重于思想反思，有些文化论述过于宏观，只是笼统地去说中国文化如何、西方文化怎样，不加具体分析，结果导致了将文化本质化的非历史倾向。不善于动态地发掘文化在具体历史发展中所蕴含的创造力，只是静态地、简单地考察历史发展中所出现的矛盾，所引发的深层问题往往就是历史虚无主义和文化虚无主义。看不见历史文化变迁中多元性，平面地、简单地化约了历史复杂性，在表现形态上也往往是盲目地否定文化遗产、历史传统。结果，"停滞论"沉渣泛起，影响到民众的认识，就以为中国社会千年不动，铁板一块，难以适应多变的社会。而如果希望除旧布新，只能自我否定民族文化，否则别无出路。

这是一个认识误区，在西方历史进程中，如何继承传统文化，让人们在现代文明的基本构架中实现美好生活，一直是知识分子们思考的问题。

以文艺复兴而论，其主旨是唤起人们对古希腊罗马的热爱，以复兴古代文化为旗帜，高扬人文主义精神。它们还与宗教改革并行不悖，以重归传统的方式重塑了西方的主体价值。可以说，没有古典文明的复兴，就没有西方现代文明。西方现代文明的基本精神奠定在对古典文明的重新理解上。

应该说，经过近30年来的冷静思考，学界此前的认识误差也逐渐清醒。任何一位有责任的知识分子都懂得，只有文化复兴，才能重塑民族魂灵。事实也证明，如今沿着人类常规发展路径，中国经济已得到了较快的发展。那么，顺接而下的思考就是，我们该如何正确看待文化传承与创新。

中国历史悠久，地域辽阔，再加上地理环境、经济发展等差异，各区域之间的发展进程各有不同，所产生的地域文化也差异甚大。因此，认识中国文化，首先是从地域差异入手，前人对此也有深刻阐述。如思想史学家侯外庐先生曾论及中国学术思想地域性时指出的，各个学派的流传分布，往往也有其地域特点，大略的形势可以描述如下：儒墨以鲁国为中心，而儒家传播于晋、卫、齐；墨家则向楚、秦发展。道家起源于南方原不发达的楚、陈、宋（《中国思想史纲》）。不过，地域文化差异并不代表"老死不相往来"。在历史上，各具特色、绚烂多彩的文化一直保持着互相交流和互相融合的态势。一方面，它们互相渗透，各种因素整合、统合；另一方面，则是保持差异性的代代相因。从文化传承的客观规律看，前代文化对后代文化影响非常复杂，也非常多元，这才是中华文化的深厚底蕴和光辉灿烂的真正动因。

只有从这个层面出发，对具体的地域文化进行历史的、具体的考察和研究，充分关注其流变与传承，才能理解不同人群何以在这块古老土地上创造了至今犹存的独特的社会文化生活；才能从地方文化的特殊性中找出中国传统文化的同一性；才能理解文化是有根有叶、有本有源的，它存活于特定时空形态的群体中；才能将文化与具体群体结合在一起，通过文化认同的构建，将人群的主观能动性转化为社会发展的实力和动力。

闽越文化是历史悠久的中华文化的重要有机组成部分。文化是特定地理背景下地域社会经济发展的产物。在地域文化的形成过程中，自然地理环境是物质基础，所谓"一方水土养一方人"。"闽越"也不例外，它是以闽越族人及后裔分布范围或活动区域为依托的文化系统，大致包括今天的福建和台湾全境。早期历史证明，闽越地处中国东南一隅，"限以高山，人迹所绝，车道不通，天地所以隔外内也"，在古代交通工具很不发达的情况下，闽越文化较少受中原主流文化的影响，土著文化保持着相对独立的状态，拥有较多自由发展空间，人文内涵自成体系，成为福建文化演进的重要源头。其文化特征可归纳为：拜蛇图腾、断发文身、习于水斗、便于用舟、山处水行、好食腥味、种植水稻、行悬棺葬等，表现出与其他文化显著不同的风格。

在中国文化多元一体的谱系中，闽越文化在地理形态上属于边缘地带，地处东海之滨，枕山面海，西北横亘武夷山脉，西南高耸博平山脉，东北绵延太姥山脉，东南则从茫茫东海延伸到台湾岛。境内山岭耸立，丘陵起伏，河谷与盆地错落。但边缘地带往往是历史与地理的特殊结合点，存在着活跃的社会变异潜力，因为三面环山造成闽越文化发展的独特积淀能力，一面临海则留给了闽越文化向外拓展的广阔空间。自古以来，闽越"以舟为车，以楫为马"，成为最善于船舟的群体，从 3000 多年前武夷山船棺到 2000 多年前的连江独木舟的遗物都说明，无论山区、沿海，也无论生活、死葬，闽越人都离不开舟楫之用，开东南区域海洋人文之先河。而宋元明清时期，海洋文化特征被继承并强化，福建成为海上丝绸之路的起点，由此形成的强大海商集团长期控制着东方海上国际贸易。同时，沿海居民也借此向海外扩展，渡海入蕃，形成华侨文化，成为中华文化向外传播的主要承载者。

可见，闽越文化不是一成不变地独立于其他文化之外。更确切一点说，其发展是流动的，一方面，早期地域要素形成的文化异质在慢慢淡化，而另一方面，新文化要素的进入，不断改变或叠加于原有异质特性之上，逐步形成新的文化特征。如从这样的动态分析闽越文化形态与文化现象的形成、发展，就会看到极为绚烂多彩的内容。比如，闽越文化从旧石器时代开始即经历多种文化的冲击，不断汲取和融合不同时期的中原文化与海外文化，使得整个文化合成序列呈现多重叠加形态。即便是中原文化，也是随着不同的中原汉族人群迁入而累加的。至此也就不难理解，在具有封闭性特征的地理环境中，大量的中原古风反而在闽越大地得到了大量保存，反而使闽越文化呈现鲜明的内陆特征。而且宋代以后，闽越在保留原有文化因子的基础上，吸收和消化了各种不同的中原文化，形成了以闽学为代表的理学体系，成就了闽越文化的一代昌盛局面。

文化的展现离不开人群活动，反过来，文化图式也限制了人群活动的意识模型。英国人类学家泰勒说："所谓文化或文明，乃是包括知识、信仰、艺术、道德、法律、习惯以及其他人类作为社会的成员而获得的种种能力、习性在内的一种复合整体。"所谓的"习性"，就是一种文化精神，是一种具有长期稳定性的结构。从这层意思出发，地域文化极为重要的内容就是孕育了带有特性的人群。或者说，地域文化是地域内人群特有的文化传统、文化心理和文化性格的集中体现。地域文化做为地域历史过程的动态积淀，是该区域内社会成员所共享的生存方式、文化生态。美国的人类学家本迪尼克曾就此做过说明。她说："一种文化就如一个人，是一种或多或少一贯的思想和行动模式。各种文化都形成了各自的特征性目的，它们并不必然为其他类型的社会所共有。各个民族的人民都遵照这些文化目的一步步强化自己的经验，并根据这些文化内驱力的紧迫程度，各种异质的行为也相应地愈来愈取得了融贯统一的形态。"

根据学界的研究，闽越文化精神可粗略归纳的特征是：第一，由于闽越文化吸取了不同地域、不同民族，甚至不同国度的多种文化成分，并经过特定地域和社会的不断磨合、扬弃，最终形成了对立统一的人文性格特征，既重农敦本、守成俭约，同时又注重诸业并举、重商求富；既崇尚正统，同时又慕异求新。第二，由于闽越社会形成与人群的海陆迁徙扩展相关，安土重迁的观念相对薄弱，尤其在宋明以来的海上贸易兴盛时期，福建沿海居民又纷纷下海谋生，贾贩海外，"亦商亦盗"的海洋生活进一步塑造了人群的冒险开拓特点。第三，由于福建境内山峦叠嶂的阻隔，不同的江河流域便各自形成了相对独立的小经济文化生活区域，把人群分隔成许多不同的群系，它们彼此之间呈现相对独立和平行并存的状态，尽管在相互交融上有逐渐加强的趋势，但彼此在地域上的隔绝仍十分明显，在福建文化生态这个动态系统中形成了多维度的文化力，导致福建区域社会中人们生产生活和行为方式的多样化。第四，由于唐宋以来，闽越士民受中国正统的文化影响，一方面从中华主流文化特别是儒家文化中吸取塑造自我的文化营养，从而使自身融入中华文化的整体共同圈内；但另一方面，土著文化的底色在草根社会经久不衰，在文化自我表达时，又在不知不觉中把有别于他人的文化成分显露张扬出来。于是，"大传统"与"小传统"在闽越文化中的多层面互动格局呈现得更加复杂和多元。

闽越文化精神特征是在近两千年社会文明的开发历程以及地理环境等诸多因素下逐渐形成的，以上所举的仅是较为显著的特殊点而已。文化作为人们行动之根基，也是无意识的内在驱动力。中国共产党十七大报告明确认识到这一点，提出："提高国家文化软实力，使人民基本文化权益得到更好保障，使社会文化生活更加丰富多彩，使人民精神风貌更加昂扬向上。"显然，文化是一个国家或者地区的影响力、凝聚力和感召力的重要体现。费孝通先生说过：当代人要有文化自觉。所谓的"文化自觉"，既有置身于东西方文化交流下的自觉，也有传统文化与现代文化冲击下的自觉，更有地域文化与中华文化之间互动格局下的自觉。总之，文化的自觉就是对自己的文化有自知之明，要理性地对待和审视我们身上所承载的文化传统。

本书在前人研究的基础上，从历史的、宏观的角度阐述闽越文化的内在属性，希望以此为文化传承的手段，将原有文化的精华整合成为新的文化资源，实现原有文化的创新和超越，使闽越文化始终保持吐故纳新的旨归和能力。

第一章　史前闽越文化与南岛语族

第一节　旧石器时代的闽越文化

一、菜寮溪边的左镇人

在台湾网络上，有一个网站名叫"菜寮溪的守护神——化石爷爷陈春木"，这是一群台南的年轻化石爱好者为纪念台湾民间化石采集者陈春木老先生而开设的。菜寮溪为曾文溪的支流，发源于台湾高雄县的乌山，溪流羊肠弯曲，经左镇乡的草山顶、冈子林、内庄子、菜寮，至山上乡的牛稠埔合流于曾文溪，沿溪风景秀美。陈春木是一位喜好地方文史与地质化石的老人，他于 1909 年 7 月 25 日出生于台南县学甲大弯的农家，9 岁时跟大哥从学甲搬到左镇菜寮居住。1933 年，陈春木在菜寮溪挑水，溪边的一块黑色石块引起他的注意，于是他带回了石块拿到学校给濑户盛重校长，校长转交给台北帝国大学鉴定，鉴定结果发现那是化石，是地质学、古生物学珍稀的标本。就这样，陈春木成为第一个发现菜寮溪化石的人。

菜寮溪流域化石堆积层丰富，每逢滂沱大雨，山崩水洗，溪床中就能采集到一些古代动物及介类的化石。后来另有个郭姓人家，父亲和三个儿子都喜欢考古，他们经常到各地采集先民的遗物、化石，人称"郭家班古生物采集队"。1970 年夏季的一天，郭家还在读高中的小儿子，在菜寮溪的河谷里拾到一块棕色有黑斑点的化石，长约 7.8 厘米，最宽处 8 厘米。他觉得这块化石很奇特，以为是古生物化石，就带回家中，放在陈列室里。次年，台湾大学教授宋文薰在郭家看到这块化石，拿去研究，并用科学方法测定，确认这是一个青年男子头部顶骨化石残片，上面还可看到密布的微细血管印痕。根据推测，这个男青年有20岁左右，生活在距今大约3万~2万年。其后学者们又陆续采集到顶骨、额骨、枕骨和单个牙齿等，至少有8件，分别来自菜寮溪的臭屈和冈子林河段。根据对人类化石中氟、锰含量的测定，估计其年代为距今3万~1万年，这是目前台湾岛已发现的最早的人类化石。

左镇人化石的出现，将此前1968年发掘的台湾台东县长滨乡八仙洞人类遗址继续向远古推进。因为在八仙洞，考古学家们发现了大量的石器、骨角器，其中打制石器6000余件，骨角器100多件，经考古测定，石器时间最早的距今1.5万年，最晚是在5000年前，定名为"长滨文化"。从"长滨人"保存的遗址文物来观察，这些古人已经知道利用粗陋的打制石器，故其社会尚处于狩猎及采集食物阶段，还不知道种植作物、饲养动物与制造陶器，同时遗址中亦有木炭发现，已经知道取火熟食。但是八仙洞没有人类化石，那么文化的主人是谁呢？左镇人的发现，使学界有了答案：左镇人可能是长滨文化的主人。

台湾在20世纪60、70年代发现了旧石器时代的人类化石与文化遗址后，这些文化遗址的来源就成为讨论的热点。一些学者推断"左镇人"是由大陆移入台湾的，台湾考古学家宋文薰曾认为，"台湾位于中国东南大陆棚山，在最近300万年至1万年之更新世冰河期间，曾数次与华南以陆地相连，期间有源源不断的华南哺乳动物群往台湾迁移。故在这期间很可能有以狩猎与采集为生的旧石器时代人类，跟随动物群移居台湾"。但是，20世纪80年代以前，福建考古发现中的旧石器时代资料几乎是空白，大家所能知的也只是林惠祥先生于1951年在龙岩曾发现的疑似旧石器时代化石而已，因此，到80年代为止，"左镇人"大陆来源之说就成为尚未定之猜测。

二、海峡两岸旧石器时代遗址与陆桥

1988年5月，清流人化石的出现，填补了福建没有旧石器时代人类化石的空白，也解决了海峡两岸古人类起源的问题。当时，福建省博物馆范雪春与三明市文物普查队在清流县沙芜乡洞口村狐狸洞采集到一枚晚期智人的左下第一臼齿化石和少量哺乳动物牙齿化石，这是福建省首次发现的有层位记录的古人类化石，其形态不乏现代人特征，牙齿存在明显减少的趋势，反映了马来人种的特征。

经过20多年的考古工作，福建发现了旧石器时代早、中、晚期的遗址（地点）30多处，不断地将境内古人类活动的时间向前推进。按年代可排列为：莲花池山遗址——黄衣垄遗址——万寿岩灵峰洞遗址——万寿岩三号支洞——洋尾山旧石器地点群——黄泥山遗址——板山旧石器地点——东山苏峰山旧石器地点——船帆洞下层、船帆洞上层、馒头山、鱼仔山、芦坪岗和瓦窑岗、宁化老虎洞、清流狐狸洞。在这些遗址（地点）的时间排列中，莲花池山遗址、黄衣垄遗址、万寿岩灵峰洞遗址大约距今40万~20万年，清流狐狸洞等遗址则大约1万年左右。对照台湾的旧石器时代遗址，"左镇人"距今3万~2万年，就在此古人类演化的序列之中。

但远古时期，福建原始人是否真的渡过了海峡到台湾去了呢？根据气候和地理资料分析，我们可以得知，旧石器时代相当于地质史上的更新世，这是一个地球上气候剧变、冰期和间冰期频繁更迭的时期，也是人类进化的重要时期。距今1万~3万年前的晚更新世晚期为最后一次盛冰期，海平面下降，海底裸露，渤海、黄海、东海的绝大部分海域成为陆地。其中台湾海峡自然成为陆桥，学界称之"东山陆桥"。它西起福建省东南沿海的东山岛——南澳岛附近的水下30米深的海底阶地，向东延伸至海峡南部的台湾浅滩，再向东北，经澎湖列岛而后直至台湾岛西部的台南，东西长度近200公里。浅滩带由四部分组成，即台湾浅滩、南澎湖浅滩、北澎湖浅滩和台西浅滩，平均水深约40米，最浅处仅10米。

陆桥使大陆与台湾本岛及澎湖等附属岛屿连成一片，也使动物频繁迁徙于两岸。20世纪五六十年代间，台湾渔民在捕鱼之中，曾网获数万件古脊椎动物化石。从20世纪80年代末至2009年约20年间，福建东山博物馆已从"万福公"、出海渔民等处陆续收集哺乳动物化石3000多件。这些哺乳动物化石经鉴定有亚洲象、双角犀、熊、野猪、梅花鹿、水鹿和水牛7种。海峡东部的潮湖列岛附近海底，哺乳动物化石数量和种类更多，有诺氏古菱齿象、亚洲象、普氏野马、梅氏四不像鹿、水鹿、杨氏水牛、水牛和猛犸象等等，动物群组合反映的时代都是更新世晚期至全新世早期。动物化石惊人的一致以及保存和埋藏状况表明，这些哺乳动物原来就生活在那里。

1987 年东山华福酒店工地的民工在施工时发现了 20 多块化石标本，经收集后交至县博物馆，后经专家鉴别论证发现其中有一块人类的肱骨化石，其余的为熊、虎等动物化石。肱骨骨壁夹有一层黑色物质，为海底地层的锰质侵入的结果，肱骨上还有海生软体动物附着痕迹，所以这块肱骨化石为渔民从海底捞上携回埋置无疑。这块人类肱骨化石经鉴定年代为距今 1 万年左右，被称为"东山人"，从而进一步证明了"东山陆桥"的存在及大陆与台湾的密切联系。

"海峡人"化石则是福建石狮市祥芝镇祥芝村渔民在台湾海峡的传统作业区的海域（即澎湖群岛北至台中）以西新竹海域捞出的数千件化石中的一件。1998 年 11 月，泉州考古爱好者刘志成等发现了这一件人类骨骼的化石标本。经厦门大学历史系考古专业蔡保全教授、中国科学院古脊椎与古人类研究所张振标研究员和著名考古学专家、中国科学院资深院士贾兰坡先生鉴定，肯定这是晚期智人男性个体的右肱骨，仅缺失肱骨滑车和肱骨小头，长 311 毫米。石化程度相当高，表面呈棕褐色，并留有海生无脊椎动物附着的痕迹，绝对年代距今 11000～26000 年左右，贾兰坡建议将其命名为"海峡人"。

随着东山人、海峡人化石的出现，可以确证，远古先民从福建启程，沿着"东山陆桥"，经过澎湖列岛，涉海滩而达到台湾，古人类就这样通过陆桥流动于海峡两岸，海峡两岸的史前文化存在着共同的祖先，同属中国旧石器时代的南方晚期智人。

第二节 南岛语族在沿海的分布及特征

一、南岛语族起源

2010 年 11 月 19 日凌晨 1 时，一艘重达 4 吨，长 15 米、宽 7 米的仿古独木舟，历经1.6万海里航行，抵达福建福州。这场活动由法属波利尼西亚独木舟协会发起，取名为"寻根之路"，他们希望沿着"南岛语族"先民当年从中国东南沿海迁徙至太平洋诸岛屿的路线，反向航行，回到起源地"寻根"，并开展文化交流。船员由6位南岛语族的后代组成，分别是船长普努阿，船员易立亚、山姆、费、埃尔维，以及有"航行眼睛"称号的郭诺努伊。独木舟于7月27日从大溪地启航，途经库克群岛、汤加、斐济、瓦努阿图、所罗门群岛、巴布亚新几内亚、菲律宾。在经历4个月的海上颠簸后，他们无不晒得黝黑，满脸胡须，满身海腥味。这些南岛语族的后人之所以"寻根"到福建，因为他们认为自己的祖先就是来自这里。

沿着"寻根之路"的1.6万海里的路程，我们把目光投向辽阔的南太平洋海域。那里碧波荡漾，散落着大约1万多个形状各异、色彩斑斓的岛屿，它们似璀璨明珠，分属于三个岛群，即波利尼西亚、密克罗尼西亚和美拉尼西亚。美拉尼西亚分布于西部，意为"黑人群岛"，包括巴布亚新几内亚、所罗门群岛、瓦努阿图和斐济等四个主权独立的国家。此外，法属新喀里多尼亚也属于它；密克罗尼西亚位于中部和北部，意为"小岛群岛"，包括马绍尔群岛、密克罗尼西亚联邦、基里巴斯（吉尔伯特群岛和大洋岛）、瑙鲁和帕劳等主权独立的国家。美属北马里亚纳群岛、关岛和被美国占领的威克岛，也在它的范围里；波利尼西亚地处东部，意为"多岛群岛"，包括库克群岛、基里巴斯（菲尼克斯群岛和莱恩群岛）、萨摩亚、汤加和图瓦卢等独立或自治国家。法属波利尼西亚、英属皮特凯恩岛、智利的复活节岛和美国管理下的约翰斯顿岛、中途岛、夏威夷州等，也在这一区域。100多年前，欧洲的学者来到了南太平洋，他们发现太平洋一个又一个的岛屿上，存在着这么一群人：他们在那个时候，一些语言的词汇是一样的，航海能力是一样的，所造的船只是一样的，人类体质学的外形是一样的，于是便给他们取了一个名字——南岛语族。

南岛语族是目前世界上唯一的主要分布在岛屿上的大语系，据统计，该语系数目约有1000~1200种语言，如今说属于南岛语系语言的人大约有2.7亿。"寻根之路"说明，南岛语族作为海洋族群，早在远古，就凭借惊人的航海技术，成功地在南太平洋上征服了一个又一个岛屿。这些语言同属一系、文化亲缘关系甚为密切的族群。那么这些族群的远古起源在哪里呢？

19世纪末期以来，考古学、民族学和语言学的研究者就推论南岛民族应起源于中国大陆的南方海岸一带，至20世纪前半叶，如奥地利学者 Heine-Geldern、美国考古学者 H. Otley Beyer、日本学者鹿野中忠雄等分别从不同角度推测南岛民族起源问题，都把源头的讨论引到了华南陆地一带。凌纯声也认为，印度尼西亚式的文化群不仅见于东南亚地区，而且存在于古代的华南大陆以及太平洋群岛间广阔的海洋地带，并称之为"亚洲（或亚澳）地中海文化圈"。他站在东方古代文明的宏观立场上把握了这一海洋文化的发生与成长，将东亚大陆的上古人文区分为中西部华夏集团的"大陆文化"和东南部夷越集团的"海洋文化"两类，将东南亚、西南太平洋群岛上大同小异的印度尼西亚式的土著文化群（即马来人群或"南岛语族"）都归于远古时代以来中国内地东南沿海地区以"珠贝、舟楫、文身"为特点的夷越及其先民的远航文化。

这些杰出学者中，厦门大学的林惠祥先生观点鲜明，他以福建为起点，系统研究有段石锛的分布情况。有段石锛是普遍发现在中国南方地区的新石器时代具有浓厚地方性特征的遗物，它是石锛中的一个特殊类型，形制上，它与普通石锛一样，单面刃，呈扁平长方形或梯形。但因其背部偏上有横脊、凹槽或台阶，将锛分成上下两部分，上部为装柄部分，故一般称其为"有段石锛"。有段石锛分布范围很广，一般说来，主要分布在太平洋西部沿海地区，包括中国的东部、南部沿海和内陆的几个省区，南美洲西部海岸，以及南太平洋诸岛屿、菲律宾等地，最南可达新西兰岛。通过类型对比，林惠祥观察到福建初级型的有段石锛数量最多，高级型数量少；台湾的高级型石锛较多；而菲律宾和太平洋诸岛几乎都是高级型的。于此可以推断，有段石锛是出自亚洲大陆，然后传至台湾再传至菲律宾和太平洋诸岛。这是一个以生命为之探讨的论点，因为1958年2月12日夜，林惠祥伏案撰写《中国东南区新石器文化特征之一：有段石锛》的英文提要时，突发脑溢血，即不幸于2月13日凌晨奄然而逝。

随着考古资料的增多，澳大利亚学者的 Peter Bellwood 在林惠祥等人研究的基础上，提出了一个南岛民族扩散理论。他认为南岛民族的祖先是居住在大陆东南沿海的新石器时代的农民，后来由于谷类农业的发展，造成了人口的成长，因而需要新的土地从事农业，于是从公元前 4000 年开始，向东南亚的海岛扩散，大约于公元前 4000～3500 年到达台湾，公元前 3000 年继续扩散到菲律宾北部，而到公元前 2500～2000 年，占据了东印尼群岛，公元 1000 年左右，完成了现有的南岛语族的分布形态。张光直也推论大陆东南沿海包括福建、广东东部和台湾一带的史前族群向南方移居，成为后来南岛民族的祖先。

中外两代考古学家和人类学家研究显示，虽然有关南岛语族的母地和其扩张的若干问题还有待更多的澄清和讨论，至少在现阶段已有的若干事实，可以作为确定的结论是，南岛语族起源与中国大陆的福建和广东沿海的新石器时代居民有着密切的关系。

二、南岛语族遗址的分布

福建的新石器时代文化，尤其是沿海地区的新石器文化，是南岛语族早期文化的重要代表，这些文化的形成和发展历程，就代表了早期南岛语族文化的形成和扩展历程。

目前所知福建沿海地区最早的新石器时代文化是壳丘头文化，位于福建平潭县平原镇，距今 6500～5500 年。壳丘头遗址包含大量的海生贝壳，这是典型的贝冢遗址（Shellmound）。贝冢遗址出现源自史前人类食后的弃物，远古居民围绕着河流或海滨小平原，食物以贝类为主，食后的壳弃置一地，日久堆积成小丘，故称为"贝冢遗址"。贝冢遗址表明当时人的谋生手段是海洋捕捞、采集和狩猎。壳丘头文化出土的石器多为石锛，同时还有不少绳纹和印纹的陶器。

贝冢遗址在这一带沿海地区出现并非偶然，全新世以后发生过海浸与海退后，形成了较为宽阔的海岸平原、滨海平原和滨海岛屿地形，产生丰富的贝类和鱼类，这种地理条件有助于海上船民进行捕捞生产。可以归纳成以下的几点基本特征：1. 遗址的位置多在江河入海口的两岸台地，或是岛屿上的新月形小河湾边侧的坡地。2. 遗址的范围小，文化层的堆积薄，显示聚落规模较小，居住的时间不长。有时是临时性或是季节性的居留。

3. 生活以采捞贝类和近岸鱼类为主，也许附带狩猎小型的动物群。以壳丘头文化为代表的福建沿海南岛语族早期新石器时代文化，带有很强的海洋特征，他们以海为主，狩猎为辅，由于遗址关于稻作农业的材料很少，则表明了壳丘头文化与河姆渡文化存在一定差别。

到了新石器文化中晚期，福建古代人类对海洋的适应能力有了进一步的发展，文化形态也出现了分化，出现了比较密集的文化类型，主要是福建闽江下游、台湾西南海岸（曾文溪以南至高屏溪之间），有昙石山文化、金门富国墩（蚵壳墩）遗址、黄瓜山文化、台湾凤鼻头文化、圆山文化等。

昙石山文化是因福建闽侯昙石山遗址的发现而得名的。遗址位于闽江下游，是一个高出江面 20 余米的长形土岗，旁边是闽江的冲积平原。1954年至 1965 年对遗址进行了六次发掘，1974 年又进行了第七次发掘，近年又进行了两次大型发掘。昙石山有三个文化层次，中下层是贝丘遗址，属新石器时代，上层属青铜时代。一般认为昙石山文化仅指中下层的文化遗存。现知昙石山文化主要分布于闽江下游及沿海一带，经过发掘的重要遗址除昙石山外，还有闽侯庄边山下层、溪头下层和福清东张下层等处。与壳丘头文化相比，昙石山文化逐渐演变成海洋捕捞与农业耕作并重的多元经济形态，即植物食物中以水稻为主食，动物食物则以海洋动物为主。

位于漳州东山岛的大帽山文化是一处堆积比较单纯的海岛型贝丘遗址，所出遗物以石器、陶器为代表。其中，石锛是主要的石质工具；陶器以夹沙陶为主，泥质陶较少，陶器表面的颜色多不均匀。这些文化特征在闽南地区的新石器时代遗址中是很有代表性的。根据考古的调查材料，与大帽山遗址文化特征相似的遗址还有东山县苏峰山遗址和诏安县腊州山遗址，表明它们可能属于分布于闽南地区的同一个文化传统，或可称之为"大帽山文化"。在大帽山新石器时代居民采食的 30 种贝类中，不同种的海贝在当时人们的食谱中所占比例的差别相当的大。显示当时居民仍基本以海为主，不从事任何农业活动。与此同时，大帽山的古代居民还积极从事岛外贸易或交换活动，其航海范围覆盖整个台湾海峡。类似于大帽山文化的还有漳州芝山镇覆船山遗址、诏安梅岭乡腊洲山遗址，它们有的文化

闽越文化

面貌与昙石山文化相近，有的与粤东新石器时期浮滨类型文化相似。表明当时闽南先民不但与其北边的昙石山文化先民有着联系与交流，而且与其西边（粤东）的浮滨文化先民也有联系与交流。

　　通过对福建南岛语族遗址的分布的大致勾勒，就可以看到，最迟在五六千年以前，闽越远古居民所创造的文化是东南沿海文化最为活跃的部分，它们参与创建了环太平洋文化圈。

第二章　闽越方国与海陆文明

第一节　闽越文化的青铜时代

一、青铜时代的文化类型

公元前 21 世纪 ~ 前 5 世纪，中原的商朝正处于鼎盛阶段，中国考古学上称为"青铜时代"。受到青铜文化影响，长江以南的许多地区也出现了青铜文化。尤其值得一提的是吴城镇的青铜文化，该地出土的大型青铜器有三四十件，充分反映了南方青铜文化的成熟。吴城距离闽北山区只有几百公里，以理推之，闽北境内也应有商周青铜文化。20 世纪 50 年代，光泽大乾河两岸油家垄、腰垄山以及福安岩湖、南安寨仔山等遗址，曾先后有零星青铜工具出土，但由于数量极少，许多人认为这些青铜器应是从外地贩入的，福建境内没有青铜时代，这些器物没有引起足够的重视，于是在考古报告中，数以千计的青铜文化遗存被视作新石器时代文化。

20 世纪 80 年代以来，考古普查以及嗣后的一系列重要的考古发掘表明，福建青铜时代文化遗存数量众多，分布在江河水系两岸的谷地和滨海地区的丘陵地，如闽江、晋江、九龙江、汀江流域及闽东滨海地域，可分四种类型，即庄边山上层类型、黄土仑类型、浮滨类型及武夷山崖葬文化类型。

福建青铜文化发育较晚，当中原和福建邻近省区（浙、赣、粤）已纷纷进入发达的青铜器时代，福建仍处于新石器向青铜文化的过渡时期，而代表这一过渡时期典型文化的是庄边山上层类型的遗存。庄边山遗址位于闽侯荆溪乡榕岸，与闽侯县石山遗址隔江（闽江）相望。庄边山上层类型遗存的文化特征，大致可归纳为如下几点：（1）生产工具仍以磨制小石器为主，其中各种动物的肢骨和海生软体贝类外壳磨制的工具已占一定比例。（2）石器中，有段石锛数量激增，又出现了石矛、石戈、骨矛等新品种。（3）陶器是庄边山上层文化类型的标志物。这些陶器（多数为残器或陶片）主要由器表面施赭色陶衣的橙黄陶、施深赭色陶衣的灰硬陶和彩绘硬陶等三类器物组成，约占该层陶片总数的1/3。这些陶片由于烧制时火候高，质地十分坚硬，反映了制陶文化的成熟。

黄土仑类型文化的典型遗址位于闽侯县鸿尾乡石佛头村南部，1974年发现，1978年正式发掘。先后发现有19座印纹陶墓葬，出土近200件几何印纹陶器。这批陶器大部分是供宴饮或祭祀的器皿，少数是专为死者制作的冥器。器形有豆、杯、壶、罐、钵、盂、勺、簋、尊、盘，釜、鬶形器、虎子、鼓等。黄土仑类型陶器造型奇特，多数造型为国内同期器物罕见，其中如凸棱节柄豆、瓠形杯、杯口双系壶、单鋬罐、鬶形壶、凹底尊等都是工艺精湛、极富地方特色的作品，反映出黄土仑类型文化高超的制陶工艺水平。近年来的文物普查材料进一步证实，这一类型文化广泛地分布于福建大部地区，包括闽北、闽东、闽西、闽中，以及闽江、晋江、木兰溪流域的广大地区，它的文化影响甚至达到赣东北的鹰潭地区。

二、浮滨文化的文化内涵

浮滨文化是闽越青铜文化中极为重要的环节，其遗物发现最早始于20世纪40年代，是意大利学者麦兆良进行考古调查时，在海丰、蕉岭等地采集到石戈、釉陶器等遗物，其后饶宗颐等人在揭阳、普宁等地发现一批考古遗存，其中含有部分浮滨文化遗物。当时由于认识不足，只是与其他遗物混为一谈，一般的划属新石器——青铜文化。20世纪50~60年代，考古工作者在广东大埔以及福建漳浦等地也发现有浮滨文化遗物并曾见于报道，结果也未能将这类遗物独立地划分出来。

1974年，广东的考古工作者在饶平浮滨塔仔清理出16座墓葬，接着在饶平联饶顶大埔山，又清理了同类墓葬5座。这21座墓葬的器物组合形态与其他类型的遗存完全不同，令考古工作者耳目一新，后来就定名"浮滨文化"。目前，考古学界已取得共识，确认"浮滨文化"是一种以长颈大口尊、圈足豆、带流壶等釉陶器与直内戈、三角矛、凹刃锛等石器和少数几种青铜工具兵器为基本组合的考古学文化，是南方地区受到中原商周文化强烈影响的早期青铜文化。

迄今的考古资料显示，浮滨文化遗存主要分布于粤东与闽西南地区，即西至广东普宁，北达大埔和福建南靖，东在福建龙海、长泰一线，广东南澳等岛屿也属其分布范围，其地域横跨榕江、韩江、九龙江和晋江四个流域，核心地区在广东揭阳至福建漳州之间，广东的海丰、蕉岭和福建的永定、永春属浮滨文化的外围地区。浮滨文化的器物，如釉陶器大口尊、壶、豆、罐和石戈等，还曾通过人群迁徙携带或贸易等，到达了广东的和平、博罗、增城、深圳、珠海、中山和香港等地。

浮滨文化在福建南部分布主要是九龙江和晋江流域。九龙江地区发现的浮滨文化遗存十分丰富，考古发掘也多有重要收获，如南靖鸟仑尾遗址、狗头山遗址，漳州虎林山遗址等。平和、云霄、龙海也有一些重要的发现。晋江流域虽然也是浮滨文化分布区，但该区域目前所见的浮滨文化资料较为零散，也未进行考古发掘，尚未发现有重要遗存。在这些遗址中，最为丰富的是虎林山遗址。通过对墓地布局、墓葬形制和随葬品等因素进行综合分析，虎林山遗址的先民往往选择小型山丘为中心规划墓区，高等级的墓葬安排在山顶附近，低等级的安排在外围低处，这种布局生动地体现出地位较高者的"居高临下"和地位较低者的"服从拱卫"，应是社会分等级的明确证据。墓葬方向的多样、排列的随意与布局整齐划一的氏族墓地形成了鲜明的差别，表明血缘关系已不再是联系个人、整合社会的最强有力纽带。虎林山出土了很多陶器，但只有两件石璋。上古文献表明，璋在中原文化中属贵重礼器，是权力和尊贵社会地位的象征。但虎林山石璋形态与中原等地又不完全相同，根据鉴定的结果，其质料为本地岩性，表明应属仿制产品，本地制造，不是输入品。两件璋均随葬在主要的墓葬中，伴出的随葬品数量均属第一等级，其中一件还与青铜器、玉器共存，墓主应是当地的上层人物。这表明，当时土著中的上层人物已受到了中原文化的影响。

虎林山出土文物的一个显著特征是戈矛类兵器大量出土，仅有的三件青铜器为戈、矛、铃，都与军事有关，并且兵器形制多样。在主要的墓葬中都随葬多件兵器，表明这一时期，战争频繁。那么三件青铜器是不是当地所生产的呢？研究者认为，由于福建铜矿资源缺乏，至少在春秋以前还不具备青铜制造业，所以虎林山出土的铜器应该不是本地所产，这正与璋相反。虎林山青铜器的造型虽然有中原文化风格，但从测试成分看，所含的锡含量较高，不同于中原以铜为主要成分，表明它也不是中原所产。由于邻省江西在古代就有青铜制造业，而且是中原文化向南方传播的重要通道和中介地，最有可能成为闽南早期青铜器的产地。青铜器具很可能是通过部落与部落之间、部落与南方方国之间的战争、掠夺来完成的，土著人战胜敌人、俘获人员和战利品，从而很快并间接地吸收了中原和南方其他文化。

虎林山文化遗址的出现，还在一定程度说明了浮滨文化与南岛语族之间的关系，尤其遗址中出土的大量陶器群，均以圜（凹）底的釜、壶、罐和圈足的豆、壶等为特征，几乎不见中原华夏系统的三足、袋足器具，而这个系统的陶器群至今仍在台湾高山族、菲律宾的伊洛克人、印尼等"南岛语族"的原始制陶文化中延续。另外虎林山器物中的凹弧刃的石锛与铜锛不见于闽江以北，而常见于马来群岛史前文化中，以"凹缺刮"为代表的小石器遗存，上个世纪就曾在印尼等地发现，它正代表当时普通民众的生活状况。这些陶器迥异于中原商周时期的器物，与粤东、台湾和菲律宾、印尼等东南亚和西南太平洋岛屿出土的器物有诸多一致性。因此，虎林山文化遗址展示了青铜时代闽越文化中的浮滨文化的多样性和开放性，它以土著文化为主，同时吸收中原文化和其他南方文化，从而形成地域文化特征。

三、内陆山区文化类型的多元特征

关于福建境内的史前文化类型，林公务曾在《福建境内史前文化的基本特点及区系类型》指出："福建地区新石器时代的文化遗存，以文化内涵的总体上观察，很明显地分为东部沿海和西部山地两大体系。"因此除了沿海的新石器文化遗址外，内陆山区也分布着诸多的聚落遗址，经过调查试掘，确定为新石器时代的聚落遗址有：浦城石排下、牛鼻山、武夷山市梅溪岗遗址、邵武斗米山遗址、明溪南山塔下洞穴遗址、南平漳湖坂宝峰山遗址、南山塔下遗址、长汀河田遗址等。最著名的是距今4000多年前的浦城牛鼻山遗址。它们的文化面貌与昙石山文化既有相同之处，又有不同风格，因为他们接受了来自福建西北部内陆地区诸文化的影响。明溪县雪峰镇南山遗址属距今三四千年前洞穴文化遗址。发掘表明，先民们穴居洞中，以渔猎和采集为主，兼营农业。从其使用的有肩石斧和有段石锛看，他们与赣南粤北的原始文化有关系。

与新石器时代文化相类似，青铜文化在福建的分布也存在沿海与山区的区分。内陆山区的青铜文化特点也比较明显，其中以闽北最为突出。闽北山区的青铜文化早期代表性遗址有光泽县白主段遗址、葫芦山陶窑群遗址、尤溪县福祉遗址，中期有杨山遗址、铁山遗址及武夷山悬崖葬遗址，晚期有城村遗址、平山遗址、凤林山遗址等。

光泽县崇仁乡六州村东大乾河西岸山岗上发现的白主段遗址，出土了商周时期的陶器，从技术工艺看，已经使用了制陶快轮，它的奥妙之处是让成型阶段的泥坯快速旋转起来，陶工只要施加一点外力，便可制成圆形器物，若是技术好的陶工，就可制成很薄的陶器。出土的器形陶尊、陶垒、陶颇、陶豆、高领罐等，大都是酒器。其造型类似中原的青铜器。商朝的诸多青铜器也是酒器，闽北居民就仿造青铜器制成陶质酒器。武夷山兴田镇西郊村的葫芦山古文化遗址为青铜文化早期的陶窑群，共有23个陶窑遗址。葫芦山的陶窑群说明：当时有个部落在这里进行制陶的专业生产，一二十个陶窑一起生火烧制陶器，每个陶窑都可生产数十件陶器，其总产量可观。浦城县仙阳镇下洋村的猫耳山遗址也是陶窑为主，另外还发现了13座窑工的墓葬。在猫耳弄遗址，发现了一座长条形的大窑，这是我国迄今为止发现最早的龙窑。龙窑在历史上是我国生产陶瓷的代表性窑种。它流行于浙江、福建等东南区域。龙窑实际上是将一系列小窑连在一起，其特点是依山就势，从低向高延伸，有的长可几十米。窑的两侧开有烧火洞，烧制时要十几个工人至几十个工人一起工作，每个人负责一个烧火洞,点火后不断向里面填入柴火,以保证长时间的高温,因而可以烧出硬度较高的成品。

福建山区青铜文化的发现,说明早在3000年前闽北的文化已经跟上时代的步伐。更为重要的是,闽北考古发现表明,自商周以来的闽北文化长期延续,表明秦汉时代闽中的闽越国不是突然出现的,其中有本土文化发展千年的因素。与此同时,闽北文化又具有了吴越文化的影响和闽江下游的联系。因为江苏、浙江境内的吴越系统受中原文化的影响较深,其发展水平也高于南方,闽北的青铜文化明显受到吴越文化的影响,闽北逐渐与浙江文化融为一体。而闽江下游区域文化也继续发展,闽江流域上下游称为东南人类活动的重要区域之一,使各种文化产生了广泛的联系。

四、神奇的悬棺葬习俗

在福建青铜时代遗迹中,武夷山区的悬棺葬极为奇特。悬棺葬特点是置棺于悬崖绝壁,武夷山"悬棺"最早见之于《太平寰宇记》辑文:

"萧子开《建安记》云:'武夷山高五百仞,岩石悉红紫二色,望之若朝霞,有石壁峻拔数百仞于烟岚之中,其石间有木碓、砻、簸箕、箩、箸什器等物,靡不有之。'顾野王谓之'地仙之宅',半崖有悬棺数千,传云昔有神人武夷君居此,故得名。"

文中顾野王所谓的"地仙之宅",在《史记·封禅书·索隐》载为:"顾氏案:《地理志》云:建安有武夷山,溪有仙人葬处,即汉书所谓'武夷君'。"关于"仙人葬"之说,《太平寰宇记》另辑《坤元录》:"建阳县上百余里有仙人葬,亦神仙所居之地。"显然,悬棺最早是被认为与仙人蜕化之遗物,数千年来,人们大多冠之以"仙",加以了神化,也被称为了"仙船"、"仙函"。

那么什么人将船棺葬在悬崖上,是怎样将船棺安置在悬崖上的,都是自古以来困扰闽人的问题。朱熹曾为此发出长叹:"三曲君看架壑船,不知停棹几何年?"1978年,福建省博物馆考古队在福建省林业工程公司吊装队的支持下,从离地面51米的白岩山洞里取下一具船棺进行研究。这具船棺全长4.89米、宽0.55米、高0.73米。棺体的材料是楠木,楠木含有香油,千年不烂。

悬棺葬不是武夷山所独有的，它是中国南方古代少数民族的葬式之一，上千年来流行于我国长江流域及其以南的广大地区，东起福建、台湾，中经江西、湖北、湖南，西到四川和云贵高原，南至广西左江流域。三国吴沈莹《临海水土异物志》记载，东南地区的状况：

"父母死亡，杀犬祭之，作四方函以盛尸。饮酒歌舞毕，乃悬着高山岩石之间，不埋土中作冢也。"唐宋时期居住在湘、鄂、川、黔交界应五陵山区的"五溪蛮"悬棺葬俗十分盛行。唐人张鷟的《朝野佥载》卷十四则记载："五溪蛮父母死……尽产为棺，于临江高山半肋凿龛以葬之。自山上悬索大柩，弥高者以为至琰死有棺而不葬，置之岩穴间，高者绝地千尺，或临大河，不施蔽盖"。

这些文字说明，棺葬反映了南方民族的祖先崇拜观念。人们迷信祖先的灵魂具有佑护子孙后代的神秘力量，因此想尽一切办法来安抚死者，以取悦祖先的灵魂，并祈求得到祖先灵魂的保护。尸骸是灵魂的寄居之所，毁坏尸骸会使祖先的灵魂失去依托。为使祖先灵魂得到永久的安息，人们相信，尸骸在空中保存的时间越长越加吉利，死者的灵魂就越容易步入另一个世界，子孙后代便会受到祖先灵魂的长久佑护。古代越人悬棺葬的宗教目的也源于此：一方面，将悬棺葬地选在依山傍水的悬崖峭壁，人的生命虽已结束，然而死者的鬼魂与原先的社会群体尚继续保持着密切联系，在冥冥之中他依然与他的亲人在以前所处的地理环境中生活。另一方面，高山险峰往往可为神灵所居或通天之路加以顶礼膜拜，所以他们便把死者的灵柩置于高山峻岭的崖穴之间，这样不但使亡魂接近神仙天国，更重要的是使之易于皈附于神仙天国。

值得注意的是，武夷山的悬棺为船棺，船棺葬起源于近水而居的民族，可能是海洋民族的文化特征。从历史遗物看，以船为棺的习俗在东南亚地区亦十分普遍。越南的朱芹遗址、朱山遗址都发现了船棺葬，越溪（海防）也有独木舟式的船棺葬，至今越南的傣族人仍把死者放在独木舟式的棺材中。马来西亚甘榜双溪朗遗址发现了两面铜鼓放在一座船棺的木板上，在瓜拉塞林新发现了一个渔人村落的船棺葬遗存。在加里曼丹岛洞穴遗址中同样发现了船棺葬俗。另外根据民族学资料记载，沙巴东海岸的沙巴人、加里曼丹岛的斯卡宾（Skpan）族、美拉尼西亚所罗门群岛和新赫布里底群岛中的安布庵（Ambutmy）岛的要人以及汤加和萨摩亚群岛的酋长等死后均用船棺。萨摩亚群岛盛尸用单船或双船，班克斯群岛中的VanunLava岛，人死即以生前所用之船为棺。

五、仙字潭摩崖石刻之谜

在福建远古文化中，有着谜一样神秘的遗址还有华安仙字潭摩崖石刻。仙字潭摩崖石刻位于华安县沙建镇境内九龙江支流汰溪边的崖壁上，汰溪发源于指尖山，蜿蜒而下，穿过盆地，在盆地的缺口处许田村弯曲回旋，水流湍急，遇峭壁折向东汇入九龙江之干流北溪，积水而成潭。潭的北岸，高约三十米的陡峭岩壁临水屏立。在离正常水面两米以上，大约二百平方米的岩壁上，分布着一片神奇的石刻，长约 20 米，大致可分为六组，个体最大的长 74 厘米、宽 35 厘米；小者长 15 厘米、宽 9 厘米。计有50 余个。据专家研究，仙字潭摩崖石刻是生活年代相当于中原地区商周时期的本地少数民族文化遗存。这些石刻个体，有的似武士盘踞，有的如舞女蹁跹，有的像刀剑交错，有的宛若人头兽面。似字，又呈现一定形象化；似画，又过于线条抽象化。传为神仙所书，故名"仙字潭"。

似字似图，众说纷纭。1915 年，岭南大学黄仲琴教授曾实地调查，并于 1935 年在《岭南大学学报》发表论文《汰溪古文》。1982 年第 1 期《福建文博》发表了福建师大刘蕙孙教授的文章《福建华安汰溪摩崖图像文字初研》，更进一步把石刻内容释读为："昱（明日），馘夷俘越，吴王昱，吴战越、战番。"有人则不同意文字的看法，他们从岩画的角度，对史前漳州地区的岩画艺术进行比较广泛深入的调查，将仙字潭现存五十多个岩画图像，按其位置，分为十三组，从刻纹形态结构进行全面考察，并同内蒙古阴山岩画、贺兰山岩画、乌兰察布岩画、乌海市桌子山岩画、江苏将军山岩画进行比较，发现它们的基本题材都是由人体形、人面形、兽面形等几种图画组成的，体现了图腾、舞蹈、事件、宴饮、征战、纪功、娱神、祭祀、地界、生殖崇拜等。

岩画是一种世界范围的历史现象，根据记载，福建很多地方都有岩画，如南平、三明、光泽、顺昌、永定、永泰，福州、福清、霞浦、仙游、莆田、漳平等县市，有的至今尚存，被考古发现所证实，如有华安县的草仔山、石井、石门坑、蕉林、官畲，龙海县的云岩洞，漳浦县的海月岩。中美考古专家还曾在2007年11月24日在东山东门屿发现了一处太阳纹岩画遗迹，2010年又在附近发现多处岩画。所谓太阳纹岩画，是经人工修整凿成深凹的半圆，在半圆弧之上深深雕刻着9道放射线，构成一幅巨大的"旭日东升、光芒万丈"的岩画。台湾高雄和屏东等地也存有史前时期的岩画，其内容、制作艺术等方面与漳州极为相似，因此，可以推断台湾岩画的根源在中国大陆。

第二节　闽越文化的方国时代

一、闽越族形成

在商周时期，"闽"、"七闽"的名称已经见于文献，如《周礼·象胥》："象胥，掌蛮、夷、闽、貉、戎、狄之国。"《周礼·夏官·司马·职方氏》载："（职方氏）掌天下之国，以掌天下之地，辨其邦国、都鄙、四夷、八蛮、七闽、九貉、五戎、六狄之人民，与其财用、九谷、六畜之数要，周知其利害。"这里的"七闽"应主要指分布于福建一带的周代土著。另外，《山海经·海内东经》也说："瓯居海中，闽在海中。"《逸周书·王会解》载："东越海蛤；瓯人蝉蛇。"虽然《周礼》、《山海经》、《逸周书》等均为反映中原人士观点的史籍，不一定能准确显示闽人面貌，但大致可以推断的是，闽是周代前后与蛮、越、瓯等同时共存的东南地区土著民族。

"越"这个名称，也见之于商周时期文献，学术界普遍认为源于殷甲骨文中的卜辞"戉"。罗香林先生在其《中夏系统中之百越》中说："按越族之越，甲骨文戉。"许慎《说文解字·戉部》："戉，斧也。"春秋时乃出现的"戉王钟"、"戉王矛"、"戉王戈"等记载。可见，"戉"、"越"相通，是中原华夏族人对东南沿海地区使用"戉"（钺）这种工具或兵器的族群的一种泛称。另外，史籍中还以"百越"泛指南方地区越族各支系，该词首见于吕不韦《吕氏春秋·恃君篇》："杨汉之南，百越之际，敝

闽越文化

凯诸夫风余靡之地，缚娄阳禺欢兜之国，多无君。"林惠祥先生则更为具体指出："百越所居之地甚广，占中国东南及南方如今之浙江、江西、福建、广东、广西、越南或至安徽、湖南诸省。"

"闽越"作为百越的一支，最早出现在史籍中是在战国时期。《史记·东越列传》载："闽越王无诸及越东海王摇者，其先皆越王句践之后，姓驺氏，秦已并天下，皆废为君长。……汉五年，复立无诸为闽越王，王闽中故地。"可见，闽越是周汉间福建、浙南的百越支系，汉时甚至建立了封建割据王国，与南越国等一起雄踞东南并与汉中央王朝相对峙。

考证"闽"、"越"与"闽越"等词在史籍上所出现的时间前后，目的在于梳理这些族群之间的关系。大致可以认为，福建地域之内生活着有"七闽"之称的土著，相当于商周时期；"越"是由会稽南来的客族；"闽越"是"七闽"与"越"族的融合产物，是华夏文人根据商周时期已存在"闽"、"越"两族族名的叠加。早期民族称谓的改变，也透露着闽越早期土著民族文化变迁过程，体现了越族文化传播和扩散到闽地的过程。而越人扩散历史可以《史记》为证："越以此散，诸族子争立，或为王，或为君，滨于江南海上。"即越国灭亡之后，臣民选择由陆路南徙的逃亡路线，有些占据了瓯江流域，有些越过仙霞岭进入闽北山区。到达闽北山区的越人，后来又沿着南浦溪、崇阳溪向闽江下游探索南迁。进入闽地的越人带来的先进文化和技术，是土著闽人望尘莫及的，不到百年时间，越人同化了土著闽人，融合成新的以闽越文化为主体的闽越人。

二、闽越国的风雨历程

闽越国在东周时期已经建立，由无疆而立，七传至无诸，闽越实行的是多王政治结构。公元前221年，秦统一中国，全国划分为三十六郡，郡下设县。闽越辖境范围很大，除福建全境外，还包括浙江的温、台、处三州，江西的铅山，广东的潮州、梅州。当时，秦王朝认为闽中远离中原，山高路险，而且越人强悍，难于统治。因此，闽中郡虽为秦王朝的四十郡之一，建制却不相同，秦末派守尉令长到闽中来，只是废去闽越王的王位，改用"君长"的名号让其继续统治该地。虽名义上被"废"，但《东越列传》没有说秦进兵闽中，而田蚡对汉武帝说"自秦时弃弗属"，这似乎说明秦王朝设于闽越、东瓯故地的"闽中郡"没有真正以秦制统治温州、台州与闽中。

公元前209年，陈胜、吴广在大泽乡揭竿起义，无诸便率领闽越武装响应鄱阳令吴芮的号召，参与伐秦。陈胜、吴广失败后，楚将项羽和沛公刘邦所带领的队伍成为反秦主力军。无诸率闽中甲兵随刘邦入武关、战蓝田、攻析、郦，屡立战功。秦王朝灭亡后，西楚霸王项羽自恃武力，分封诸王侯。他以楚、越有旧隙，耽心闽越强大对楚不利，不封无诸为王。项羽的偏狭使无诸十分不满，在随后的楚汉战争中，无诸率部助汉击楚，为汉王朝的建立和中国的重新统一作出贡献。汉高祖五年（前202年），立无诸为闽越王。值得注意的是，此时所称的"闽越人"其实不是纯粹的越族，因为无诸与在中原转战八年之久，他们受到了华夏文化的洗礼，而他们经过多次大战之后，也有一些人战死。为了补充军队，他们必然要吸纳一些当地人当兵，这就使闽越军队的成分发生变化，八年后回到闽中的闽越军队，已经不是纯粹由闽人组成的军队，而是一支混合的军队。

闽越国当时是相当强盛的方国，不是部落社会的弱旅。经北征东瓯，南击南越，百越诸民因此臣服，周边的刘姓诸国均以财物珍宝讨好闽越国，闽越国已成为西汉王朝南方的一股强大势力。无诸死后，闽越国的多王政治引发了国内政治斗争，子孙内讧迭起，频频挑起战争，余善的僭越正似王权衰微、诸侯争霸的东周遗风，余善最后发展到刻"武帝"玺，自立为帝，并发兵反汉。这时的西汉王朝经过近百年的休养生息，国富民强，不能容忍各边远地区政权的日益强大，于是调遣四路大军共数十万人围攻闽越国。于此同时，汉王朝又对闽越国内部采取分化瓦解的手段，使部分贵族杀死余善后降汉。公元前111年（汉元鼎六年），为了彻底消除后患，汉武帝诏令大军将闽越举国迁往江淮内地，焚毁闽越国的城池宫殿。

三、闽越国的都城之谜

从汉高祖五年（公元前202年）无诸受封建立闽越国，至汉武帝元封元年（前110年）闽越国灭亡，闽越国前后存在92年。其核心统治区是闽江领域，但它的都城在哪里呢？《史记》和《汉书》都有相关记载，但

闽越文化

内容有差异，前者"都东冶"，后者"都冶"。一般学者认为，二者所指一样，不过"冶"在何方，具体地点却分歧较大。主要观点有：（1）"浙江章安说"。始于30年代叶国庆先生，辛土成先生从之，认为闽越国冶都、汉冶县县城在浙江章安，即今浙东南的临海、永嘉一带。（2）"闽北崇安汉城说"。随着崇安汉城的考古发现，福建省博物馆的张其海、林蔚文、王振镛等都认为闽越冶都、汉冶县县城都在崇安汉城。（3）"福州说"。始于30年代劳干先生，认为闽越冶都、东冶、汉冶县县城、东部侯官都是一个地方，即今福州。除此之外，一些学者认为，闽越不止一个都城，认为闽越国时期有两个都城，分别在福州和崇安汉城，但对两个都城的性质认识不一。（1）"二段二都说"。林忠干认为福州是东冶城，崇安汉城是冶城，无诸时代都东冶，驺郢与余善时代都冶，汉立为冶县。（2）"二王二都说"。黄展岳等人认为闽越国冶（东冶）、汉冶县县城、东汉侯官县城都是一个地方，即今福州；崇安汉城是余善的"都城"，但不是闽越国正统王都。

从传世文献、考古挖掘和现存实物看，比较能体现出历史面貌的是"二都说"。1991年，考古工作者在越王山麓清理了一段西汉时期的建筑遗址，出土的板瓦、筒瓦、瓦当等建筑材料与日用生活陶器遗物，形制作风与武夷山汉城陶器相同，在90厘米厚的红黄色夯土基址上残留着1.7米长的护坡砖墙，每块汉砖长44.7、宽33.4厘米、厚3.7厘米，硬度较高，保存完整。同时出土的还有一批菱纹铺地砖、板瓦、筒瓦、方格纹硬陶片等。一些板瓦内壁戳印文字，有"闽"字的初文，"徐"字的姓氏铭文。此处遗迹的发现，为冶城之在福州提供了考古佐证。种种迹象表明，闽越立国之初，都城"东冶"是建筑在福州地区的。无诸执政时代，依靠这里优越的自然地理形势和先秦时代悠久的文化基础，致力于都城的建设，形成了闽越国的第一个政治、经济、军事、文化中心。

武夷山城村汉城遗址位于武夷山市（原崇安县）兴田镇城村西南的低山丘陵，距武夷山市区约20公里，1958年福建全省文物普查时才被发现，是福建境内迄今发现的面积最大的一处上古城邑遗址。经过40多年的发掘，这座古城的面貌大致揭晓，城市周长接近3公里，面积接近50万平方米。

在"二都"说中,福州做为都城是没有问题,焦点在于闽北汉城何以有都城地位。根据资料,有三个因素可以加以考量。一是闽越国内部的矛盾。无诸死后,王位由儿子郢继位,但汉建元六年(公元前135年),闽越王郢的弟弟余善为主谋,把郢杀了。郢被杀后,汉武帝对余善谋杀其兄的阴谋是有所觉察,虽然由汉廷正式封无诸孙繇君丑为越繇王。可是大权旁落,闽越王大权实际上已被其叔叔余善所控制。于是,在闽越国内部便出现"二王并处"的局面,控制闽越大权是东越王余善,他完全有能力动用国家力量建立都城。二是与汉王朝军事对抗的需要。汉王朝势力要进入福建,必须通过闽北地区,余善拒汉,也必须以此为据点,建立重要的屯兵之所。根据文献及考古资料,闽北除了武夷山汉城之外,还有邵武乌坂城、建阳大潭城、浦城的汉阳城、临浦城、临江城等五座城池,有可能余善以城村为中心建立了指挥中心。三是地缘政治的原因。当时的闽越王国领有浙南、赣东的一些地方有关,而崇安是通向会稽、赣东二郡的通衢,此地经济发达,又有庞大腹地,与中原交通便捷,又有险可守。如汉阳、临江、临浦三城控制从今浙江经仙霞关通往福建内地的要道,三城"无事则四达必由之途,有事则百战必争之地"。建阳大潭城、邵武乌坂城扼守从今江西经武夷山杉关隘口进入福建内地的军事孔道,即"入闽有三道,建宁为险道,西浙之所窥也。邵武为隘道,江右之所趋也"。城村汉城距武夷山分水关不远,既扼守经分水关入闽要道,又为六城的中枢。

四、武夷山汉城遗址所体现的闽越文化

武夷山汉城遗址出土量最大的文物是陶器,可分为生活用陶器和建筑材料两大类。日用陶器的突出特点是繁多的印纹、发达的耳系、板手和三足,具有不同于中原地区的地方特色。其烧造的技艺和火候,也都反映出制陶工艺不亚于中原的高超水平,这可能与闽越地区原始文化的印纹硬陶技艺一脉相承,具有闽越地方特色。

但陶制建筑材料却不同,从板瓦、筒瓦、瓦当、方砖,以至大型空心砖、陶水管道、陶井圈等各个方面看,无论从制作工艺、规格形制、装饰花纹,以至建材上的戳印文字,所反映出的工序管理制度,与中原地区都惊人的相似。诸如板瓦、筒瓦的制法与洛阳西汉时期相似，外以印纹，内以麻点纹为主，板瓦文字戳印在内面，筒瓦则在外面，铺地方砖上的模印菱形花纹，空心砖上的玉璧绶带、几何图案，少见东汉形制；瓦当的做法比较符合中原地区秦至西汉的工艺风格，以云纹为最常见，文字瓦当的吉祥用语以"万岁"、"常乐"、"乐未央"、"常乐万岁"四种为主，这都是汉代瓦当的典型特征；文字的篆法结体也都与中原秦汉时期一致，完全仿照中原的新型建筑材料烧造。

武夷山城村汉城遗址出土的青铜器皿不多，且其中大部分是铜簇、弩机之类的兵器。铜镜铜鼎之类的生活用具，也只有一些残体。此外还有铜铎、鎏金盖弓帽等车马器等。虽然数量不多，但时代特征却相当一致，大都是战国到西汉中期的遗物。不过未发现铜钱，表明当时并不使用中原的货币，显示西汉中期以前，闽越国经济活动相对独立于汉王朝，很有这种可能。随着政治制度的激烈变革，闽越国的生产力发展水平也面貌一新，汉城出土的农耕工具有铁锄、铁五齿耙、铁镰，加工工具铁锛、铁斧、铁锤等，兵器铁矛、铁剑、铁锹、铁刀等，不但数量多，而且器形种类丰富，这生动地反映出当地铁器使用的普遍性。

武夷山汉城遗址最为重要内容是宫殿遗址。此遗址大约是在西汉中期景武之际建筑起来的。据武夷山城村汉城遗址的探掘简报称：城址中部高胡南坪建筑群，是最主要的建筑基址。清理出的高胡坪甲组建筑群是主体建筑群体。这是一座四周筑有高大围墙，坐北面南，以主体建筑殿堂为中轴的末端，面对广阔的庭院，左右对称的东西天井、东西厢房。各单体建筑均有散水环绕，有回廊相通。中轴南端，左右各开一个大门。这种坐北朝南，中轴对称、封闭式的高台殿堂建筑特色与中原地区战国、秦汉以来的殿堂建筑，别无二致。至于室内及回廊铺设几何纹方砖、散水用卵石或残瓦铺设、鹅卵石铺设的便道、埋设陶管道的排水设施，与圆形陶井圈套制而成的圆形小井、方形井台建筑等等汉城的建筑布局，也明显受汉文化的影响。高胡坪宫殿遗址，整体布局为四合院式，在中轴线上建立主殿，其左右则附建庭院、侧殿、厢房、迴廊等建筑，中轴分明，左右对称，除矮干栏结构外，整体建筑与中原的建筑风格无异。说明这组建筑群，决非一般富豪、官吏居处的豪宅或衙署，而是当地最高统治者所居处的殿堂。

武夷山汉城遗址保存完整，文化内涵丰富，如城邑、宫殿建筑、秦汉墓葬、兵工器具、日用陶器、书写文字、生活习俗、工艺美术等，均可展现闽越族在汉化过程中对于秦汉先进物质文化的全面引进，同时也表现了土著文化的沿袭，生动地上演了一幕"越为体，汉为用"的历史画面。

五、神秘而短暂的南海国

福建境内除了闽越国外，还有一个叫作"南海国"的小国，大约只存在了短短二三十年。南海国在《汉书》中只有零散记载，最早见之于《汉书·高帝纪第一》："（高祖十二年公元前195年十二月）诏曰：'南武侯织亦粤之世也，立以为南海王。'"后人根据仅有的文献对"南海国"进行了不断的考证，汉魏之际的文颖注《汉书》时认为它属于"虚封"，不过是"遥夺佗之一郡"而已。但亦有多家认为实有其事，如清人全祖望在《鲒琦亭集·经史问答》称："诏语以织为无诸之族，知南武近于今之汀，以其所封为南海，知其近于今之潮；以其迁于庐江之上淦，知其近于今之赣。"由此推断南海国为古代汀、潮、赣三州之间。而清代杨澜《临汀汇考》中则更加具体地认为武平县名的来历是与南海王（南武侯）刘织有关联的："今武平县本长汀也。唐置州后，以本州西南境为南安、武平二镇，观其命名之意，因南、武二字分析并举，当时因地为南武侯织所封也。宋升镇为县，乃专武平名之，而其地正在汀、潮、赣之间，全氏南海境中有地名南武之说，此其是也。"以此推断汀州的武平先在西汉初年是闽越人的政治中心之一，是重要的聚居点。

以武平为南海国的中心有一定道理，因为汉武帝元鼎六年（前111年），闽越人在"白沙、武林、梅岭杀汉三校尉"，汉武帝兵分四路，"中尉王温舒出梅岭"进攻闽越国。在平闽四将中，王温舒职衔最高，从江西宁都一带进攻闽西，可见宁化至武平一带成为汉武帝进攻闽越国的战略重点。这说明闽越人在闽西繁衍生息，已经把汀江上游作为世代相传的聚居地，这里也曾是西汉闽越国稳固的根据地。1984年武平十方镇农民发现的一把铜剑，剑刃锋利，也是南海国存在证据之一，因为青铜剑是当年皇朝控制的产品，且经过特别工艺处理过，不同于一般的质地。

近年不少专家到武平考察调研，认为当年南海国王宫可能在武平县万安乡五里村的一片台地间。从武平的地形位置看，平川河的台地，东北有海拔1538米的梁野山和海拔1110米的天马山为屏障，往西南为通向赣南、粤东的一展平川，南有水路可通梅、潮乃至漳州平原，西有陆路直上寻乌、会昌、赣州，地处屏蔽而又交通便利，可形成理想的人群聚居域邑。尤其重要的是，至今台地间的古陶器碎片几乎是俯拾皆是，而台地下游5里多顺流而下的千年流水中出土的甬钟，是一组编钟的一个，近来发现的钮钟也是只属王宫才可能存有的奢侈装饰品。

南海国灭亡时间，据《汉书·严助传》载：建元六年（公元前135年）淮南王刘安的上书说："前时南海王反陛下，先臣（淮南厉王刘长）使将军间忌击之，以其军降，处上淦。后复反，会天暑多雨，楼船卒，水居击棹，未战而疾死者过半。"《汉书·淮南衡山济北王传》记有："南海民处庐江界中者反，淮南吏卒击之。陛下遣使者赍帛五十匹，以赐吏卒劳苦者。"仅有的文献显示，有相当部分南海国国民在降汉后被置于庐江地域中管辖，后又再反。同书还载："南海王织上书献璧帛皇帝，忌擅燔其书，不以闻。"由此，大致可以推断，在与淮南国的矛盾，南海国处于下风，并得不到中原王朝的支持，结果民众被外徙后，原南海国封地被闽越所吞并。

第三节 "闽在海中"的历史内涵

一、"闽在海中"

《山海经·海内南经》载："海内东南陬以西者，瓯居海中，闽在海中，其西北有山。一曰闽中山在海中。"晋代郭璞注："闽，在歧海中"。这些记载大意是说，闽的方位在东南沿海一带，远古时期曾经沧桑巨变，故曰山在海中或在海湾中。《山海经·海内南经》又称："三天子鄣山，在闽西海北。"郭璞《山海经注》、刘昭《续汉书·郡国志注》均认为"三天子鄣山"在汉丹杨郡（或作丹阳），略当今皖南、苏南及浙西之地。由三天子鄣山推断闽的方位，则武夷山脉、仙霞岭也应在闽的地望之内。

《山海经》约成书于战国时代到西汉初年，被誉为中国古代的一部综合性的百科全书，内容广博，涉及古代人文历史与自然地理的关系。古代水天茫茫漫无边际，《山海经》以山海划分地理方位，认为古代闽族来源于生活在海湾或海洋中的民族。正如明代何乔远《闽书》通过后世出土之物加以论证的："谓之'海中'者，今闽中地穿井辟地，多螺蚌壳、败槎，知洪荒之世，其山尽在海中，后人乃先填筑之也。"

根据先秦秦汉史籍记述，由于近海近水的生态环境，闽越人的生活习性中，舟船是交通工具，江河湖海之水是"道路"，因此以闽江流域为主体的水上交通网也逐步形成。《汉书·严助传》记载有："处溪谷之间，篁竹之中，习于水斗，便于用舟，地深昧而多水险。"他们与江浙一带的越人一样，"以船为车，以楫为马，往若飘风，去则难从"。《史记·东越列传》有多处记载闽越国的水上军事力量："至元鼎五年，南越反，余善上书请以卒八千人从楼船将军击吕嘉等。"而面临着汉朝大军压力，余善还与部族头领商议，"胜则已，不胜则亡入海"。此处所言的"海"，大致是闽江口乃至于东海的洋面。

水居生活自然以水产为食物，在一些滨河滨海地带，闽越人善于采集捕捞水产品，《逸周书·王会解·第五十九》记有"东越海蛤。瓯人蝉蛇，蝉蛇顺，食之美。于越纳，姑妹珍，且瓯文蜃，共人玄贝"，就是最好的说明。张华《博物志》也说："东南之人食水产，西北之人食陆畜。食水产者，龟、蛤、螺、蚌以为珍味，不觉其腥臊也。"大致看来，居于沿海一带的人多食海产（亦食淡水水产），居闽西北山区的人多食淡水水产。由于闽越人群以喜食水产类为主，祭祀神灵的祭品中也就有了水产。《史记·封禅书》及《汉书·郊祀志》中，均记载汉武帝祠"武夷君"不用牲牢，而是供奉乾鱼的事例，间接地反映了闽越与中原人不同的食俗。而闽北城村故城内外各遗址中普遍出土渔网上使用的陶网坠，可佐证当时人们重渔捞业及喜食水产的习俗。

装饰方面，以断发文身最具特色。《左传·哀公七年》："越，方外之地，剪发文身之民也。"剪发即剪发，也称断发，不同于华夏族的束发加冠之礼。文身则在《礼记·王制篇》中有云："东方曰夷，被发文身，有不火食者矣。"此处的"东方曰夷",当为东南沿海的族群。他们在人体皮肤上刺划出各种纹样或动物等形象,再黥染以墨,等伤口愈合后,其有色的纹样便永远保留在皮肤上了。如今在海南黎族、台湾高山族等东南土著民族的后裔中仍保留这种习俗。

二、"东南蛇种"

秦汉文献中,许慎的《说文解字》中记载的"闽,东南越,蛇种,从虫门声",也具有丰富的历史内涵。"闽"字是一个形声字,从虫,门声。"虫"在《说文解字》中又被解释为:"一曰蝮,博三寸,首大如擘。"清代王筠《说文句读》案:"蝮,大蛇也。"宋郑樵《尔雅注》卷下曰:"江淮以南曰蝮,江淮以北曰虺,此蛇伤人最惨毒。"越人崇拜蛇在不少史书中都有记载。《吴越春秋·勾践阴谋外传》载:"天生神木一双,……状类龙蛇。"越国以蛇为标志,在大门上立有木蛇。《吴越春秋·阖闾内传》载:"越在东南,故立蛇门以制敌国。……越在巳地,其位蛇也,故南大门上有木蛇,北向首内,示越属于吴也。""蛇种"就是"蛇族",即信仰蛇神的氏族,闽即是家门供奉蛇的氏族。近年陆续出土的闽越旧址中,也可看到闽越人崇拜蛇的实物。如武夷山城村闽越国故城址出土的瓦当中,一种极富地方特色的瓦当图案上有蛇的纹样山。一些在闽地出土的春秋末期的陶器,可发现有蛇形的印记。福州冶山西北麓钱塘巷北福建省建设银行营业大楼工地闽越遗址出土的板瓦内的戳印有蛇的象形文字。闽越人之所以蛇为图腾,是因为祖先生活在湿温的丘陵山区,溪谷江河纵横交错,许多蛇类繁衍滋生其中,对闽越人的生命和生产造成极大威胁。因此人们祈求蛇护佑,以图平安。

以蛇为图腾崇拜,后被闽越的后裔——蛋民(又称"船民")所继承。清代陆次云在《洞溪纤志》谈到:"蛋族,其人皆蛇种,故祭皆祀蛇神。"清代郁永河《海上纪略》说:"凡(闽)海舶中,必有一蛇,名曰木龙,自船成日即有之。平时曾不可见,亦不知所处,若见木龙去,则舟必败。"《侯官乡土志》则有如下记载:其一是"蛋之种为蛇,盖即无诸国(闽越)之遗民也"。其二是"本境内无他种人,止有蛋族","其人皆蛇种"。其三是"蛋之种为蛇……其人以舟为居,以渔为业,浮家泛宅"。他们以蛇为图腾，向蛇求吉凶；蛇在则吉，蛇走则凶。对于以行船为业者来说，选择蛇崇拜的最大愿望当是出于"保平安"的目的。

蛇崇拜的文化遗存至今仍流传于福建各地。蛇神庙的《搜神记》就有记载："庸岭下北有巨蛇，长八丈余，围一丈，里俗惧以为神，立庙祀之。"此后，福建各地相继建有蛇王庙。长汀平原里有蛇腾寺，上杭县有座山名灵蛇山，"旧传山有巨蟒出没，人过其处必祷之，故名"。闽侯县洋里乡有蛇王宫，福清、莆田等地也有不少蛇王庙，当地人或称之为"青公庙"。在漳州城南门外的南台庙，俗称蛇王庙，"相传城中人有被蛇噬者，诣庙诉之，其痛自止，随有一蛇或腰断路旁，或首断在庙中阶庑间，俗谓蛇王治其罪也"。

南平市樟湖的连公庙主祀连、萧、张三蛇王，其仪式至今甚为隆重。据该庙庙祝回忆，民国年间来庙里进香的，主要是闽江上行船的船民及该镇从事水上运输的人。庙里配有签诗66首，供人求签问卜之用。从签诗的内容来看，其主要的服务对象也跟行船为业者有关。签诗有"行船下滩"、"孤舟遇风"、"前程通顺，过海得船"、"船破江中，临时救补"等句子，都跟渔业文化有关，而连公师傅就是蛇神。樟湖人对蛇是敬重的，一般不直呼"蛇王庙"，而是称"连公庙"、"福庆堂"；称"蛇王神"为"连公师傅"、"连公菩萨"，以示敬意，樟湖每年七夕都要举行迎蛇赛会。20世纪初传教士葛惠良（Frank T. Cartwright）也对蛇王节作了描述："位于福州和南平之间的樟湖阪在每年七月的第七天都举行一种新奇的游行。它是为纪念古时曾来此地拯救人们于旱灾的蛇王而举行的。仪式中，游行者手拿长蛇，还有一些蛇被置于竹笼中，另一些大而无毒的则蜷于人们的脖子上，偶尔也会有一只大蟒紧紧系于竹竿。中国人报告说，他们也经常携有眼镜蛇，但在游神时，它们的毒是无害的。"至今每年六月下旬，当地男丁便四出捕捉活蛇（多为无毒之蛇），将捕到的活蛇交给蛇王庙的巫师（俗称"蛇爸"）集中喂养。巫师发给交蛇人一张凭证，到了七月初七这一天，每人凭证从巫师那里认领一条活蛇参加迎蛇王菩萨活动，或将蛇握在手上，或让蛇盘在肩上，或赤膊任大蛇缠在身上，浩浩荡荡的人群簇拥着蛇王菩萨的舆驾游行。游行结束后，巫师要选出一条最大的蟒蛇，用花轿抬到闽江边放生，其余的蛇也要在送到蛇王庙前的闽江边放生。接着在蛇王庙演戏酬神。

三、台湾山夷与闽越文化

《山海经·海内南经》记载"闽在海中"，大概也将台湾岛的人民和土地包括其中了。因为三国孙权政权在黄龙二年（230年）进行了一次军事行动。据《三国志》记载，这次远征"甲士万人……军行经岁"，规模很大，因而对台湾的影响和了解应当是全面的、深刻的。就是孙权派卫温等率兵至夷洲之后二三十年（244—280年），吴国丹阳太守沈莹撰写了《临海水土志》，记述了夷洲的风土人情，使台湾有了最早的文献记载。但此书久佚，只有宋朝的《太平御览》卷780《四夷部一·叙东夷》抄录保留了一部分。《临海水土志》是东吴海军远征台湾之后，作者在获得了第一手资料的基础上写成的，全文如下：

夷洲在临海东南，去郡二千里，土地无雪霜，草木不死。四面是山，众山夷所居。山顶有越王射的，正白，乃是石也。此夷各号为王，分画土地人民，各自别异。人皆髡头穿耳，女人不穿耳。作室居，种荆为藩障。土地饶沃，既生五谷，又多鱼肉。舅姑子妇男女卧息，共一大床，交会之时，各不相避。能作细布，亦作班文布，刻画其内有文章，以为饰好也。其地亦出铜铁，唯用鹿角为矛以战斗耳。磨砺青石以作矢镞刃斧。环贯珠当。饮食不洁。取生鱼肉杂贮大器中，以盐卤之，历月余日，乃啖食之，以为上肴。呼民人为"弥麟"。如有所召，取大空材，材十余丈，以着中庭。又以大杵旁舂之。闻四五里如鼓。民人闻之，皆往驰赴会。饮食皆踞相对，凿床作器如稀槽状，以鱼肉腥臊安中，十十五五共食之。以粟为酒，木槽贮之，用大竹筒长七寸许饮之。歌似犬嗥，以相娱乐。得人头，斫去脑，驳其面肉，留置骨，取犬毛染之以作髦眉发编，具齿以作口，自临战斗时用之，如假面状。此是夷王所服。战，得头，着首还。于是庭建一大材，高十余丈，以所得头差次挂之，历年不下，彰示其功。又甲家有女，乙家有男，仍委父母，往就之居，与作夫妻，同牢而食。女以嫁，皆去前上一齿。

书中记录了台湾的山夷呼"民人"为"弥麟"。"弥麟"，缓读（或切音）即为"闽"音，因为明洪武八平（1375 年）所撰《洪武正韵》记："闽，弥麟切。"可见，三国时期台湾的"山夷"自称为"闽"，至少表明台湾的山夷与闽越关系密切，可能为闽越的一支。山夷与闽越有关，与余善等人计划"亡人海"有关。这个率众撤逃入海中的下策，不可能只是众人漂在海上躲躲，也不可能是在沿海小岛上驻扎，因为汉朝已有在沿海"发兵浮海"的能力，在元封元年（公元前 110 年）平闽越时，汉横海将军韩说即率军从海上"浮海"包抄闽越国。因此，这种以"亡人海"来保存闽越国的考虑，很可能是指率众撤逃到海中澎湖列岛和台湾岛的举措。

此外，我们可以注意其他习俗与闽人的习俗多有相似之处。其一，好食盐腌类食物，这是江南以至闽地的共同习俗。其二，以鱼肉与盐制成调料，闽人称之为虾油。在柬埔寨一带，当地人每年都要以鱼肉制作虾油，每天吃饭时，一家人席地围坐，都要以虾油配餐。这一习俗应是古代南东亚共同习俗的遗留。其三，凿齿，至今闽中女子出嫁后，要将两颗犬齿镶上金银，称作金牙，这一习俗是古代凿齿习俗的孑遗；再者，福建惠安一带流行结婚女子长住娘家的习俗，男女成婚之后，各自住在父母家中，每逢节日，方能一会，数年后生子，女子才能堂堂正正地进入男家。

在台湾原住民中，蛇崇拜也随处可见。如排湾人、鲁凯人、泰雅人、布农人中，也盛行崇蛇习俗。排湾人和鲁凯人宗庙的祖先雕像必附设百步蛇的形象，其屋饰、生活用品和武器常雕以蛇形，织品的刺绣和贴饰也有蛇纹样。排湾人还将陶器分为许多等级，依其纹饰分次第，最高贵的纹样为蛇形，将整条用陶泥塑成的蛇沾附于外的陶器最受人珍视。有蛇纹样的木质、陶质壶具被视为有巫术功用。蛇形文饰写意居多，造型丰富多变。有单首独身，也有双首单身。蛇身有直线造型，也有曲线处理，还有的盘卷缠绕于人头周围。蛇体多以锯齿纹、影线三角形连续纹、菱形连续纹、波纹、竹节纹、席纹等标示，这与他们文身的纹样一致。

第三章 魏晋汉人南迁与闽越文化

第一节 汉人入闽的文化影响

一、魏晋之际的汉人南迁入闽

两汉时，闽虽为"不居之地"，但不能表示此地没有人群存在。三国时期，福建人群是多样的，大致而论有：一是汉末留守汉族官吏和部队；二是以汉族为主的中原流窜"贼众"；三是汉族与闽越族同化从事农业的山民。孙吴政权为了征伐山越，才注重对闽越地区的管理，自汉建安元年至吴太平二年（196—257 年）的 62 年时间内，孙权对五次用兵闽中，以扫清"贼众"、"山民"、"叛将"。

孙氏最后一次用兵闽中至陈朝末年（589 年）的三百多年，全闽基本无战事，进入了稳步发展的阶段。而此时，中原板荡，先是三国鼎峙攻战，继则西晋初 16 年的"八王之乱"，到了西晋末又爆发"十六国大乱"。南朝走马灯式地换了四朝，复遭"侯景之乱"。黄河、长江流域，人祸加天灾，无法生存，北方民众只好向关中、南方等地携妻带子地四散流离。闽中远离北方，人稀地广，为理想避难乐土。《晋书·地理志》有"闽越遐阻，避在一隅，永嘉之后，帝室东迁，衣冠避难，多萃止"之说，可见六朝以来，汉民大量入迁闽中，开创了福建民族史的新阶段。

移民大约可分为几种类型：一是军事人员。东吴五次用兵，前后入闽将士不少，其中多数留下。二是流放人员。从孙吴至南朝宋、齐，闽中为历代政府流放罪人及其家属之地，如在东冶置典船校尉，主要收纳谪徙之人造船。三是避难入闽的百姓。不过，三国入闽的汉人以军队和流放人员为主，流动性大；晋代与南北朝时期，北方汉人入闽的群体往往举家举族而来，"无复北向"，才开始有定居闽中的决心。近年来，福建各地发掘出的六朝墓葬也不少，如有太康（280—289 年）城砖山、永康（300 年）墓砖田，说明永嘉丧乱以前也已有汉人入闽。不过，晋宋年间的北方流民南下，大抵集中在荆、扬、梁、益诸州，若以今天的省份来看，其中接受流民最多的是江苏省，其次依次是山东、安徽、四川及陕南之汉中，湖北、河南南部，而以今江西、湖南为最少。依此可以推断晋宋时期的入闽数量还不是很大。造成汉人大量入闽的历史事件是什么呢？从史料来看，南朝侯景之乱是一个转折，当时三吴沦为战场，一大批难民辗转流入福建和广东东北部。

魏晋之后的人口迁移不但给福建带来了先进的生产技术，还伴随着物质文化资料的南迁，带来了先进的农业生产工具和技术，从而使闽中的许多地区得到开辟耕作，社会经济逐渐发展。如闽江下游的农业开发，晋太康三年（282 年），福州开凿"西湖"和"东湖"。"西湖"汇集现在新店的山泉溪水，以后又引洪江、台江之水入湖。东湖汇集福州东北面的山泉溪水（现东湖已淤为平地）。两晋南北朝时，福州平原的农田，都是靠两湖之水来灌溉的。收入贾思勰《齐民要术》的福建水果品种，有建安的橘，候官的杨桃和王檀子（即黄皮果），等等。在手工业方面，建筑、冶铸、制瓷、烧灰、砖瓦、金银首饰、蚕丝等行业，尤其是制瓷业，都有长足的进步。南朝时，建安生产的绵（丝），质量超过东南其他产丝地区，织造的"彩缎"畅销各地。

二、福建魏晋墓葬的空间分布

2010 年 1 月 27 日，因宁德至武夷山修建高速公路，福建省考古队在福建省政和县石屯镇抢救性发掘了一个南朝墓群，一共 12 座南朝墓葬，出土的器物除了盘口壶、香熏、五盅盏等青瓷外，还有滑石猪、铜钱、铜发簪等。3 座墓葬墓砖上还模印纪年文字"吾以泰始三年（467 年）七月十日"和"永明四年（486 年）七月廿五日"等，这分别为南朝宋明帝和南朝齐武帝在位时期。这个发现大约是近年有关福建六朝墓葬的重要发现。

不过，这并非偶然，由于六朝时期大量汉人进入福建，留下了大量墓葬。从墓葬内容看，晋代以前，福建发现的墓葬遗迹以土坑葬为主，反映土著闽越及其后裔山越人的埋葬习俗。入晋以后，砖构墓葬趋多，从埋葬制度到随葬品组合、形态，都与同一时期中原内地的汉文化内涵无异，反映的是中原及江南士族地主聚族而居、聚族而葬的生活时尚，可见六朝以来汉民大量入迁闽中的事实。

福建各地出土的六朝墓葬多集中在建瓯、福州、霞浦和泉州，成群成组出现。林忠干等人曾在《福建六朝墓初论》一文中分析了50处六朝墓葬的分布空间：

时代	地点		数量	备 注
西晋	闽江上游	浦城	1	
		松溪	1	
	闽江下游	闽侯	1	
	闽东沿海	霞浦	1	
东晋	闽江上游	建瓯	2	本表的所谓闽江上、下游以现在的南平为界，南平以上为上游，南平至福州海口为下游。闽东沿海指现在宁德地区的沿海各县。闽南沿海指现在的莆田市以南的沿海各县。
		浦城	1	
	闽江下游	福州	3	
		闽侯	1	
	闽东沿海	南安	1	
南朝（宋、齐、梁、陈）	闽江上游	政和	5	
		建瓯	1	
		松溪	1	
	闽江下游	福州	16	
		闽侯	6	
	闽东沿海	南安	2	
	闽东沿海	罗源	1	

50处墓葬的空间分布形态是：闽江上游的共有16处，闽江下游的共有27处，闽东沿海有2处，闽南沿海有5处，可知这一时期北方汉人在福建的活动范围大致以闽江流域及沿海部分地区为主，沿海地区主要分布于霞浦、连江、福州、闽侯及南安一带；内陆山区则以闽北居多，有松溪、

第三章 魏晋汉人南迁与闽越文化

33

浦城、政和、建瓯、将乐、南平、邵武等地。

这些墓葬主要是北来的汉族士族墓葬，曾担任郡县职官的官僚在少数墓砖铭文中直接标明其身份，未见标明身份的多属地主富豪型的一般性士族。墓葬铭刻都使用汉字，这表明当时定居于福建的民众汉化相当深。按照丧葬的等级制度，福建多数墓葬建筑规模与结构形式，不如六朝都城建业、建康（今南京）地区王侯贵族的宏大复杂。但一些品秩较低的官吏与地主富豪，也依仗他们的政治与经济实力，往往存在僭越现象。

六朝墓葬反映了当时入闽士族的思想观念。在墓室构筑方面，使用的墓砖是在窑场预订专门烧造的。砖上的装饰题材，包括各种几何图案和各种祥瑞动物、植物形象。砌筑时砖纹一致内向，进行规律性的排列组合，形成有机的整体，产生强烈的装饰效果。这些图案除了体现美观效果以外，还具有压胜避邪、祈求冥福的象征性意义。如钱纹寓意金钱百万，游鱼表示连年有余、吉庆有余，飞龙兆示风调雨顺，兽首、傩面可以驱邪免疫。还有不少墓砖铭文钤印"宜子孙"、"子孙安吉生万花"之类的吉祥用语，甚至宣扬"始得踰利"、"金钱百万"之类追求发财致富用语。在随葬品方面，追求"事死如事生"的思想观念。以饮食生活器皿为基础，不断地增加日用生活杂器，从卫生用具到照明器皿，从文房用具到模拟厨灶明器，无所不备，形成隆重的厚葬风气。

厚葬风气除了本身的丧葬观念以外，还透露出现实生活中的宗教信仰意识，尤以佛、道教信仰意识最为浓厚。霞浦城关西晋元康九年（299年）墓中出土的一件青瓷魂瓶，是福建地区发现迄今年代最早的佛教艺术文物。该瓶的上部堆塑三层亭台楼阁，其间装饰狮、鸽、熊等与佛教故事相关的动物和结跏盘坐的佛教僧人。瓶的下部堆贴六尊手执乐器站立的伎乐胡俑。这些雕塑造型的内容，正是当时佛寺建筑造型和佛寺内僧众活动的形象。此类渗透浓重佛教内容的魂瓶随葬坟墓，具有保佑子孙升官发财的祈求幸福的涵义，反映了士族信仰佛教，用佛教来超度亡灵的丧葬观念。而在各种墓砖、瓷器等器物上出现的青龙、白虎、朱雀、玄武，道教文化的影响已经逐渐深入民间。不过，从墓葬所反映的宗教内容看，闽地的一些信仰也因文化交流而传播到其他地区，如有关武夷君崇拜为越人所重，西汉时虽一度列入汉祀典之内，但为时不久即被罢去。但它在民间继续流传，湖北、湖南、江西等地南朝或隋唐以及北宋墓中所出的买地券中，常提到武夷王，和"地下二千石"、"蒿里父老"等幽冥主宰并列在一起。

墓葬出土物中还发现谷仓、猪圈、鸡舍、鱼塘和阁楼人物等陶器模型，这些陪葬品不但反映了当时社会自给自足的小农经济状态，同时也与同时期中原地区的埋葬习俗完全相同，它从一个方面反映了中原地区相关习俗对福建社会的影响日渐深入。

第二节　六朝时期的闽地山越

一、"化外之地"

秦汉以来，中原王朝相继在百越故地推行郡县制度，并对百越民族采取内迁、同化政策，因此汉人入闽的空间分布与行政建置也是同步的。东汉末年，形成魏、蜀、吴三国鼎立的局面，福建属吴国势力范围。吴永安三年（260年）设建安郡，"领建安、建平（阳）、吴兴（浦城）、东平（松溪）、将乐、昭武（邵武）、绥安（建宁、泰宁）、南平、侯官、东安（同安）、南安十县，仍治建安"。随着人口的不断增加和社会经济的发展，至西晋太康三年（282年），三国时的建安郡就分析为建安、晋安两郡。这样，原来的建安郡管辖范围缩小了，只领有全部闽北，前后分为八县，即建安、吴兴（浦城）、东平（松溪）、建阳、邵武、将乐、延平、绥城（建宁县）。郡治仍设在建安（今建瓯）。晋安郡则包括闽西及沿海地区，也分为八县，即候官、原丰（闽县）、温麻（霞浦）、晋安（今南安）、同安、新罗（长汀）、宛平（无可考）、罗江（今宁德）。郡治设在原丰。到了南朝宋、齐时，建安郡所属八县，裁去南平、东平（松溪）两县，另设沙村（即沙县）。这样，建安郡领七个县，而晋安所属八县也有变化，撤去宛平、新罗和同安三县，剩下五县。但到了南朝梁天监年间（502—519年），随着闽南地区的进一步开发，又从晋安郡分出一个南安郡，辖有兴化、泉、漳等地。到了南朝陈永定时（557—559年），陈武帝为了满足陈宝应的愿望，特设"闽州"羁縻之，福建历史上第一个省级建制的"闽州"就这样产生。联系上文所分析之入闽汉人墓葬分布，大致可知，以建溪流域所在的闽北盆地和以闽江、晋江下游等为中心的东部沿海一带是六朝以来入迁汉民最集中和福建汉民社会、经济与文化最发达的地区。以晋江流域为例，当时汉民人口非常稠密，才有了《舆地纪胜》"泉南歌"所语的："泉州人稠山谷瘠，虽欲就耕无地辟。"

行政设置只在王朝能控制地带才能展开，从郡县密度看，六朝时期的闽西南地区较为稀疏，而从墓葬挖掘资料看，也尚未发现较为典型的六朝墓葬，这说明在当时民族发展存在着巨大的空间不平衡。与闽江流域及晋江流域相比，福建九龙江流域的开发要略迟一些。只有少数汉人进行了九龙江流域的开发，主要是沿着两个方向：一是由岭南珠江流域、韩江流域沿东北方向逐渐推进到九龙江流域；二是由闽江流域、晋江流域沿西南方向逐渐推进到九龙江流域。

空间不平衡只是指汉人迁入形态差异，并不代表这些地方荒无人烟。汉武帝时期，表面上闽越"其民徙处江淮间，东越地遂虚"，但尚有部分越人逃避山区，这就是东汉六朝以来活跃的"山越"。九龙江流域的开发之所以比有些地区来得迟，除了北方汉人入闽进漳的路线比较曲折之外，还有其地仍在"山越"控制之中的因素，族群矛盾的现状不利于汉人移民社会的形成。土著群体不归入王朝版图，也不承担政府赋税，犹如《资治通鉴·汉纪》胡三省注："山越本亦越人，依阻山险，不纳王租，故曰山越。"因而这些群体也就被视为了"化外之民"，将其列入失去文明教化的一片化外之地，如《三国志·蜀志·许靖传》中记汉末许靖与袁沛、邓子孝等人一起逃亡经历："浮涉沧海，南至交州（今广东），经历东瓯、闽越之国，行程万里，不见汉地。"可见当时广东、福建、浙东南，这数千上万里化外之地极少有汉人者，山越散居，未入编籍，户口根本无法计算。六朝时期，这些东汉以来逃避内迁的闽越后裔就活动于闽中山地和闽西南的崇山峻岭之中，尤以闽西南的漳、汀之间为甚。这些群体深居于篁竹之内，树冠浓密，藤萝纠结，虎象巨兽出没其间，毒瘴疠气弥漫山谷。虽属生存条件恶劣，但地广人稀，并不难找到生活和生产基地。所以他们与外界交往很少，没有留下什么原始的文字记述，历史记载基本上处于空白状态。

闽越文化

二、闽地山越之形态

"山越"一词，最早见于《后汉书·灵帝纪》，其中提到建宁二年（169年），"丹阳山越贼围太守陈夤，夤击破之"。三国时期，常见于文献记载。中经隋唐，至宋代后才不复出现。可见山越是魏晋之际中国东南山区百越后裔的统称。山越既然由诸越后裔演变而来，故不同地区山越的先民也来自越人不同的支系。例如三国时东吴建安郡（治今福建建瓯县南，松溪南岸）的山越，大都是退入山区的闽越遗民；浙江东部的山越，则应是东瓯的后代；江西鄱阳一带的山越，当是西汉时豫章越人的后裔；丹阳等地的山越则是被汉武帝强迁于江淮一带的东瓯及闽越后裔。三国时山越分布范围东及于海，西达湘水，北抵长江，南邻交州，相当于今浙江、安徽、江西、江苏、福建等省部分山区。

由于各地山越的族群来源不同，身份特征也有差异，虽然从称谓上表示其为同一种族，但内涵区别甚大。唐长孺先生曾在《孙吴建国及汉末江南的宗部与山越》一文指出："（山越）只能认作居于崇地的南方土著"，认为山越不一定完全是越人后裔，只是居住在山区的人群而已，即屡世聚族群居于丛山峻岭之中的人群，其内涵类近于"山民"，是"入山之民"的泛称，包括山越、入山汉人和其他少数民族。也就是说，许多汉族人民为了反抗剥削和压迫，逃入山中与越人杂居共处，逐渐融合，与山越统称为"山民"。由于他们武装反抗东吴政权，而被侮称为"山贼"、"山寇"。"山贼"、"山寇"是泛指山区的叛乱者或农民军。不过唐先生在讨论中，特别加了一条说明，将"福建、江西一些偏僻之区"置于范围之外。此点给予我们的提示是，闽地山越形态与江南并不完全一致。

《三国志》记载："侯官（今福建福州市）既平，而建安（今福建建瓯）、汉兴（今福建浦城）、南平（今福建南平）复'乱'。齐进兵建安。立（会稽南部）都尉府。是岁（建安）八年（公元203年）也。……'贼'洪明、洪进、苑御、吴免、华当等五人，率各万户，连屯汉兴；吴五六千户，别屯大潭（今福建建阳）；邹临六千户，别屯盖竹（今福建松溪）。……齐进讨明等，连大破之，临阵斩明，其免、当、进、御皆降。转击盖竹，军向大潭，三将又降"。从这些文献分析，闽地山越大略由首领豪帅统辖，设"千户"、"万户"等军事组织，具有相当大的独立性。而此次起义被平定后，孙吴在闽北增设建置，强化统治，征用了山越之民扩充兵源。卫温、诸葛直东渡至台湾的军队中，有大量兵源是山越中征讨而来的。但需要说明的是，吴平定山越，并不是消灭政策，而是威逼之计，一些山越豪族也归顺吴政权。在此后的历史进程中，这些地方豪族与汉族势力结合，变得更加强大。他们往往随着魏晋时期的每一次改朝换代，发展甚快。如唐代《开元录》谈到福州的"五姓"："闽越州地，即古东瓯，今建州亦其地。皆蛇种。有五姓，谓林、黄是其裔。"对于这些姓氏家族，没有太多资料可以描述其具体历史形态，目前可以为例的是陈朝的闽侯陈宝应。陈宝应之父陈羽"既豪侠，煽动蛮陬，椎髻箕坐，自为渠帅，无闻训义"，其中"渠帅"虽然是当时中原贵族对其他非中原民族首领的侮辱性称呼，但也恰恰说明了陈氏的山越首领身份。由于陈氏势力扩大，至陈霸先建立陈朝后，陈霸先主动与之通谱，陈宝应家族因而被接纳为皇族。而这些是主动接受汉化的闽越人后裔。

必须说明的是，这只是在闽江流域发生的族群互动现象。闽西由于人口相对稀少，不像闽江流域集中在沿江两岸的开阔地带，可以成为三国贺齐、吕岱等人的进击目标，因此晋朝之后，形态基本未变。在广大山区，还存在着各色各样的土著民族，他们直到唐代尚被视为"蛮僚"，因此这一时期的"福建"地域尚未形成，即便是汉人聚居点，也有东南和西北之分，支撑东南汉人活动的主要是海路，他们以此与浙东和广东发生联系。支撑西北的则是与江西结合，通过赣江联系长江及华中、华北。多数闽人的汉化尚要等到唐代中叶。因此讨论六朝时期的闽越，用闽西南山地文化或者汉文化高度发达的东部沿海地区代替整个福建，都有失偏颇。

第三节　六朝闽地的海洋活动

一、"白水郎"与蛋民之关系

被称之为"蛋家"的水上居民，他们以船为家，地理分布相当广阔，中国东南和南部地区都有活动踪迹，其中以珠江流域、韩江流域、九龙江流域、闽江流域为重要地区。那么福建的水上居民形成于何时呢？追溯源起，先要分析其称谓。宋代王象之《舆地纪胜》"福州山川条"有载："旧记云：闽之先，居于海岛者七种，白水郎其一也。""白水郎"之称呼，在乐史《太平寰宇记》中较为多见，其"明州"篇说："东海上有野人，名曰庚定子，旧说云昔从徐福入海逃避海滨，亡匿姓名自号庚定子。土人谓之白水郎。脂泽悉用鱼膏，衣服兼资绢布，音讹亦谓之卢亭子。""泉州风俗"条则载："白水郎即此州之夷户。亦曰游艇子，……其居止常在船上，兼结庐海畔，随时移徙，不常厥所。"梳理这些文献，可以认识到，"蛋民"是闽越后裔，他们与南岛语族有着极为密切的关系。

进入三国时代，孙吴控制闽地后，把福建作为重要的水师基地来发展，曾经在福州设置专门机构管理水上居民，建造船只。后来又把所谓"公私苛乱者，悉投于此"，也就是把政敌（包括宗室）和罪犯连同家属迁到东冶，为造船服苦役。唐朝《元和郡县图志》对此记为："吴于此立曲舟耳都尉，主谪戍之人，作船于此。"韩振华先生认为："曲舟耳"可能是"典舟鸟舟了"之讹。有关于"舟鸟舟了"的含义，《康熙字典》有解释："舟了，《越绝书》越人呼船为'须虑'，长即舟了也。"《集韵》："舟了，丁了切，音鸟。舟鸟舟了，船长貌。"《正字通》："船小而长曰舟鸟舟了。舟鸟舟了是越人的水战船。"这种船只在六朝文献中也有出现，如《梁书·王僧辩传》："及王师次南州。贼帅侯子鉴等，率步骑万余人于岸挑战。又以舟鸟舟了千艘，并载士，两边悉八十棹，棹手皆越人，去来趣袭，捷过风电。"这种头尾尖高的舟鸟舟了，又称了鸟船或了鸟船，在福建沿海极为普遍，泉州白水郎的船只，名即"了鸟船"。宋代乐史在《太平寰宇记》所记的泉州风俗云："白水郎……船，头尾尖高，当中平阔，冲波逆浪，无畏惧，名曰'了鸟船'。"

孙吴政权以典船都尉管理船只生产，推动了造船业的发展，福州等地成为当时最大的官府造船基地。当孙皓降晋时，西晋接收的官船和战舰尚有五千余艘，可见东吴官府营造船舶之多。在孙吴的造船基础上，晋朝在福州设典船校尉，另外还在福州的温麻（今连江县）又设有"温麻船屯"与"温麻令"。"温麻船屯"是仿照魏晋军事屯田的一种管理方式，因此福建水上"蛋民"被编为船屯的客户，进行着船只的生产。温麻船以合五板为大船，又称"温麻五会船"，根据韩振华的研究，"五会船"可能是"五航船"的近音，后来又演称为"五帆船"。这种船只也是白水郎所使用，因为闽南一带把白水郎称之为"五航"，如道光年间的《厦门志》中记："港之内，或维舟而水处，为人通往来，输货物，浮家泛宅，俗呼曰'五帆'。五帆之妇，曰'白水婆'。"

晋末安帝元兴元年（402年），孙恩、卢循以五斗米道为掩护，在浙江海上发动起义，其规模之大，令人瞩目。第二年攻入晋安（今福州），晋安太守张茂度和建安太守孙蚪之都接受他的符书，供其调役。八月，刘裕讨伐军追至晋安，义军坚持了三年，无法支撑，只好乘船只去番禺（今广州），卢循在交州战败身亡。这次起义的特点是屡次以海岛为基地，出袭大陆，自隆安三年（399年）至义熙七年（411年）前后鏖战海上12年，北至长江口直达郁州（今连云港）、南抵晋安（今泉州）、广州，波及范围极大。在此事件中，福建有不少"蛋民"（白水郎或裸艇子）参加到卢循队伍中去，失败后，他们则利用船只漂泊江海之间，散落于福州地区沿海一带，称为"泉郎"，又称"游艇子"。他们以船为家，或兼结庐江畔，随时迁徙，由此"蛋民"又被传为"卢循余党"。

二、槁工楫师，选自闽禺

中国文化史上，"洛阳纸贵"是一个人人皆知的典故，所言的是西晋文学家左思因《三都赋》而出名的故事。一篇美文使当时人竞相抄写，造成纸张供不应求，纸价上涨。《三都赋》由《吴都赋》、《魏都赋》、《蜀都赋》三部分组成，它不只是写三个都城，而是写魏、蜀、吴三个国家的概况。其中《吴都赋》以优美的文字描述建康：

泛舟航於彭蠡，浑万艘而既同。弘舸连舳，巨槛接舻。飞云盖海，制非常模。叠华楼而岛跱，时仿於方壶。比鹢首而有裕，迈馀皇於往初。张组帏，构流苏。开轩幌，镜水区。槁工楫师，选自闽禺。习御长风，押玩灵胥。责千里於寸阴，聊先期而须臾。

这段文字虽是文学笔调，又加上一番描绘，但也反映了一定的历史真实，不仅描述了吴国强大的水上船只，而且点明闽地所产的舟师和船只在孙吴水师中的重要地位，即福建是东吴的造船中心之一，也是吴国最优秀的航海家和专业人员的聚集地。闽人之所以能有如此之强的海上活动能力，与他们擅长海洋交通有关。李东华先生在论及福建海上交通以及古代福建地区的开发问题时说：在福建开发过程中，海上交通占有举足轻重的作用；从地理形势来说，浙闽丘陵位居东南沿海，背山面海，陆上交通闭塞，海上反而成为较易之出路，而闽人自古即以善于操舟航海著称，因此自汉以降，闽地对外交通以海路为主。

那么，闽人所掌握的海上交通线有哪些呢？《三国志》的"孙权传"中在记录了卫温等人率军队入夷洲（台湾）之事："（黄龙）二年春正月，……遣将军卫温、诸葛直将甲士万人浮海求夷洲及亶洲。亶洲在海中，长老传言秦始皇帝遣方士徐福将童男童女数千人入海，求蓬莱神山及仙药，止此洲不还。世相承有数万家，其上人民，时有至会稽货布，会稽东县人海行，亦有遭风流移至亶洲者。"对于这条史料中"会稽东县"之谓，有学者认为其中脱漏了"冶"，应为"会稽、东冶县"。如此一来，魏晋之际，闽台两地应存在交通往来。至南朝时，陈宝应于永定二年（558年）从海道至会稽，取道浙西到金陵（今南京市）进贡，后陈宝应拥兵割据又白海道寇略临安、永嘉、会稽、余姚、诸暨（今浙江杭州、温州、绍兴、余姚、诸暨等地）。他并利用寇略浙东等地机会，"载米粟与之贸易，由是大致资产，士众疆盛"。这是福建粮食运销浙江的第一次记载，说明经济交往促进了海上交通的发展。

孙吴时期还开辟了至南洋诸国的远航，黄武五年至黄龙三年（226—231年）遣宣化从事朱应、中郎将康泰出使南亚。而黄武五年大秦（东罗马）商人秦伦来到交趾通商，拜见交趾太守吴邈，并至建康朝见孙权，一直到嘉禾三年（234年）始返。朱、康出使南洋十余年，返国后还撰有《扶南异物志》、《吴时外国传》，惜已失传，仅有少数引文，散见于《水经注》、《艺文类聚》、《通典》、《太平御览》等书中，也足可窥见当时中外航海往来及异国社会风貌。在孙吴的海上活动中，福州港也开始参与其中。建衡元年（269年）吴国出兵交趾，除了陆路袭击外，还有利用海路进攻的一路军队，"监军李勖、督军徐存从建安海道，皆就合浦击交趾"。

南朝陈时期，有一印度僧人拘那罗陀来到晋安郡，他从晋安郡乘小船到南安郡，等候"更装大舶，欲返西国"。后来，他应当地僧人之邀，挂锡南安的伽蓝寺，在这里翻译了《金刚经》。天嘉三年（562 年）九月，扬那罗陀乘船离开南安郡，本想返回故国，不料遇逆风又漂回广州，这充分说明了当时福州与南亚的海上交通往来关系。

第四章　唐五代的多元族群文化

第一节　全境开发与文风丕盛

一、唐代的福建全境开发及人口分布

唐朝建立后，实行轻徭薄赋的政策，注意到区域的差异。对于南方人口稀少的区域，采取怀柔为主的政策，简化徭役赋税，结果促使北方汉人大量入闽，从而推进福建开发。

从人口分布的空间看，唐代以前，北方汉人入闽后的定居点以及开发的区域，局限在一些自然环境比较优越的地方，不少地区仍然是荒原野岭。而进入唐代后，这些区域的人口开始增加。随着北方人口不断南迁，闽西、闽中山区等偏僻荒凉之地，得到进一步的开发。

表 3-4　隋代及唐以前福建人口变化简表

州郡	晋太康初	刘宋大明八年	隋大业五年	贞观十三年	天宝元年	元和八年
建安郡建州	4,300	3,042	12,420	15,336	22,770	15,480
晋安郡福州	4,300	2,843			34,084	19,455
泉州					23,806	35,571
汀州					4,680	2,618
漳州					5,846	1,343
共计	8,600	5,885	12,420	15,336	91,186	74,467

政府的行政设置也随着人口的增加而增加，南朝陈朝时，福建境内只

有闽州。唐初,有今福建的泉、建、福三州(属郡级),其中福州即为原泉州,泉州即为原丰州或武荣州。三州下辖10县:闽县、长乐、连江、长溪、建安、邵武、建阳、南安、莆田、龙溪。其后,又陆续新置了漳州、汀州,以及沙县、漳浦、将乐、浦城、福唐、仙游、侯官、晋江、长汀、龙岩、宁化、尤溪、古田和永泰,计14县。

为了招抚流民和适应山区的开发,汀州在开元二十一年(733年)增设,时任福州长史唐循忠建议,"于潮州北、广州东、福州西光龙洞,检责得诸州避役百姓共三千余户,奏置州,因长汀溪以为名"。宁化、永泰、尤溪、古田等县也皆"开山洞"而置。由于行政区的增加,福建原来属于唐初十道中的岭南道,后改置十五道时改属江南东道,开元二十一年(733年),唐朝设立福建经略使,乃是"福建"这一名称的首次出现。而元和时分四十八道时,福建自成一道。

唐初到唐中期行政设置变化情况说明,由北方来人群在福建地区大量定住后,以前主要以政治和军事意义为目的的行政区域,慢慢变成了以维护北方群体占领区和保障其基本生活条件的持续为目的的新机构。唐代福建共设有24县,以户口多寡定州县的等级,其中望县1个,紧县3个,上县7个,中县2个,下县11个,此外,还有9场3镇,形成了一个遍及各地的多层次结构的行政管理网络。

日本学者佐竹靖彦曾根据《太平寰宇记》中比较重视行政据点的记载,将福建诸县分成四种类型:南北朝以前至宋初一直存在的县;南北朝以前已经存在,隋、唐初期暂时消失,其后又重新设置的县;唐初期或者中期设置的县;五代时期设置的县。结果发现,南北朝至宋代一直存在的县不多,五代也主要在福州、建州和泉州附近设县,大部分县是唐代设置或者恢复的。可见,统治政权在主要地区日益稳固。不过,唐代北来的政治力量和移民群体主要依托于行政区的设置来保卫了他们在原住民居住区所开拓出的生存空间,其发展还不及其他地区,比如同时期的浙江中南部台州和婺州,被统计人口接近于福建全部;而从福建本身五个州来看,也悬殊较大,福州、建州、泉州的人口大大高于汀州和漳州。

二、衣冠之士与科举文化

唐朝是福建士人文化大发展的时代，朝廷为了巩固对南方的统治，很早就派中央官员来到闽地，这些外来官员及其佐僚，再加上流寓的中原人士，构成了一个外来的知识群体，他们自然而然地传播儒学，影响当地人文化价值观。比如唐大历七年（772年），唐宗室李錡出任福建观察使，将府学搬到城南兴贤坊。中唐古文名家独孤及的《福州都督府新学碑铭并序》说："闽中无儒学，成公（李錡谥号）至而俗易"，又称赞他修建学校，"以五经训民，考教必精，弦诵必时。于是一年人知敬学，二年学者功倍，三年而生徒祈祈，贤不肖竞劝，家有洙泗，户有邹鲁"，虽然这些描述过于抽象，也嫌夸大，但的确透露某些地方官吏积极与地方读书人接触的情况。建中年间，常衮遭贬任福建观察使，非常重视教育，增设乡校，亲自讲授，闽地文风为之一振，儒学蔚然成风。福州、泉州一带，有许多人家教子读书。韩愈在《欧阳生哀辞》有言：

今上初，故宰相常衮为福建诸州观察使，治其地。衮以文辞进，有名于时，又作大官，临莅其民。乡县小民有能诵书作文辞者，衮亲与之为客主之礼。观游宴飨，必召与之。时未几，皆化翕然。詹于时独秀出，衮加敬爱，诸生皆推服。闽越之人，举进士鳏詹始。

韩愈与欧阳詹同登贞元八年（792年）进士第，对其生平了解较详细，因此在哀辞中所描述也较为真实。欧阳詹在闽中受到本地同侪的推重、常衮的擢拔，这一过程还从欧阳詹自己写的《与王式书》获得印证。欧阳詹文才早发，很得同侪的看重，从二十一岁时起，就有朋友鼓励他考进士，毫无疑问，这些人也均为读书之士人，他们分别是濮阳仲宣、河东千龄、荥阳从易、济北有融、琅琊次臣，根据欧阳詹自注，依次为吴播、薛寿、郑简、康暐、王云卿，都是同乡。欧阳詹本人也是世家子弟，祖上世代和父兄皆为闽越地方官吏，祖父任温州长史，父亲任博罗县丞，兄謩任安固县丞，兄任潮州司仓。除了欧阳詹之外，其他家族也因此而成科举世家，林藻家族是一个明显的例子。林藻于贞元七年（791年）登进士第，二哥林蕴贞元四年（788年）明经。

不过需要指出的是，在唐代科举活动中，福建属于儒学初传之地，士人出身微寒，欧阳詹的身份在韩愈的《欧阳生哀辞》中被称"世居闽越，自詹以上皆为闽越官"，又被称"闽越人之举进士由詹始"，"詹，闽越人也"。关于"闽越"之称，欧阳詹在自己的《上郑相公书》也有言：

> 某代居闽越，自闽至于吴，则绝同乡之人矣。自吴至于楚，则绝同方之人矣。过宋由郑，踰周到秦，朝无一命之亲，路无回眸之旧，犹孤根寄不食之田也。人人耕耘所不及，家家溉灌所不沾。

这里一再使用的"闽越"既是地理概念，也有族属的文化认同，与中原人士认其为闽越夷种是一致的。此前，福建观察使李锜始建庠序，请独孤及作《福州都督府新学碑铭》，有云"缦胡之缨，化作青衿"，意思说经过李锜兴学教化，原来奇装异服属于夷种的福建人，现在穿起青布长衫成为读书人了。不过无论折桂蟾宫，还是成为名扬四方的一代才子，在晚唐科举系统，闽地士人大都还是属于"孤寒"。陈弱水教授分析《上郑相公书》，认为这应是欧阳詹于贞元十五年（799年）任四门助教时所写，"郑相公"为当时宰相郑余庆。此信目的是祈求擢拔，但其描述的闽人在知识界、政界整体力量之微薄，地位之低下，也是实情。

福建士人科举系统中明显处于劣势，其中还反映在考试时间的漫长。陈峤登第时六十三岁，考了数十载；另一位闽人郑希颜则在昭宗天复元年（901年）登进士第，已年愈耳顺。欧阳詹的孙子欧阳澥出入科场近二十年，未有所成；陈黯考进士十八回未第；徐寅，费了十七年才考上进士；黄滔在科场中奋斗二十余年，才登进士第。

三、复古运动与唐代闽中文风

儒家思想是中国士人的意识形态基础，唐代士人虽以诗赋为重，也是文官考选体系最看重的能力，但士人一旦进入科举之途，无不以儒家义理为修身之道。唐代在安史之乱后，士人思想开始发生重大变化，可称之为"儒家复兴"的先声。他们当时所推崇的是"古文运动"，即诸子贬抑华丽的骈文体，主张文体复古，崇尚质朴，延伸到"文以载道"层面，就是说文章的目的应是阐述"古道"，即文章的灵魂根于儒家的基本理念。

与"古文运动"最早发生关系是欧阳詹，大中六年（852年），福建观察使李贻孙从欧阳詹孙辈手中得到欧阳詹遗文，撰《故四门助教欧阳詹

闽越文化

文集序》说："与君同道而相上下者，有韩侍郎愈、李校书观泊君，并数百岁杰出，人到于今伏之。"（《全唐文》卷554）这里把韩、李、欧阳三人并列，视为"同道"，在当时是符合历史实际的。因为古文运动的中坚人物梁肃于贞元八年佐陆贽知贡举，将韩愈、李观、李绛、欧阳詹、崔群等古文家尽取为进士，一时被称为"龙虎榜"。贞元十五年（799年），他担任四门助教时，曾企图率领学生请愿，要求任命韩愈为国子博士。因此在贞元前期文坛上，韩、李、欧等人成为推动"古文运动"的重要人物。在古文运动中，欧阳詹的认识不亚于韩愈，甚至走得更远，他曾认为连辞赋这种考试科目也必须取消，因为科试的目的在于"得人"，标准应首先是"道德"和"贤能"，而时下的进土试唯讲究"辞赋"，而且"十年二十年而终于一命"，这样既选不到真正的人才又是对人才的浪费。可以看出，欧阳詹与韩愈等人观点一致，是有志于行古道救世弊的文章革新论者，他所强调的就是学以致用，以古文取代骈文，走向文体革新。另外，欧阳詹在《自明诚论》中，从儒家立场讨论心性问题，认为除了天生圣人之外，道德心性的成就，必须通过后天的学习得以认识，这隐然与李翱的《复性书》存在着一定的讨论关系。欧阳詹逝世后，李翱为之撰写传记，更是显示出欧阳詹是作为推动古文运动的的重要一员。

唐代福建还有一位思想家是林慎思（844～881），字虔中，号伸蒙子。唐武宗会昌四年（844年），林慎思出生于长乐县崇贤乡钦平里鸿山之麓（今长乐市潭头镇大宏村），少年时，与兄进思、景思、勤思、普思筑室读书于方安里筹峰山中（今德成岩），在攻读之余常与几位好友辩论兴亡，议陈古今，录近万言，于咸通六年（865年）撰成《伸蒙子》三卷。上卷《槐里辩》三篇，象三才，叙天地人之事；中卷《泽国纪》三篇，象三人，叙君臣民之事。下卷《时谕》二篇，象二教，叙文武之事。此后为了进一步针砭时弊，倡言仁义，又著《续孟子》二卷，宣传其拯救衰败的思想内容。他以继往开来为己任，立志振兴、改造、发展儒学，以实现治国安邦的理想。林慎思大胆阐发儒学思想，注重天命与人事的联系，提倡教化与刑法并行，为宋代理学崛起奠定了基础。

第二节　海外贸易与宗教文化交流

一、海外贸易与港口城市的兴起

唐朝国力强盛，对于海外来华经商奉行开放政策，善待"南海蕃舶"，以"接以仁恩，以示绥怀"的原则处理对外贸易事务，除了轻微的下碇税以及议价收买珍奇舶货以供皇家贵戚享用外，任海外蕃商与百姓交易。7世纪以来，世界格局也有新的变化，阿拉伯大食帝国崛起后，使印度洋及南海交通发展成熟，而福建早就具备航海条件，随着世界性的海上交通线形成，使本地区的海外贸易借此也得以勃兴，成为阿拉伯、波斯以及南海商人从海路来华经商的重要贸易集散地，改变了此前中外交通主要在西域和南海两道进行的格局，并使福建成为中国海上贸易中南下北上的中间枢纽。

港口城市的崛起是福建海外贸易兴起的重要标志。阿拉伯地理学家伊本·胡尔达兹比赫（Ibn Khurdad Hbah）在他于885—886年写成的著作《道里邦国志》中列举唐朝的四大贸易港：鲁金（Luqin）、汉府（Khan-fu）、汉久（Khanju）、刚突（Qantu）。史学家已考订，鲁金即龙编，今越南河内一带；汉府即广州，刚突即扬州。至于汉久，究竟为何地，学界比较能确定的是应是福建一带的港口，至于是泉州或福州，则有不同意见，至今尚未有定论。廖大珂等学者根据书中记载航程，认为汉久（Khanju）正是"建安郡"的音译，建安郡是唐代福州的别称，建安郡古代发音为Khun'anjun，与"汉久"的发音合。

唐代福州对外通商地区除了与中南半岛、马来半岛诸国的传统航线之外，又开辟了多条新航线，其中主要有：（1）新罗：新罗人入唐往往在福州登陆，尔后转赴长安。（2）日本：唐玄宗天宝三年（744年），鉴真和尚第四次东渡日本，先期派人到福州置办粮船，准备由此出洋。唐人有诗赞福州与日本的交往："海水旋流倭国野，天文方戴福州城。"（3）三佛齐：据于兢《王审知德政碑》记载，唐末三佛齐诸国经常派遣使团至福州，向唐朝进贡，并开展贸易活动。（4）印度：唐文宗时，中印度僧人般

闽越文化

但罗来到福州，传授佛法。（5）大食：大食商人经常航抵福州，然后溯闽江而上，或由水运，或由陆路，翻越武夷山脉，进入江西，再顺赣江而下，将舶货贩销全国各地。唐人沈亚之记载了这条商路，指出："（江西）饶江其南导自闽（江），其南颇通商，外夷波斯、安息之货，国人有转估于饶者。"福州港闻名中外，对外交通发达，海外各国使者、商人、学者来者络绎不绝，其中不少人由于各种原因定居下来，成为侨民，由于这一时期福州侨居不少外国侨民，唐朝廷还在此专门设置"都蕃长"一职，以管理侨民事务。

晚唐诗句对福州对外贸易兴盛之况有不少记载，如薛能的《送福建李大夫》曰："洛川良牧帅瓯闽，曾是西垣作谏臣。红旆已胜前尹正，尺书犹带旧丝纶。秋来海有幽都雁，船到城添外国人。行过小藩应大笑，只知夸近不知贫。"薛能为山西人氏，从经历来看，也未曾到过闽地，他能写出"秋来海有幽都雁，船到城添外国人"之句，显然当时福州海外商人南来北往的情形已为世人所共知。另外有一首诗也是描述海外贸易活动的，就是黄滔的《贾客》："大舟有浮利，沧海无浅波。利深波也深，君竟竟如何？鲸鲵齿上路，何如少经过！"且不论黄滔以描述海商逐利之风险劝诫商人的教化思想，他之所以能写此诗，并深知海商之艰辛，就在于他是莆田人，并担任福州推官，目睹了当时福建商人热衷于海上贸易活动的状况。

泉州也作为对外贸易港口而迅速繁荣。泉州港与海外发生贸易关系的范围极为广泛，如中南半岛的占城（今越南南部）、扶南、真腊（俱今柬埔寨），以及印度尼西亚群岛的渤泥（今加里曼丹岛）诸国，都是泉州商舶经常进出的地方。当时从南部安海、东石港通往州城的陆路上，沿途还置店列肆，并设驿馆招待往来旅客。今新店即是唐开元时设立的售货之场，池店是蕃商之馆驿，五店市（后改名青阳）和畲店分别是蕃商集行陆路中站与集市之所。在这条通往州城的道路上，商旅往返，络绎不绝，呈现了一派车马辐辏的热闹情景。大历年间（766—779年），诗人包何的《送李使君赴泉州》诗描述了当时泉州是异国商人云集的盛况：

傍海皆荒服，分符重汉臣。云山百越路，市井十洲人。

执玉来朝远，还珠人贡频。连年不见雪，到处即行春。

在泉州活动的海外商人以穆斯林商人居多，唐天授中（690—692年），侨居广州、扬州、泉州诸港的阿拉伯人已经数以万计。他们一部分是随着泉州商人而来，唐开元八年（720年），晋江南部东石港有个叫林銮的大海商曾航海到渤泥国，并引来"蕃舟蛮人"。另一部分是随着南海诸国使臣进贡唐廷而来，唐政府在泉州设"参军事四人掌出使导赞"，即专门负责接待外国使臣事务。天佑元年（904年），马来半岛的三佛齐国派遣使节蒲阿栗取海道前来福建进奉，并从事商业活动。

二、中外宗教联系与文化交流

随着外国商人来到福建，中外文化交流也随之频繁，其中以宗教联系最为突出，福建也成为了中国宗教向外传播的重要地点。在中日交流中，唐僧鉴真六次东渡把南山律宗传到了日本，是佛教文化传播中的重大事件。而在唐代，一位日本僧人则赴大唐寻求佛教真谛，习得真言密教，而回到日本后，日本真言宗在他的影响下，成为佛教主流。

空海入唐学法的登陆地就是福建，他跟随遣唐使赴唐，航海中遇到海难，804年八月十日，在海上漂泊三十多天后，空海同藤原葛野麻吕等人驶抵福州长溪县赤岸镇海口（今霞浦东郊至古岭下一带）。在赤岸获救时，船是破船，人是难民，而且身份不明，因为遣唐的文书印信都放在航行中失散的副使石川道益的船上（该船到九月初一才漂泊到浙江明州），拿不出身份凭证，滞留于赤岸。在此期间，经精通汉语、汉文的空海周旋于主客之间，才加强了相互间的沟通与理解。后来，新任福建观察使阎济美到福州后，空海作《为大使与福州观察使书》，得到阎济美的准许，到福州办理赴京手续。到福州后，空海等人被安排住宿在八闽第一古刹——芝山"开元寺"约月余，在此期间，空海结识了惟上，就把在赤岸作的《灵源深处离合诗》相赠，诗曰："磴危人难行，石碱兽无升。烛暗迷前后，蜀人不得灯。"袒露了他当时未能入京的复杂心境。在向长安申请入京名额时，空海因资历较浅不在名单中，他又呈交《与福州观察使入京启》，坦诚地陈述了自己要求获准入京的理由，遂被破格获准去长安。这是空海一生历史中的一次重要机遇，也是他以后为中日两国文化交流作出贡献的开始。

永贞元年（805年），空海拜青龙寺惠果为师，得"遍照金刚"名号，成为正统密教第八代传人。元和元年（806年），空海遵师"早归乡国，以奉国家，流布天下，增苍生福"的殷殷嘱咐，带回佛经216部踏上返国归途。空海继兴建"金刚峰寺"之后，在京都"教王护国寺"建立"真言宗"，又称"东密"；并在高野山创建"弘通道场"宣扬佛法。空海大师乃成为日本佛教真言宗的创立者。与最澄的"天台宗"在日本史上合称"平安二宗"，影响颇大。现今信徒达1200万人，是日本佛教的最大教派。

空海传播的密教精神，即山河草木、岩石、鸟兽，每一个物体、生命的存在，都有它独自的灵魂、心灵和歌唱的能力。自空海以后，日本的密教一方面作为镇护国家的教义与朝廷保持着密切的关系，得以不断发展，另一方面对普通民众，又以把深沉的群山之灵传递给人间社会，并以这种与修道场结合的形式博得了威信。用密教的思想对故国的自然重新进行一次评价的行动，正是空海对日本文化作出的最大贡献。

泉州港成为阿拉伯商人向东方谋求贸易利益的口岸时，跟随而来的也有伊斯兰教传教士。从此以后，伊斯兰教作为一种宗教，也作为一种文化，同泉州港的历史发生了极为密切的联系。关于伊斯兰教传入泉州的具体时间，明代史学家何乔远在《闽书》中提供了重要的文字资料，该文如下：

> 自郡东南折而东，遵湖岗南行为灵山。有默德那国二人葬焉，回回之祖也。回回家言：默德那国有吗喊叭德圣人，生隋开皇元年。圣真显美，其国王聘之，御位二十年。隆示经典，好善恶恶，奉天传教。日不晒曝，雨不湿衣，入火不死，入水不渐，呼树而至，法回而行。门徒有大贤四人，唐武德中来朝，遂传教中国。一贤传教广州，二贤传教扬州，三贤四贤传教泉州。卒葬此山。然则，二人唐时人也。二人自葬是山，夜光显发，人异而灵之，名曰圣墓，曰西方圣人之墓也。

经历千年沧桑，现该墓尚存，被视为伊斯兰教东传后留下来的最早遗迹。新近有古建筑学家在对圣墓作考察时发现，墓廊前排石柱是一种流行于南北朝至初唐的称为"梭柱"的柱式。这种石柱上下卷杀，梭形较为饱满，其他构件纹饰作法相当古朴，与本地区的古建筑比较分析，被认为是唐代前期的遗物。

第三节　《平闽全传》中的"蛮僚"故事

一、《平闽全传》与"十八洞"

闽越民间文学中，有一部用闽南方言描述闽南开拓史事的通俗章回小说流传极广，这就是《平闽全传》，也称之为《平闽十八洞》、《杨文广平闽》、《杨文广平闽十八洞》、《杨文广平闽全传》、《绘图杨文广全传》，《绘图杨文广平南》，有二十二回本和五十二回本两种。二十二回本约四万字左右，五十二回本约有十万字左右。这部小说自清中叶问世以来，一直为闽南人所喜闻乐见，民众对其中故事情节均耳熟能详。小说从厦、漳、泉流传到台湾、南洋等讲闽南话的地方，经销书局遍及台南、台北、小吕宋、福州、上海和北京，存世版本多种，叶国庆先生曾收有七种，最早的版本为光绪十一年版。《平闽全传》的情节是这样的：宋仁宗嘉祐年间，闽王蓝凤高踞越都，统领十八洞。宋仁宗皇帝闻讯之后，指派杨家将杨文广率军南征。杨文广率杨家将出征，如母亲穆桂英，姑母杨宣娘等等，杨文广与十八洞主苦战十年，终于击破番洞，降怪平叛，擒获闽王，恢复了闽境安宁。

《平闽十八洞》的故事虽是"小说家言"，但应有其历史背景。凡是听过"杨家将故事"的人，对《平闽十八洞》的主要人物杨文广并不陌生，因为他是明代小说《杨家府演义》中杨家的第三代英雄杨宗保和穆桂英之子，与妹妹杨金花构成了杨家第四代。在真实的历史中，杨宗保和穆桂英是虚构人物，杨文广就是第三代，根据《宋史》的"传"，他在宋仁宗庆历三年（1043年），获得平乱立功之机会，得以出头，先后跟从范仲淹、韩琦和狄青建功立业，皇祐五年（1053年）平定侬智高之乱来到岭南地区，此后就戍守北方，不再南下。杨文广平广西，对象也是少数民族，徐霞客在游记中还曾记载过柳州的"杨文广洞"。但从历史资料看，杨文广根本没有到过闽地，那么《平闽全传》中的主要人物又是以何人为原

闽越文化

型呢？

1926 年，林语堂来厦门大学国学研究院任教期间，作为漳州平和籍的学者，林语堂对闽南民间故事很熟悉。他对《平闽十八洞》进行了初步研究，在《厦门大学国学研究院周刊》第二期上发表了《平闽十八洞所载古迹》一文，指出《平闽全传》是陈元光开漳的历史，"杨文广"就是"陈元光"。后来叶国庆先生考入燕京大学研究院，沿着林语堂的研究思路，在许地山、顾颉刚等著名教授指导下，以《平闽十八洞研究》撰写硕士论文，从地理、地名、方言、民俗等方面全面论证小说附会了唐初陈政、陈元光父子率部将李伯瑶、马仁等五十八姓入闽驱洞蛮、辟草莱，始建漳州的史迹。回到厦门大学历史系任教后，1935 年在《厦门大学学报》发表了题为《平闽十八洞研究》的 95 页长篇论文，认为《平闽全传》是讲"唐代陈元光（即民间信仰中所奉开漳圣王）平定福建少数民族的故事，这是作者把流行于自己所处时代有关唐朝初年汉人开拓福建的种种事迹加以串连起来的，故事情节虽有附会转移"。自此，《平闽全传》中的杨文广即陈元光这一说已被学界、读者乃至听故事者所广泛认同。

另外，对于《平闽十八洞》中的"十八洞"（漳仙洞、寿山洞、铁松洞、镇山洞、水晶洞、黄草洞、清峰洞、蜈蚣洞、蝶仔洞、天吴洞、碧水洞、天山洞、红砂洞、天魔洞、蜜婆洞、飞鹅洞、鹭江洞等），经过前辈学人详尽考证，"十八洞"在福建确有其地，各有分属：浦城县的碧水洞，建阳县的天山洞，南平的天魔洞，莆田壶公山的青草洞，百文山的清峰洞、水晶洞，仙游的镇山洞，福清蜈蚣山的蜈蚣洞，三明地区的大田红砂洞，南安外沙的寿仙洞，安溪的铁松洞，厦门天吴洞、鹭江洞，漳州的漳仙洞，平和的飞龙洞，龙海市镇海的蝶仔洞和海澄的蜜婆洞，漳浦娘仔寨的飞鹅洞等。

小说中的十八洞洞主均为妖怪，如黄草洞洞主杜引是蚯蚓精；碧水洞洞主姚玉是蝙蝠精；鹭江洞洞主铁头禅师是石龟精；蝶子洞洞主是鬼月姑。这些"妖精"法术高强，实际上"洞"或"峒"，往往是中国东南和西南少数民族聚居地区的称谓，"洞主"就是村寨的寨主。对于"十八洞"的解释，以台湾"中研院"院士李亦园先生于 1994 年的研究最为深入，他发现了该书最有价值的、有关福建少数民族的描述，发表了《章回小说〈平闽十八洞〉的民族学研究》一文。认为"所谓十八洞，指的是居住在福建各地的十八处非汉族系统少数民族群之峒寨"。他制定一个《平闽十八洞人与动物关系表》，将有关的动物分为两个系列：系列 1 是昆虫或小动物系列：蝙蝠（密婆）、白蝴蝶、蝶仔、黄蜂、蜘蛛、蚯蚓、蜈蚣、水蝎、黑蛇、石龟。系列 2 是一串较高层次的系列：红鸾（鸟类）、玉面狐狸、玉麒麟、石兽（兽类）、金鲤鱼（鱼类）、鹅（禽类）。通过列表，李教授认为，书中所描述的是唐代及其以前的畲族人祖先的图腾崇拜，即闽人利用不同的动物来作为族中不同洞寨的代表标识，认为"当畲族祖先们或古代闽越族人仍较浓密分布于福建各地，而未受汉人文化影响之前，他们族内各洞寨都有其特定的图腾动物作为族徽标志，不但用以分别不同洞寨的人，同时也用于认同自己"。

二、陈元光与闽中"蛮僚"

《平闽全传》表面叙述的是宋嘉祐间杨文广平南闽王蓝凤高之乱的故事。实际上它演绎了唐朝陈元光与闽南蛮僚的故事，当时，在九龙江流域除了逐渐迁徙而来的汉人之外，尚有留居于山林之间为数不少的原土著闽越族后裔，十八洞即代表了当时蛮僚中的不同群体。南朝时，土著居民与汉族移民的矛盾、土著居民与官府的矛盾已经呈现。唐初，因北方的不断移民，扩展地盘与聚落，导致"蛮僚"居民的激烈反抗，结果矛盾累积，爆发了大规模"蛮僚啸乱"。

在复杂的族群斗争中，为了确立唐王朝在九龙江流域的统治，陈元光登上了历史舞台。唐高宗麟德年间（664—665 年），朝廷派曾镇府领诸卫将军衔由中原率部镇闽，驻扎九龙江东岸。总章二年（669 年），朝廷复派归德将军陈政与曾镇府更代，统岭南行军总管事，出镇泉、潮二州之间的故绥安县地（今漳浦、云霄一带）。当时，陈政率府兵三千六百多名，从征将士自副将许天正以下一百二十三员入闽。陈元光以鹰扬卫将军的身份，随同父亲陈政领军赴闽。陈政率部入闽，遭到当地一些少数民族的顽强反抗，当部队进入绥安以后，在一次战斗中陷入重围，陈政所部寡不敌众，便一面退保地势险固、可耕可守的九龙山下，一面向朝廷奏请援兵。

唐朝廷命陈政的两位兄弟陈敏、陈敷，再率府兵三千共五十八姓，南下驰援。咸亨元年（670年），陈敏兄弟奉母魏氏同行，进军至江山（今浙江省江山县南），陈敏兄弟不幸病故，诸侄也同时丧亡。魏氏多谋善断，代领军队，继续南下，并与陈政前来接应的军队会合，军威大振，终于抵达闽南，屯扎在绥安之梁山下。陈政、陈元光父子于养精蓄锐之后，亲率部众结筏渡江，击退"蛮僚"武装，建寨于漳水西岸，进而向纵深地区扩展。仪凤二年（677年），陈政病故于军中。其子元光以玉钤卫翊府左郎将衔代领兵众，时年21岁。同年，元光率轻骑收复为"潮寇"、"土蛮"所攻陷的潮阳。永隆二年（681年），元光潜师入潮州突袭"蛮僚"营垒，"俘获万计"，后又在盘陀岭打败"蛮僚"主力，泉潮间的"啸乱"日趋平定。陈元光平蛮开漳之后二十几年，一度被镇压的蛮寇复起，从潮州进兵漳州，陈元光匆促出战，为"贼将"蓝凤高所杀。经过陈元光子孙和军民半个多世纪的艰苦征战和经营，闽南粤东的蛮僚动乱才被镇压下去，漳州局势才得到安定。

陈政、陈元光率兵入闽，是一次具有移民性质，对闽南地区的开发作用甚巨。不少中原汉民姓氏随众前来。根据近人的统计，先后两批府兵共约七千余人，可考姓氏计有六十余种：陈、许、卢、戴、李、欧、马、张、沈、黄、林、郑、魏、朱、刘、徐、廖、汤、涂、吴、周、柳、陆、苏、欧阳、司马、杨、詹、曾、萧、胡、赵、蔡、叶、颜、柯、潘、钱、余、姚、韩、王、方、孙、何、庄、唐、邹、邱、冯、江、石、郭、曹、高、钟、汪、洪、章、宋、翟、罗、施、蒋、丁。另外，还有随军家眷可考姓氏者四十余种，其中除与府兵将士姓氏重复的之外，尚有十八种姓氏：卜、尤、尹、韦、甘、宁、弘、名、阴、麦、邵、金、种、耿、谢、上官、司空、令狐。然，这些姓氏是否全部都是来自北方的汉民，还有待于进一步的探讨，可能有一部分是当地土著被同化的结果。汉族移民与土著蛮僚的接触，免不了血与火的残酷斗争，但彼此的交流和融合是相互关系的主流。在托名丁儒所作实为五代丁祖敷衍成篇的《始祖遗咏二首》中皆有生动的反映。

其一，《冬日到泉郡进次九龙江与诸公唱和十三韵》：天涯寒不至，地角气偏融。橘列丹青树，槿抽锦绣丛。秋余甘菊艳，岁迫丽春红。麦陇披蓝远，榕庄拔翠雄。减衣游别坞，赤脚走村童。

其二，《归闲二十韵》云：漳北遥开郡，泉南久罢屯。归寻初旅寓，喜作旧乡邻。好鸟鸣檐竹，村黎爱幕臣。土音令听惯，民俗始知淳。烽火无传警，江山已净尘。天开一岁暖，花发四时春。杂卉三冬绿，嘉禾两度新。俚歌声靡曼，秝酒味温醇。锦苑来丹荔，清波出素鳞。芭蕉金剖润，龙眼玉生津。蜜取花间露，柑藏树上珍。醉宜茫蔗沥，睡稳木棉茵。茉莉香篱落，榕荫浃里闽。雪霜偏避地，风景独推闽。辞国来诸属，于兹缔六亲。追随情语好，问馈岁时频。相访朝和夕，浑忘越与秦。功成在炎域，事定有闲身。词赋聊酬和，才名任隐沦。呼童多种植，长是此方人。

文学作品所反映的历史事实是：陈元光等人在采取军事行动的同时，十分注重招抚和同化当地土著，于是，"山獠"纷纷归附，这些归化的土著少数民族人民，也很快接受了中原较为先进的生产方式和生活方式，并且受中原汉人移民的影响，改汉姓，起汉名，与汉人相互通婚。因此，数传之后，九龙江流域及闽南各地的土著少数民族除少量仍滞居山林间之外，大部分均转化为汉民，不再以"蛮僚"相称。于是将士们解甲归田，"蛮僚"的大部分受到安抚，就地安置，昔日在疆场上拼得你死我活的这两部分人，都在新垦辟的土地上安居乐业，彼此成为好乡邻，酝酿着一个融合"蛮汉"的新族群。

三、三坪祖师与"毛侍者"、"蛇侍者"

唐代的"蛮汉"关系，除了《平闽全传》中所反映的陈氏部属、王氏部属与土著的关系之外，其他民间故事也表现了移民与土著的关系，如三坪祖师收服毛侍者、蛇侍者的传说，就是这方面的典型事例。

三坪祖师，又称三平祖师、广济大师、祖师公等。根据唐代曾当过漳浦县令的王讽所写的《漳州三平大师碑铭（并序）》的记载，杨义中祖籍陕西高陵，因其父入闽为官，其生于福唐（今福清市）。14岁时，其父到宋州（今商丘市）为官，他也来到宋州，并拜玄用禅师为师傅，出家当和尚。27岁受戒后，游学天下，先后从京兆府章敬寺的怀晖禅师、虔州西堂智藏禅师、洪州百丈山怀海禅师、抚州石巩慧藏禅师、潮州大颠宝通禅师学法，深得禅宗要旨。宝历初（825 年）到漳州弘法，任三平真院住持，门徒甚多。会昌五年（845 年），武宗下令各地"简并佛刹"，强迫僧尼还俗，杨义中率领门徒避居平和县三平山，建三平寺，继续弘法。大中元年（847 年），宣宗即位，杨义中复出，应故太子少师、漳州刺史郑薰之邀，出任漳州开元寺住持。咸通十三年（872 年）农历十一月初六，杨义中去世。

三平祖师收服毛侍者、蛇侍者的传说，在现存漳州三平寺的《三平山广济大师行录》中有较完整的记载。曰：会昌五年乙丑之岁（845 年），预知武宗皇帝沙汰、冠带僧尼，大师飞锡入三平山中。先止九层岩山鬼穴前，卓锡而住，化成樟木。号锡杖树。次夜众祟异师抛向前面深潭，方乃还来，见师宴坐俨然无损。一夕寝次，复被众祟异向龙瑞百丈岩中，以笼聚石沉之。其水极峻，观者目眩。及乎回，见大师如故。于是遽相惊讶，仰师之道，钦服前言，乞为造院，愿师慈悲，闭目七日，庵院必成。师乃许之。未愈五日，时闻众祟凿石率枋，劳苦声甚，师不忍闻，开眼视之。院宇渐成，惟三门未就。怪徒奔走，其不健者化为蛇虺。有大魅身毛楂楂，化而未及，师戏擒住，随侍指使，曰"毛侍者"。然后创垦田地，渐引禅流。

《行录》原是木刻，后改为石碑，碑后有宋元以来的多处题识，最早的是北宋大观四年（1110 年）僧人云岳所题，说明这个传说由来已久。剥去碑刻蒙着神秘的面纱，我们大致可以解读的到当时的历史情境。所谓"众祟"，即原住九层岩的原始居民。"毛猓猓"者只是满身皆毛而已，或与"山都"相类；"化为蛇虺"者可能是以蛇为图腾的土著。杨义中作为外来移民，与"众祟"属于不同族类，他的到来，往往不受"众祟"欢迎，会遭到种种排拒和刁难，众祟会给他制造种种麻烦。但他法术高强，并辅以恩义，感化征服这些群体，使他们伐木盖庙宇，有的还成了他的侍者。"毛猓猓"者是为"毛侍者"，化为蛇虺者是为"蛇侍者"。

杨义中征服"众祟"的故事，曲折反映了移民文化与闽越土著文化的融会过程。杨义中是南迁汉人的后裔，也可以说是南迁汉人的一员，他所弘传的佛教是汉人重要意识形态之一。三坪山中"众祟"是闽越土著的一种，是畲族先民，他们的"作祟"、"变化"等等属于闽越土著的巫术之类。杨义中征服"众祟"，实际上显示出佛教进入闽南地区，与巫觋文化接触后的重要改变，一方面，佛教禅师也慢慢地被改造为具有法力，可捕捉鬼怪，甚至佛法可在巫师与道士之上；另一方面，禅师通过佛法使当地神祇皈依佛法，成为侍者，构建了以三平祖师为核心的、巫佛合一的神谱系统。这个故事的实质，是唐末汉族移民与畲族先民的斗争和融合。

值得注意的是，在文化变迁过程中，"蛮僚"文化并没有被北来移民文化所掩盖。根据郭志超教授的调查研究，如今三平寺附近的乡民仍流行崇蛇习俗，多数自然村有单独奉祀蛇神的村庙，没有蛇庙的村子，也有蛇神"侍者公"轮祭形式。蛇神"侍者公"或"红"或"青"，前者擅长"行医"，后者擅长"念佛"。而三坪寺附近的乡村每年有两次祭祀圈的活动，则以"侍者公"为核心。第一次祭祀圈的活动叫"巡田青"，即祷神保护农作物免遭天灾兽扰，即六月二十九日，从三平寺请出蛇神"侍者公"雕像，三平祖师雕像作陪，巡游诸村，每到一村，该村设供祭拜。第二次是蛇神诞日游村，十一月三日是"侍者公"神诞，从十一月初一到初五"侍者公"巡游诸村，三平祖师雕像也全程陪同。"侍者公"每到一村，该村设供祭拜，当晚演戏娱神。

第四节　王审知入闽与闽国文化

一、闽国春秋

唐末自安史之乱后，世事倥偬，干戈频仍，山川变色。唐光启元年（885 年）正月，王绪率光、寿二州数千人渡江南下，八月，当队伍进入南安（江西）时，王潮鼓动军队反王绪。王潮夺取军权被拥为主帅，率军入闽。用一年时间，驱逐贪暴的泉州廖彦若，取得泉州。由于军纪严明，取得福建人民拥护。当时福建观察使陈岩向唐王朝推荐王潮为泉州刺史。892 年（景福元年），王潮以弟彦复为都统，审知为都监，出兵攻福州。唐昭宗又命王潮为福建观察使。893 年，王审知随其兄王潮据福州。897 年（乾宁四年），升福州为威武军，授王潮为威武军节度使。王潮死后，王审知继位，唐王朝又以审知为威武军节度使、福建观察使，封琅琊郡王。907 年，唐朝灭亡，王审知被后梁太祖朱晃封为闽王，是为历史上"五代十国"之一的"闽国"，闽国是中原移民在福建建立的第一个地方性割据政权。

在唐末五代的多事之秋，相对中原地区，福建还较为安定，王审知先后治闽三十九年，他省刑惜费，轻徭薄敛、鼓励耕垦，兴修水利，发展农业生产。他还营造城池、桥梁，办学校，招纳中原名士，出现了近四十年相对安定的局面，时人称之"时和年丰，家给人足"。闽国得以在原唐制（福建设五州二十四县）的基础上，又新建了二州十二县，这些新建县为闽清县、永贞县、宁德县、永春县、同安县、德化县、长泰县、清溪县、顺昌县、泰宁县、建宁县、松源县。使福建全省的州县总数达到七州三十六县。现在座落于僻静清幽的福州庆城街的闽王祠，原为王审知居住的府邸，当年朝廷为他颁立的"恩赐琅琊王德政碑"至今仍保存在内，此碑规制巨大，碑文详细记述了王审知家世及治闽业绩。后唐天成元年（926 年）王审知卒，葬福州凤池山，长兴三年（932 年）迁葬北郊莲花峰南麓的西室山。

王审知死后，闽国内乱蜂起。后唐长兴四年（933 年）审知次子王延钧在福州称帝，王氏子孙为了争夺王位，互相残杀，六传至王延政，遂于后晋开运二年（945 年）为南唐、吴越所并吞，闽国灭亡。

二、"砥柱晚唐"的诗歌与诗论

闽国作为五代十国时期一个独立割据的政治群体，为了与邻国对抗，取得生存的权利，王潮、王审知兄弟在福建建立了比较完善的政治体制。这不仅需要军队作为地方政权统治的支柱，同时也需要政治、文化等多方面的人才。因此，他们十分注重搜集各方面的人才，礼贤下士，发展文化。当时，随王氏兄弟入闽的中原人士，除了军队之外，还有众多落难的政客、士子、文人等。有唐一代的文学以诗歌撰写而闻名，闽地虽开化稍迟，但借力于晚唐五代的安定，一些文人在诗歌与诗论上也多有建树，对福建文化发展起着极大的推动作用。

唐末著名诗人韩偓为外来寓居福建的诗人，京兆万年（陕西西安）

人，是李商隐连襟韩瞻之子，字致尧，自号玉山樵人，小字冬郎。他10岁能诗，李商隐赠诗，有"雏凤清于老凤声"之句。龙纪元年（889年）进士。曾任刑部员外郎、河中节度使掌书记、左拾遗，因参与定策诛宦官，光化中升任翰林学士、学士承旨等，昭宗数欲相之，辞谢，因不附朱全忠而被贬官，后离京经湖湘入闽。他于天祐三年（906年）秋到达福州，王审知把他当作唐室旧臣和当朝名士，对他优厚待之。他曾于后梁开平三年（909年）匆忙离开福州北上沙县、邵武，准备重回抚州，转信州。王审知得知后即派说客相召，他折回沙县，寓居泉州南安县而卒。《全唐诗》存诗4卷，是少数"砥柱晚唐"五代的重要诗人之一。其笔下的福建风物，令人耳目一新：

　　四时有花常见雨，一冬无雪却闻雷。——《登南神光寺塔院》

　　青布旗夸千日酒，白头浪吼半江风。——《江岸闲步》

　　巧裁霞片裹神浆，崖蜜天然有异香。应是仙人金掌露，结成冰入蒨罗囊。——《荔枝三首》其三

　　细水浮花归别涧，断云含雨入孤村。——《春尽》

　　这四首诗，第一首是写福州一带的物候，一年四季多雨多花，冬天没有雪，却有雷声响。第二首写南安县金溪江边所见的景色，南安江即金溪江。如诗中所写，这里的酒店门口是以青布为旗的。第三首写荔枝的形色，霞片是形容荔枝薄膜，神浆是荔枝汁水，冰指荔枝肉的雪白晶莹，蒨罗囊是荔枝壳。崖蜜是指荔枝树，它生长在崖际，暗示是野生的。从诗中来看，韩偓当时吃到的荔枝还是野生的，比较难得。第四首写春尽山林景色，小溪，浮花，别涧，孤村，还有含雨的断云。

　　徐夤（一作寅）则为本土诗人，其字昭梦，泉州莆田（今福建属县，在东部）人，乾宁元年（894年）始中进士，曾客游大梁（河南开封）入朱全忠幕，作《过大梁赋》献给朱全忠。两年后归闽，王审知辟掌书记，后归隐延寿溪。他写了不少咏史诗，其中《马嵬》写安史乱中的马嵬之变，诗云：二百年来事远闻，从龙谁解尽如云？张均兄弟皆何在？却是杨妃死报君。这是一首翻案诗，马嵬之变发生于天宝十五年（756年）六月，诗人认为张氏兄弟的节操低下无法与杨贵妃相比，对封建社会女人祸水论

进行否定，有积极意义。徐夤还撰写了《雅道机要》的诗学理论著作。其代表性的观点，如在"明体裁变通"中认为，诗如"人之体象"，形神丰备，而风骨不外露："体者，诗之象，如人之体象，须使形神丰备，不露风骨，斯为妙手矣。"在"明意包内外"中认为，"内外之意，诗之最密也。苟失其辙，则如人之去足，如车之去轮，何以行之哉？"在"叙搜觅意"中认为，意象的创造，区别于物象的描写，不应是先有"意"而去找一个"象"来对应，情感意象是意与象交融契合而生，"凡为诗，须搜觅。未得句，先须令意在象前，象生意后，斯为上手矣。不得一向只构物象属对，全无意味。凡搜觅之际，宜放意深远，体理玄微，不须急就，惟在积思，孜孜在心，终有所得。"

黄滔（840～911年），字文江，莆田城内前埭（今荔城区东里巷）人，唐乾宁二年（895年）进士，光化二年（899年）授予"四门博士"。一年后，宦官刘季述作乱，黄滔避乱回闽。天复元年（901年）起，黄滔应主持闽政的王审知征聘并得到重用，长期辅佐王审知治理闽地，晚年离福州回莆田定居。他将自唐高祖武德至昭宗天祐290年间福建诗人写下的诗歌，编集成《泉山秀句》30卷，这是福建的第一部诗歌总集，可惜散佚于乱世。黄滔的诗歌理论很有见地，集中反映在《答陈磻隐论诗》一文中，主要有以下几个内容：（一）诗歌应具有教化警示作用，"且诗本于国风王泽，将以刺上化下，苟不如是，曷诗人乎？"黄滔强调的是诗的思想内容要合于正道。（二）衡量诗歌的主要标准在于其内容而不在题材。以此评价了六朝和唐代诗歌，认为六朝之作娇艳庸俗，谄媚做作；而唐代李白、杜甫、元稹、白居易的诗"沧溟无际，华岳于天"，气势宏大。

三、南禅佛教在闽国流播

佛教是中国历史上影响最大的宗教，大乘教派从陆路传入中国，盛行于中原，而后传播到南方各地；小乘是从海路传到东南亚国家，其主要国家有缅甸、泰国、占城等等。从地理位置上说，福建其实是属于古代东南亚的一部分，在历史上也和东南亚国家有密切的关系，但福建接受的不是小乘佛教而是大乘佛教，这与佛教文化重心由北而南转移有关。晚唐时期，由于中央政权对佛教采取了控制和限制的政策，促成了南方发展佛教的机会。

从唐代开始，禅宗的南宗学派逐渐成为佛教的主流，而禅宗的南宗学派中，唐代的闽籍僧人扮演了重要角色。第一个在国内享有声誉的佛教界人士是百丈怀海，他制定的百丈清规，是迄今为止僧人治理寺院的基本条规，与他同为名僧马祖道一传人的大珠慧海，扬名于浙江一带；百丈的弟子中，黄檗希运是影响最大的僧人之一，他与宰相裴度等人交往，并受到重视。黄檗希运的弟子临济义玄，开创了临济宗；与黄檗希运齐名的又一闽籍名僧是沩山灵佑，他是禅宗五宗里沩仰宗的开创者之一；迄至唐末，驻锡于雪峰的义存成为一代高僧，他的弟子与再传弟子中，云门文偃开创云门宗，清凉文益开创法眼宗；闽僧曹山本寂则开创了曹洞宗。

五代闽国之后，王氏深知独踞一方完全是机缘偶然所致，乱世英雄，祸福难凭。在当时崇佛风气的影响下，就把自己的命运福祉寄托在崇信佛教的功德上。景福二年，王潮首建九仙山文殊院，又舍财将义存所居的雪峰禅院迁至陈洋，创大雄宝殿及演法堂，铸金身佛像。乾宁二年（895年），王潮又建福州南涧寺天王殿，修复会昌年间被毁的侯官安国寺，延僧缮写大藏经三千卷，安置在泉州开元寺钟楼上。乾宁四年（897年）十二月王潮卒，由王审知执掌福建军政大权，他对佛教更加迷信，给予佛教弟子以种种的优待，礼遇各地高僧，从空门延揽人才。如当时著名的禅师雪峰义存，曾被唐僖宗赐以真觉大师的嘉号，王审知为了把他迎接入闽，据云是"洗兵于法雨，致礼于禅林，……自吴还闽，大加礼遇"。乾宁五年（898年）舍钱50万为义存大建雪峰寺，创横屋20间，并法堂、廊庑、方丈等建筑。再拜义存为导义师。义存率领千僧为王审知说法，在密室论佛心印。王审知起大信心，立大誓愿，皈心受持，终无退志，再舍钱40万，鼎建雪峰寺大殿，堂宇千百间。光化二年（899年）赉银交椅给义存。由于礼遇高僧之外，广发度牒，赐舍良田。在这种社会环境下，北方许多漂泊不定的僧人，纷纷南下入闽。中国佛教禅宗大盛于福建，与这一时期福建王氏政权的礼佛以及僧人的大批入闽是分不开的。

由于佛教兴盛，在五代各国中，闽国寺庙所占据山林田产为最，史书记载，"寺观之田，半于农亩"。也就是说，百姓和贵族官僚对佛教的推崇，使得寺庙获得了大量捐献的土地和田宅。以莆田为例，根据《莆阳比事》记载，因王延钧信奉佛教，"一岁度僧至二万余，莆大姓争施财产，造佛舍为香火院，多至五百余区"。从资料还可以看出，百姓对佛教的支持不亚于士大夫，以至于宋代理学家黄幹后来说："王氏入闽，崇奉释氏尤甚，故闽中塔庙之上盛甲于天下，家设木偶、绘像，堂殿之属，列之正寝，朝夕事之惟谨。"

由于宗教的传播，以佛经配上乐谱、利用说唱艺术宣讲经义的法会也开始盛行于寺庙中，据泉州《开元寺志》记载，从唐垂拱二年（686年）始建该寺后，听经者就达千人。至唐景福间（892——893年），"寺为七昼七夜法会，与会香客达十二万人"。寺院逐渐成了吸引民众的宣教、娱乐之场所。一旦有佛事，百姓则踊跃参加，因此也推动了民间戏曲的发展。如玄沙师备南游时，莆田县排百戏迎接，所谓"百戏"，大略是傀儡戏之类的民间曲艺。

傀儡戏何时传至福建尚无定论。据有关文献记载，傀儡是以"木人"的名称出现于唐会昌三年（843年）闽县人进士林滋所作《木人赋》。该赋是借周穆王与偃师造傀儡之典故借题发挥之作，赋中把当时福建木偶雕刻的高超艺术作了如实生动的描述。如木偶外部形体的雕刻"曲直不差"、"短长合度"，十分讲究躯体、四肢乃至关节的尺寸比例规格，而且木偶头部与腹部还镂空，"藏机关以中动"，甚至连眼睛、嘴巴都雕刻到能活动自如的程度，"误穿节以瞪目，疑耸干于奋臂"；头部还打底色涂漆上油彩，"投胶漆而是进"、"假丹粉而外周"，使木偶的头部更富有表情和立体感，"对桃李而自逞芳颜"，"指蒲柳而讵惊衰鬓"。因此，当演员操作时，便能"既手舞而足蹈"，"必左旋而右抽"，达到了"贯彼五行，超越百戏"的拟人化、形象化的艺术效果。这种雕刻技巧可以说已经达到了出神入化的境界。"木人"乃林滋于社会生活中观察提线傀儡形式极其细微生动之真实写照。

这一曲艺形式在王审知治闽期间与佛教结合得极为密切，莆田排百戏就是寺庙请高僧主持时，准备了香花与木偶戏来迎接。《雪峰山志》卷五有诗记述了当时演出木偶的情景："蒲钵盛来一物无，岂司香积变珍苏。

日月并轮长不明，木人舞袖向红炉"；"鲍老当年笑郭朗，人前舞袖太郎当。及乎鲍老出来舞，依旧郎当胜郭朗"。

四、中原文化传播与"固始"认同形成

闽国时期，是中原文化加速在福建传播的时期，也是中原文化与福建土著文化加速交融的时期。王氏政权对于北人与土著的通婚，也采取了开明、宽容和促进的态度。以王室婚姻为例，王审知娶泉州人黄滔之族女为侧室，生王延钧，以后称帝，为惠宗，尊黄氏为太后。惠宗后陈金凤，福唐（今福清）人；延钧长子继鹏，继延钧为帝，是为康宗，以陈金凤宫人李春薏为后，也是闽人。王室嫁女给闽人的事例也很多，如王潮夺得福州后，以其女妻闽中豪族陈岩之子延晦。而自光、寿二州入闽的将士，虽然有的携带了家眷同行，毕竟以单身入闽的为多，其婚姻势必以娶闽人女子为多。北人与闽人的大量通婚，对于移民与土著的融合也起了重要的作用。

北人与土著的融洽与交流，影响了语言的发展，闽国文化中另一重要的方面是闽南方言的确立，闽南方言的中原音韵因素与闽国的北人南来有极大关系。像王延彬"宅中声伎皆北人"，统治阶级崇尚北人音乐歌舞，一定会影响到民间的文艺活动，进而会影响到地方语言的变化。具体的证据是五代时泉州有位禅宗法师著了一部《祖堂集》，据方言学家研究，里面用了当时的官话，也杂有大量本地口语。其中有些句型和用词从那时到现在一直没有发生变化。把宋人笔记中的闽语材料与《祖堂集》中五代泉州官话的语言材料联系起来看，我们说闽南方言在五代时已经基本定型，应是符合史实的。

在中原文化的影响下，族群认同心理也逐渐形成了。所谓的"共同的族群认同心理"，就是福建人所喜称的中原来源，这从郡望得以印证，如荥阳郑、河东薛、颍川陈、济南林、东海徐、太原或琅耶王、汾阳郭、弘农杨、江夏黄、陈留谢之类的称呼，均是北方著名士族的聚居地。这一风气应自唐五代始。在认同中原的大氛围下，漳、泉二州人认同光州固始的又居多。宋代史学家郑樵在《荥阳郑氏家谱序》一文中论曰："吾祖出荥阳，过江入闽，皆有源流，孰为光州固始人哉！今闽人称祖者，皆曰光州固始。实由王绪举光、寿二州，以附秦宗权，王潮兄弟以固始众从之。后绪与宗权有隙，遂拔二州之众入闽。王审知因其众以定闽中，以桑梓故，独优固始。故闽人至今言氏谱者，皆云固始。"后来方大琮表达得更为准确，他说："王氏初建国，武夫悍卒，气焰逼人，闽人战栗自危，用，后世承袭其说，世祀绵邈，所以多固始也。"

从这些资料可以看到，人们为什么要认同于"光州固始"呢？原因就在于王氏兄弟建立了闽国政权，随军南下的部属，也大多变成福建的统治者。他们有着怀念中原故土与统治福建高人一等的双重心理，于是刻意标榜他们的"河南固始县"的中原血统。而其他姓氏家族，或为了依附王氏政权，或为了假借名义，以立足于地方，也都纷纷追溯自己的祖先来源于"河南固始县"。在这种情况下，福建各民系、各个不同时间、不同地点入闽的姓氏家族，逐渐出现了族源合流的现象。五代以后迁入福建的汉民，不少姓氏合流于"河南固始县"自不待言，就是那些在晋唐时期迁入福建的北方汉人的后裔，也有不少人有意无意地合流于"河南固始县"。

第五章　宋元闽越文化的繁盛

第一节　科举兴盛与士人祈梦

一、宋代福建科举盛况

福建在宋代被称为"海滨邹鲁"，是少数几个有名的文化大省之一，不论在理学、文学、历史学还是科学、政治等各个领域，都有非凡的成就。福建文化之所以在宋代达到了历史巅峰，与空前绝后的科举盛况有着直接的关系。

科举制兴起于隋朝，两宋时期奉行"重文轻武"的基本国策，科举制度经过宋太祖到宋真宗的一系列改革，已成为选拔文官的重要手段，鉴于科举制度严密，取士公道，朝廷也因此扩大科举取士名额，最大限度地放宽了应试者的资格限制。在这种情势之下，福建的一般家庭都会促其子弟去读书应考，走科举入仕的道路，争取科名，以"光宗耀祖"，正如朱熹所说，"居今之世，使孔子复生，也不免应举"。

整个宋代，福建产生了五六千名进士，约为宋代进士总数的六分之一，这与唐代福建全省仅58名进士相比，是个巨大的飞跃。而且闽人在科举考试中名列前茅者众多。宋代科举一般分三级进行：州郡解试——礼部省试——殿廷殿试，殿试发榜分为五甲，第一甲第一名为状元。要通过层层考试，在全国数量众多的考生中脱颖而出已相当不易，想要独占鳌头更是难上加难。但在《宋历科状元录》中记载的全国状元总共只有118名，其中闽人就有 19 人，占了 16%。而且还产生了不少科甲佳话。最著名的是永福县的"百里三状元"。乾道二年（1166）状元肖国梁、乾道五年（1169）状元郑侨、乾道八年（1172）状元黄定皆永福县人。加上淳熙二年（1175）状元崇安詹扮，连续四科状元皆福建人。绍兴八年（1138）莆田黄公度等 14 人同时登第，其中状元黄公度、榜眼陈俊卿皆在其中。浦城的吴育、吴方、吴京兄弟三人于天圣五年（1027 年）同时登第；嘉定七年（1214 年），徐荣雯、徐清臾兄弟同登第；嘉熙二年（1238 年），徐华老、徐梦发兄弟同登第等等。同一家族中有数人先后登第的更是不少，如绍兴二十七（1157）年，邵武赵善俊中进士，隆兴元年（1163）其弟赵善榜及第，八年，赵善仪、赵善侃、赵善恭、赵善四兄弟同登第，兄弟六人先后进士及第 [10]。又如宝佑四年（1256），长乐杨梦斗与其胞兄琦、胞弟叔济、叔祖次郑同登宝佑四年（1256）进士。一门同榜四进士，时称"闽中四凤"。泉州曾公亮家族在宋代共有 11 人进士及第。这些现象对仅在中唐以前还被视为蛮荒瘴病之地的福建而言，不能不说是一个奇迹。以至于黄仲昭在《八闽通志·选举》自豪地说："宋兴，闽八郡之士取名第如拾芥，相挽引居台省、历卿相不绝于世，举天下言得第之多者必以闽为首称。"因此，随着福建成为全国科举最多的地域，福建的社会特质也在改变，已从以原住民文化为核心内容"边陲蛮荒"演变为了认同于中原文化体系的"海滨邹鲁"。

二、官私学及书院教育

五代时期，福建已慢慢地成为国内文化较发达的区域之一，由此后人论及五代人物，以南唐第一，西蜀第二，闽国排名第三。宋代之后，随着经济繁荣，科举盛行，福建各地兴起了各类学校。首先，官学体系完备。仁宗庆历年间，规定"士须在学三百日，乃听预秋试"，下诏州、县立学，因此各地兴起了办学热潮。据《八闽通志》统计，全路所有府、州、县建立儒学，地方官学的普及率为 100%，一些州县学的办学效果突出。如南剑州州学创办后的一百年间，有 222 名南剑州考生进士及第，使该州学为全国所瞩目；浦城县学的学生众多，常达一千多人。

其次，官学之外，宋代福建还拥有数量众多的书院。庆历五年（1045

年），"诏罢入学日限"，科举应试者不受入官学与否的限制，这就使各类私学迅速地发展起来。据《八闽通志·学校》记载，除去那些带有书院性质的精舍、书斋之外，宋代福建境内明确为书院或书堂的有48所，它们以儒学学说为主要教学内容。理学在书院中形成后，成为南宋儒学的主流学派，对科举考试产生了重大影响。朱熹的《四书章句》及他和他的门人所注的《五经》，成为福建书院生徒研习的主要教材。这也是南宋时福建学子在科场中占有优势而中进士者较多的一个原因。而且书院讲学不固执一端，而是能兼容并蓄，各可发明，这是一般官学所难以做到的。当时许多有声望、有气节、有爱国思想的名宦和学者，多到书院，或自办书院讲学，言传身教，当使书院形成一种"博学、审问、慎思、明辨、笃行"的良好学风。书院还重视学徒的日常行为，严格要求。朱熹有《斋居感兴二十首》诗，其十八云：

　　童蒙贵养正，孙弟乃其方。鸡鸣咸兴枥，问讯谨暄凉。

　　奉水勤播洒，拥篲周室堂。进趋极虔恭，退息常端庄。

　　劬书剧嗜炙，见恶逾探汤。庸言戒粗诞，时行必安详。

　　圣途虽云远，发轫且勿忙。十五志于学，及时起高翔。

对日常的洗扫、问讯、进趋、退息、读书、疾恶、言语等，都提出了正确的做法，并要求不要轻易"发轫"，而应先立志修养好学问道德，才"及时起高翔"。这实际上是阐释了书院必须遵守的学规，让学子专心治学，并且从日常生活中学习做人。书院的学习、讲授方式，清静幽雅的环境，完整的教学设施，高质量的师资和严格的学规，为官私学校教育树立了典范，提高了教育的品位。这样，以书院为典范，和各地官学私学，组成庞大的多层次的教育网，把教育深入到城乡里巷，从启蒙识字，到学习经世之术以及高深学问的研究，从而为福建培育了大量的多方面的高素质的人才，成为经纬的栋梁。

宋代福建民间读书风气颇盛，书院之外的各种私学也很普遍，如福州有"城里人家半读书"、"学校未尝虚里巷"之说。延平府："五步一塾，十步一库。称为邹鲁之邦。"《三山志·土俗》载，福州："凡乡里各有书社……多至数百人，少亦数十人，间有年四五十，不以老为耻。月率钱若干，送为司计，为掌膳给赡饮食。先生升堂，揭立规矩，有轻重，罚至屏斥凡五等，曰：'不率者视此'。诸生欲授何经，乃日就讲席，唱解敷说。旬遇九日覆问之，常以岁通一经。若三日、八日则习诗赋，若经义与论策。讲题命意有未达，点削涂改，稗自入绳墨。"这种书社是由民间自发组织的，有自订的规矩和经费，主要传授诗赋、经义和对策等内容。

可以说，州、县官学与书院等各类私学的兴盛，为宋代福建科举提供了可靠的场所。福建能在宋代出现科举盛况，与就学于各类官、私学的生徒这支庞大的后备军有很大关系。而科举事业的繁荣又推动了福建民间重学风气的形成，大大提高了福建普通百姓的整体文化素质，当时福建人读书风气之盛、读书人数之多也是史无前例的。

三、祈梦仪式与科举信仰

古代科举，考材取士，虽为公平竞争之光明大道，但绝非坦途，唾手可得，其风险远高于机遇，其中功成名就者，毕竟属于少数的幸运儿。士人参加科举活动，由于受录用比例限制的影响，要考取进士，其难度之大，竞争之激烈，成为每一个应试者的巨大精神压力。一些士人虽然学问上佳，但答卷时不慎，出现犯讳、脱韵、错别字、漏题等，结果屡屡铩羽而归。另外，考官即便秉公阅卷，却往往对试策命题理解与考生不同，成绩也会有较大出入。由于科场存在不确定性，很多士人在皓首穷经之余，是无法把握自己的科场命运的，甚而终其一生，只能老死科场。

竞争激烈的科场中有太多偶然因素，使人难以把握和捉摸。对于一些似乎无法解开的谜，科名前定论正好给出了最简洁而又不容究诘的答案。在此情形之下，命定论就在士人中得以传播，并在相当程度上得到社会的认同和欣赏。命定论对登科得志者十分有利，他们可以借此炒作名声、巩固地位，落第者则从命定论中得到了精神安慰，找到了求得心态平衡的支点，似乎科名原非自家所有，不必妄求。宋代科举信仰有祈梦、算命、看相、占卜等各种形式。宋代福建科举极盛于莆田和邵武军，由此形成了九鲤湖和大乾庙二大科举祈梦中心。

九鲤湖以崇奉"何九仙"而闻名。相传何九仙为何氏九兄弟，安徽庐江人。九人中除老大的额头中间有一只眼睛隐约可见外，其余人均双目失明。汉武帝时，何氏九兄弟因担心其父参与淮南王刘安谋反会殃及自身，遂结伴入闽。最初隐居在闽县九仙山（今福州于山），后来隐居于仙游九鲤湖，炼丹修真。丹成，他们分乘九鲤仙去。关于九鲤湖祈梦，现在看到最早成文的资料是唐贞元十八年（802年）进士、莆田人许稷《咏九鲤湖》诗："道是烧丹地，居然云水居。山空人去后，梦醒客来初。"此诗前两句是虚写，说九鲤湖本为九仙炼丹之处；后两句是写实，指的是乞仙梦的人日夜来往不绝。9世纪末，另外两位诗人在九鲤湖留下的纪梦诗，一位是晚唐任闽招讨使的河间人张睿《咏九鲤湖》五言长律，其末联作："幽灵通一梦，毛骨亦生寒。"另一位是仙游本邑诗人郑良士，所作七律末联是："我来不乞邯郸梦，取醉聊乘郑圃风。"诗人自我表白"不乞邯郸梦"，只能说明他自视脱俗清高，这正反衬出当时来"乞邯郸梦"的俗人不少。

宋代是九鲤湖乞梦风俗勃兴时期。莆田人陈谠著有《梦记》一书。陈谠为宋隆兴元年（1163年）进士，累官兵部侍郎，《梦记》是他致仕家居时所著，书中所记的梦例皆为同郡后生晚辈，可信度较高。惜原本已失传，《仙溪志》和明《八闽通志》转录其五则。另外《仙溪志》还记有："神主科名尤灵，诏岁，兴、福、漳、泉士大夫斋戒，诣祠下乞梦不绝"；"郡之士子有志于功名者，先期斋沐揭祠丐灵"。从这些记载可以看出，宋代不少才学兼优者为缓解沉重的心理压力，遂求助于九鲤湖仙梦，以卜吉凶，寻求心理平衡。此后，科举梦成为九鲤湖梦例中重要题材，在民间流传甚广，《莆阳比事》记载甚多。明代九鲤湖乞梦的风气也盛况空前，"由莆而闽，而天下，靡不闻风而翘想之；士大夫宦游兹土，莫不函疏叩关而至"。可见，除了福建当官的士大夫外，还有全国各地的高级官僚、文化名流亦不远千里，慕名而来乞求于仙灵。此风一直延续至今，现在九鲤湖流传的一套乞梦民俗活动的程式是其他地方所未见的，堪为中国祈梦文化的"活化石"。

大乾庙位于闽北邵武县，奉祀欧阳佑，为闽北科举信仰中心。欧阳佑为隋代洛阳人，曾任泉州太守。据方志载，隋大业十四年（618年），欧阳佑调任蒲西，上任途经今邵武时，听说隋代已被唐所灭，他耻事二主，遂带领全家跳河自尽。当地人感其忠义，将其夫妇合葬于大乾山，并在墓侧立欧阳太守庙奉祀。唐宋时，邵武一旦发生水旱兵疫，"必诣大乾迎神祈祷"。宋代咸平年间（998～1004年），县令张仕逊向欧阳佑祈雨有应，遂扩建庙宇。此后，朝廷多次敕封：康定元年（1040年）封通应侯，元丰五年（1082年）封佑民公，政和六年（1116年）封广佑王，后来累封至"仁烈显圣文惠福善王"，在邵武一带颇受百姓的尊崇，庙内设有祈梦堂，"邑人多至庙祈梦，岁时致祭"，"每岁大比，士大夫多谒梦于此"。其科举祈梦灵验故事后记录在《大乾梦录》中，宋代洪迈的《夷坚志》中也有大量记载。

第二节　儒家"道南"与闽学兴起

一、闽学的地域和超地域之内涵

"闽学"是指产生于南宋时的福建的地域性的儒家学派，张岱年先生说："朱熹的学说称为闽学，这是因为朱熹的学术活动主要是在福建一带进行的。闽学与北宋的濂、洛、关之学并称为'濂、洛、关、闽'，是宋明时代占统治地位的思想。朱熹在世时，经常与江西陆九渊的'心学'、浙江陈亮的'功利'之学进行辩论。学派的划分与地域有一定的关系，福建地区是朱学的根据地。"此论点说明，"闽学"产生和理论体系创设与宋代社会经济的变化关系密切，与福建社会经济文化的崛起有关。

"闽学"是在与其他思想文化对抗与融合中形成的，是儒家学说相对独立发展的新形态，与儒学整体发展历史有关，具有超越地域的一个面向。回到历史，我们可以看到，儒学在唐代已远没有西汉时期的"独尊"地位，总体上说，儒释道之间充分交流思想，儒生讲习佛老哲理，已成风尚，僧人通儒学的亦多。然而，正是儒、佛、道融合的新局面，促成士人对儒家理论进行了重新思考。也就是说，当佛老理论抛弃君臣父子之间的伦理纲常关系，危及到中国传统社会的宗法理论时，一些士大夫开始强调恢复孔孟儒学的本来面目，重建适合于王朝统治的儒家"道统"了。韩愈提出的"辟佛"以复兴儒学的想法，就力图恢复儒家在思想领域中的正统地位，从而揭开了儒学复兴运动的序幕。但是"辟佛"绝不是与佛老水火不相容，唐代士人主张以儒学为主，吸取佛教中有价值的东西，力图通过"援释入儒"，为儒学的复兴寻找一条具体的道路。比如韩愈的道统论明显地就是模仿佛教的"祖统"说而来，而李翱的复性说则更是袭取了佛老的理论。这表明，由"三教论争"到"三教归一"而酿成新儒学，正是中国古代理论思维发展的必然趋势。

在此背景下，中国的思想史上出现了一次解放运动，出现了一股巨大的理学思潮，新形态的儒学得以蕴酿成长起来。从北宋中期开始，"北宋五子"的周敦颐、邵雍、张载、程颢、程颐等开始了对儒学的再创造活动，由此也产生了不同的理学门派，有濂、洛、关、闽之分：濂是指周敦颐，"洛"是指程颢、程颐，"关"是指张载，"闽"则是朱熹。就儒家理论的内涵而言，周、邵、张、程等北宋诸子对儒学的再创造，初步实现了儒学向哲学化、抽象化的理学的过渡。然而，作为理学的奠基者，他们在创立新的儒学思想体系的过程中，无论是对佛老思想的批判与吸取，或是对理学范畴、命题的界定与阐发，在许多方面都还只能是粗糙的，不够明晰的，许多重大的理论难题亦未能得到较为圆满的解决。朱熹继承"洛学"程颐的天理范畴，汲取"关学"张载的气质变化，按照"涵养须用敬，进学在致知"的道德修养原则，精心建构了以理气关系为基础的程朱理学大厦，以其渊博的学识，深厚的素养和缜密的思考，"致广大，尽精微，综罗百代"，使"闽学"集唐宋之际儒家、佛教、道家各派思想之大成，系统回应了时代精神和民族文化对学术思想的历史挑战，将中国传统学术推向新的发展高潮。与此同时，"闽学"以理作为整个宇宙的本体，在理的框架内，强调"知行合一"的格物致知论，这都极大地丰富了儒学的哲学内涵，也使中国哲学有了最完备、最缜密的哲学体系。

"闽学"产生于历史过程并得以传承，其特点有：（1）闽学始终呈动态的、不断发展的特征。朱熹殁后，闽学传人对已有的学说阐发和证明，在许多方面有创新和深化，由此进一步拓展了闽学，使其更能适应时代的要求。（2）闽学善于采纳各家之长而加以融会贯通，并允许多种派别存在。在以朱熹为核心的鼎盛时期，闽学与象山、永康、永嘉等学派有着广泛的交流。此外，闽学内部派别众多，各有自己的学说、师承和书院，因而形成各自不同的特点和学风。（3）闽学学者大都能身体力行儒家的义理，有强烈的务实精神和事业心，他们注重自身道德修养，讲究清正廉洁。

正是对自我理论构建的自信，朱熹还确立了道统说。他利用《尚书·大禹谟》中"人心惟危，道心惟微，惟精惟一，允执厥中"之语，创造了所谓"圣人传心"之论，或称之为道统心传。黄幹进一步发挥了道统论，说："道之正统待人而后传，自周以来，传道之责、得道之正者不过数人，而能使斯道彰明较著者——二人而止耳。由孔子而后，曾子、子思继其微，至孟子而始著。由孟子而后，周、程、张子继其绝，至先生（按指朱熹）而始著。"这样一来，程朱理学的"道统"确立，也就成为儒学之正统。

朱熹创设"闽学"之后，其门人今有案可稽的就达 511 人。这一大批学生和学者，以朱熹为首领，以书院、精舍和学校为依托，著书立说，讲学授徒，鼓吹理学，在当时学术界形成了一股很大的势力，成为当时众多学派中门徒最盛、影响最大的一个学派。这些门生分别来自福建、浙江、江西、安徽、湖南、江苏、四川、湖北、广东、河南、山西等地。朱熹殁后，他们大都回到原籍，分散在各地传播闽学。

"闽学"影响深远，朱熹学说及其理论价值逐渐成为国家社会意识形态，"天旋地转，闽浙反居天下之中"，一语道出了我国传统学术中心移往东南的这种时代变化。随着朱熹集前贤大成而开闽学，东南地区理学也逐步走向成熟化。南宋末朝廷开始褒奖朱熹学说，元明清王朝则规定考试必须由朱熹所定"四书"出题，立论不能超过《四书章句集注》的范围。闽学还传入日本、朝鲜和越南、新加坡等东南亚国家，并和这些国家的社会现实相结合，产生了日本朱子学、朝鲜退溪学等，成为 14 世纪后东方文化的主流。

二、闽学前绪——南剑三先生

"在"闽学"的理论体系中，二程"洛学"影响深远，而在"洛学"到"闽学"的转变过程中，杨时（1053—1135 年）、罗从彦（1072—1135

年）、李侗（1093—1163 年）的阐述和发挥作用极大。

杨时为程颢的得意弟子，当初于学成南归时，程颢曾亲自送之出门，谓坐客曰："吾道南矣。"（《二程集》，第 429 页）杨时以编辑整理二程语录而著称，他用文雅的语言改写语录，并作了分类整理，辑为《粹言》，共分十篇；又将程颐的主要著作《伊川易传》校定成书，以广泛流传。同时，杨时还追溯程遗训，著书立说，以所闻推所未闻，阐发二程之学。杨时之后，继承者有罗从彦与李侗。罗从彦师事杨时，中间赴洛阳向程颐求教，又归而卒业于杨时，尽得龟山不传之秘。由于罗从彦居于洛学正宗地位，肩承先启后之任，以"性明而修，行完而洁"著称，故而吸引了象李侗这样服膺洛学的学者自愿"受业于门下，以求安身之要"。杨、罗，李被称为"南剑三先生"，传授和发挥了洛学的基本理论和方法。

第一，重视"理一分殊"之说。杨时曾与程颐论《西铭》，程颐从张载的《西铭》中概括出"理一而分殊"的命题，杨时则进一步从伦理观上加以发挥。在杨时看来，分殊之物本于一理，而为此一理所规定的事物又各自殊异。知道万物本于一理，所以爱必及人；知道万物各自殊异，社会等级有别，所以爱有差等。他特别强调"分殊"，对于封建社会尊卑亲疏的等级秩序的合理性，作本体论的论证。这一理论动向，导致其后李侗重"分殊"甚于"理一"的思想。

第二，研讨"格物致知"之论。程颐比较系统地阐发了格物致知学说，杨时较之其他二程后学，更为重视"格物致知"学说的研讨与发挥。杨时主张通过主体"接乎外"的"体物"工夫，获得事物之"理"，即规律的认识，而鉴于主体的认识能力是有限的，而认识的客观对象却是无限的，杨时提出了"反身而诚"的解决办法，把外求的格物工夫与内省的明心涵养相结合。后来，罗从彦则特别主张静坐穷理，提倡运用"观心"的方法，从静中体认天理。李侗也像罗从彦一样提倡"默坐澄心，体认天理"。李侗还提出"融释"说，就是是借助于对每一事物的反复推寻，认识该事物的特殊本质，进而推之万事。

第三，体究"已发未发"之旨。洛学从程颐开始，就与吕大临讨论过已发未发的问题，未获结果。由于它作为一种心性学说，可以为修养方法提供理论基础，故而亦为杨时一系的洛学传承者所重视。杨时要求体验未发之"中"，"学者当于喜怒哀乐未发之际，以心体之，则中之义自见"（《宋元学案》卷二五《龟山学案》）。罗从彦更明确地主张心性修养要从喜怒哀乐未发、思虑未萌的本然状态开始下工夫，处事应物就会自然合理。李侗深得罗从彦"未发"之旨，主张于未发处存养。

第四，注重以义理说经。理学家治经，不再拘守章句训诂的路数，而另辟蹊径，以义理说经。二程的《经说》，重在阐发义理，尤其是《伊川易传》，历来被奉为易学义理派的权威著作，摒弃传注，断以已意，是二程治经的特点。杨时也长于以义理解经。

三、闽学宗主——朱熹

朱熹（1130～1200年），字元晦，号晦庵，别称紫阳。祖籍徽州婺源（今属江西），出生于南剑州尤溪（今福建尤溪县），立业于建阳考亭（今福建省属），故后人又称朱熹为"考亭"。因其学上承二程"洛学"，突出强调以"理"为宇宙万物之本体，故其理论又被合称为"程朱理学"。朱熹父亲朱松曾与李侗同学于杨时弟子罗从彦之门。朱熹幼承家学，勤于思索。十四岁丧父，遵遗训从亦属"洛学"后学的胡宪、刘勉之、刘子翚问学。朱熹早年为学杂博，泛滥词章，出入佛老，于学无不涉猎。宋高宗绍兴十八年（1148年）中进士。二十四岁后正式拜师叔李侗为师，遂专心儒学，确立了道学的发展方向。曾多次因朝廷召，上书应对，提出一些变革主张，后来主要以讲学为业。与吕祖谦合编《近思录》；淳熙二年（1175年），应吕祖谦之约，与陆九渊兄弟于江西上饶"鹅湖之会"争辩为学之方；知南康军，主持修复白鹿洞书院，亲定学规；与浙东事功学派主要人物陈亮展开义利王霸之辩，与陆九渊兄弟展开"太极无极"等问题的争论。晚年卷入朝廷政治斗争中，被夺职罢祠，定为"伪学首魁"，去世时"罪名"仍未除。后"党禁"解弛，在朱门后学的努力下，其声名、地位开始上升，影响日甚，远及东亚。朱熹是中国古代影响最大的哲学家、经学家之一，其学问渊博，一生著述极丰，最有影响的除《四书章句集注》外，还有《朱文公文集》、《朱子语类》和《朱子家礼》等。

就思想层面言，作为理学的集大成者，朱熹在充分吸收前人成果的基础上完成了理气本体论；通过对"未发"、"已发"及"仁"学等问题的深入探讨，形成了"心主性情"的心性论；综合了"格物致知"、"居敬穷理"、"下学上达"等操守涵养，形成了其工夫论；通过"道心人心"、"天理人欲"之辨，提出了道学的历史观和政治观。朱熹建立了一个完整的理一元论的客观唯心主义哲学体系，其中夹杂着不少朴素的唯物主义和辩证法因素。

自然观上，朱熹认为宇宙间最根本的是"理"，理具有神秘的创造性，具有超时间超空间的绝对本体的性质，具有主宰万物的性质，具有一本万殊的性质，天地间理只有一个，万事万物统一于理而又是理的具体表现，体现着理的整体，这就叫做"理一分殊"。理具有三纲五常至善的道德属性。朱熹把理看做是脱离客观事物的绝对精神本体，而自然界以及整个人类社会只不过是这种理的表现而已。朱熹称"理"的总体为"太极"，太极动而生阳，静而生阴，阴阳两气相磨，产生出金木水火土五种物质元素，由此构成天地万物。朱熹承认具体的东西是"气"所构成的。他说的气是物质性的东西，就具体事物而言，理气同时存在，并且是密切结合、不可分割的。但从本原上来说，理是生物之本，气是生物之具。天地万物生长，要有理，也要有气，但理是万物生长的本原，而气是构成万物的材料，理是第一性的，气是第二性的，理在先，气在后，气是从理生出来的。朱熹的自然观以先验的"理"为最高范畴，但其中也蕴涵着某些合理的因素。首先，他承认具体事物有其客观规律性，有物则有理，事事物物都有理，理就是事物的客观规律。其次，他提出"万理俱实"、"理寓于气"、"理在事中"的观点，否认佛道的绝对的空、绝对的无，认为万理并非都是空、都是无的，而是理在事中，道理是不能离开具体事物而悬空存在的，人们只能从具体事物上去理会那道理。再次，他认为整个宇宙以及人和万物都是气化自然产生的。朱熹看到了事物的矛盾和运动变化，他接受历史上的朴素辩证法传统，提出了带有辩证法思想的观点。他提出了一分为二的命题，认为在理派生气而形成天地万物的发展过程中，矛盾是普遍的。他也肯定事物的发展变化，并研究变化的状态和原因，认为事物的发展变化有渐变和骤变两种状态。

认识论上，朱熹的基本命题是格物致知，要致知，需格物。他认为格物的范围是很广泛的，但重点应该放在"穷天理，明人伦，讲圣言，通世故"这些道德原则上。主要是认识先验的天理，其次才是具体事物的规律，至于草木器用之类的自然物或生产物，是不能从中得到大学问、悟出"大本大原"的"理之精妙处"的，更等而下之。他主张普遍地接触和观察周围的世界而去懂得道理，认为只有与外在事物的接触中才能获得对于事物之理的认识，反对关门独坐、苦思冥想、只讲一个悟字的认识方法。他还认为格物致知的关键是居敬，居敬就是无事时敬在心上，有事时敬在事上。无事时敬在心上，是集中注意力，是心不受外界物质的引诱；有事时敬在事上，是使处理问题合于道德标准。只有这样，才能领悟到先验的天理。他还认为格物致知离不开力行，只有通过道德的践履，才能深刻领悟到天理。

伦理学说方面，朱熹提出了区别天命之性与气质之性的人性论。他认为，理体现在人身上就叫做性。每个人都既具有天命之性又具有气质之性，天命之性专指理本身而言，理是完美无缺的，体现到人性也应当是完美无缺的。从天命之性而言，人性是善的，所以人人都具有仁义礼智这些道德的本能。但实际上并不是所有的人都能做到仁义礼智，那是因为人的气质之性有差别，各个人秉受的气有清浊昏明之别，所以气质之性有善有恶，气质之性好的人能够做到仁义礼智，而气质之性不好的人则做不到仁义礼智。但是因为他们都有天命之性，即都有与生俱来十分完善的道德品质，所以气质之性是可以改变的。从人性论出发，朱熹对"道心"、"人心"进行了分析，从而提出"存天理、灭人欲"的道德说教。朱熹认为与天命之性相应的就是道心，与气质之性对应的就是人心，易言之，道心就是人的道德观念，人心就是人的生理要求。道心是从天命之性出发的，是天理，是至善。人心是从气质之性出发的，而气质之性有善有不善，所以人心也可善可不善。道心是符合道德规范之心，而人心里面合于"天理"的就复归于道心，这就是善。违背天理的叫"人欲"，这就是恶。朱熹认为多数人的气质之性不好，也就是多数人都有违背天理的人欲，因此要对他进行教化，使其"存天理，灭人欲"，成为自觉遵守道德的人。

四、闽学余音——黄幹、陈淳、真德秀

继朱熹之后，南宋末年的闽籍学者黄幹、陈淳、蔡元定、蔡沈、真德秀等继续推进闽学发展。数人中，当推黄幹在朱子学传播上贡献最大；陈淳"卫师门甚力，多所发明"；真德秀虽为朱熹的私淑弟子，却在宣传朱子学方面起了很大的作用，全祖望说："西山之望，直继晦翁。"

黄幹是闽学由福建走向全国的桥梁，朱子学在全国的衍化是在黄幹思想中开其端的。朱子致力于儒家经典之注解，师事朱子的黄幹亦注重对儒家经典之注释。他从25岁起至朱熹卒，一直从学于朱熹。因此，黄幹对儒家经典之注释，亦与朱熹有直接关系，朱子也认定黄幹对儒家经典之注解可成为他的思想的代表，云"吾道之托在此者，吾无憾矣"，将传道之重任托付黄幹，可见他对黄幹之器重与期望。黄幹为捍卫师道，有着不少努力，首先，他作《圣贤道统传授总叙说》，除了概括儒家道统传授的系统外，重要的是论定了朱熹的道统地位。第二，朱子殁后，黄幹主要时间和精力都用于开办书院、教授生徒，弘扬朱子基本思想，无论在讲学、或者在解释经典时，皆以朱熹的看法作为其标准。第三，致力于朱子学书编撰。他编撰的《续仪礼经典通解》、《朱子语录》、《论语通释》、《四书》之通释、《朱子行状》、《孝经本旨》等，对于朱子学之发展和深化，有巨大贡献。

陈淳，字安卿，漳州龙溪人，生于宋高宗绍兴二十九年（1159年），卒于宋宁宗嘉定十六年（1223年），终年65岁。因家住近北溪，人称北溪先生，乃朱子晚年高足。陈淳聪颖好学，资质超常，在同乡前辈林宗臣的推荐下转读《近思录》，始知有周敦颐、程颢、程颐等近世大儒，后又广搜博求朱子所辑所著书《论孟精义》、《二程遗书》及《论语》、《孟子》、《中庸》、《大学》、《太极图说》、《西铭》等入道学之门。陈淳曾两次问学朱熹：第一次是1190年朱熹出守漳州之际，次年四月因朱熹丧子离开漳州而结束；第二次是1199年冬，赴武夷山问学，至1200年朱熹逝世为止。陈淳与朱子私交甚深，在讲道与求道方面彼此倾慕，相互了解，是最笃实的弟子，对朱子学多有发扬。陈淳以其对朱子思想的深刻理解和后期频繁的讲学活动，在闽浙一带培养一批朱子学者，形成了以陈淳为首的朱子学

支脉，被称为"紫阳别宗"。陈淳终身布衣，专心著述讲学，作《郡斋语录》、《竹林精舍语录》记录朱熹之语，作《严陵讲义》、《北溪字义》以阐释宣扬朱熹学说，作《似道之辨》、《似学之辨》以贬斥佛学与陆学，作《四书性理字义》以详细解释理学的重要范畴，对后世有较大影响。朱熹生前非常重视"字义"，在《四书章句集注》中，对"四书"中出现的儒学重要范畴，都做出过简短的定义，初步形成了朱子学的范畴体系，只不过散见于各种著作之中。陈淳在学习、研究和整理朱子学重要范畴的意蕴和关联的过程中，自觉地运用了一整套诠释方法，并将朱子学的范畴体系逐步彰显出来，最终以浓缩形式，在《北溪字义》中呈现出来，其根本目的不是对"字义"进行训诂、考证名物，而是通过诠释揭示其内在意蕴，为更准确地把握圣贤义理提供理论支柱，积极推动理学的传播。

真德秀，字景元，后更景希（或云希元），号西山，福建浦城人。南宋宁宗庆元五年（1199年）中进士，开禧元年（1205年）中博学鸿词科。历太学正、博士等职，至户部尚书、参知政事。为官清廉正直，政绩显著，颇为时人称道。真德秀早年从游朱熹弟子詹体仁，是朱熹的再传弟子，他对朱熹极为推崇，尊之为"百代宗师"。庆元党禁时，朝廷宣布程朱理学为伪学，书籍被禁绝，理学家遭迫害，真德秀不为时势所动，以斯文自任，在家乡筑精舍讲学，宣扬程朱。他大力提倡朱子理学，对程朱理学的复兴以及正统地位的确立，与魏了翁（鹤山）同居伟功，故有"鹤山、西山"并称之说。真德秀是正统的有代表性的朱子学者，有"小朱子"之称。真德秀学承朱子，推崇朱子，其著述宏富，有《大学衍义》、《心经》、《政经》、《西山甲乙稿》、《对越甲乙集》、《经筵讲义》、《端平庙议》、《翰林词草四六》、《献忠集》、《江东救荒录》、《清源杂志》、《星沙集志》等，后人编为《真西山全集》。在理学思想上，真德秀认为天人是合一的，上天对人们的生活具有支配作用，所以君子行事必须顺天心方可成功。在真德秀看来，天心即民心，上天之视听即民之视听，而民心的向背也即是天心的向背，对天的敬畏也就是对民的敬畏。真德秀对格物致知也有新的发挥。他认为格物致知的要害在于人自身，那就是从自己出发，穷一心之理，穷一身之理，这样的话，天下万事万物的道理就都可以掌握了，为学之要，在于内心精神的陶冶和穷理的关系。

五、《文公家礼》与闽学之日用

以"闽学"为代表的理学逐步成熟，其理论内容之一的"礼学"也日趋成熟。"礼"是"俗"的高级层次，一直是中国古代儒学所侧重的一个方面。孔子认为礼是人们在社会上安身立命的根本，"不学礼，无以立"，"不知礼，无以立也"。孔子及其门人弟子在继承先秦礼制的基础上，曾创立了一整套规范民间生活的行为准则，这成为后世礼仪建设的一个标准。

鉴于制礼定仪对人们日常生活所起的重大作用，"闽学"诸子纷纷著书立说，对传统礼仪展开了一次积极探索，其中，以朱熹影响最大。朱熹希望能将他的理学体系的核心原则，即"天理"、"人欲"引入到民间礼俗中，并采取了许多整顿地方风俗的措施。如史料记载，他在同安、漳州等地"见妇女街中露面往来，示令出门须用花巾兜面，民遵公训，名曰公兜；见泉漳多控拐案，示令妇女于莲鞋底下添设木头，使之步履有声，名曰木头履。一兜一履，防杜之意深矣。二郡经紫阳过化，故俗虽强悍而女人多尚节义"。朱熹更为重要的工作是对传统礼仪进行了系统总结，并在"礼有经有变"的基础上做了调整，其中以《朱子家礼》所起的作用最大。

《朱子家礼》，又称《文公家礼》，分别为通礼和冠、昏、丧、祭礼五卷，所规范的内容，主要是社会家庭中，不同时节、不同人生阶段所行礼事的具体仪节，如岁时祭祀、男冠女笄、婚丧嫁娶等礼仪；并对居家各项礼事的程序、陈设、器用及服饰标准、文书程式等，都作了具体规范。其中以《通礼》中的"祠堂"，以及《昏礼》中将传统婚礼的"六礼"改为"三礼"，还有在《葬礼》中对丧葬内容的改良最受瞩目。

《朱子家礼》所体现的庶民化内容，与继承传统儒家礼仪有关。比如"祠堂"部分，朱子改以往贵族或品官方得享祭家庙的传统，主张应为庶民祭祖制定仪式规范，其内容即参酌改良司马光《书仪》所载之"影堂"制度，设计了为庶人祭祖所用的"祠堂"，祭祀直系四世之父祖，不必追祀始祖，这改变了过去对庶人之家法与宗法的认知。朱熹之所以重视"祠堂"建设与当时现实世界的需要密切相关，主要是根据福建民众日常生活实践而提炼的。朱熹曾撰《唐桂州刺史封开国公谥忠义黄公祠堂记》，记载了该祠堂建造于北宋仁宗明道年间的事实："明道元年（1032年）命工营建，榜曰'黄氏祠堂'，定祭田以供祀典，未备复卒。世规孙彦辉历官潮州通判，捐俸新之前堂后寝，焕然有伦。"可见，《朱子家礼》中"祠堂"的方案不是出自设想，而是社会习俗与礼制的结合，具有可行性。

　　福建作为最早受《朱子家礼》影响的地区，在《家礼》刊刻后不久，不少家族仿造《家礼》中祠堂之制而建合族祠堂，这大约是宋以后新宗族形态的最早一批宗族祠堂。朱熹在祠堂制度的设计上，还规定了宗子主持祠堂祭祀，还制定"祭田"制度，供作支持祠堂运作的经济来源，解决了庶人在传统礼书中缺乏祭祖礼仪的问题。经过这些改造，古老的"宗子法"推陈出新，融化到祠堂制度中，成为近世家族的基本原则。

　　朱子地位在南宋末至元、明两代的提升，《家礼》对后世的影响也逐渐扩大。南宋以后便不断有士人为《家礼》进行注解或补充，并用以维系乡里秩序；明、清之时奉行《家礼》的情况更加明显，明太祖曾令民间嫁娶依据《家礼》来施行，明成祖更诏令将《家礼》颁行天下，以为天下之范式，这使《家礼》这部原本属于私礼的著作，摇身一变成为官方认定的礼仪准则。而《家礼》原则，在明、清的家礼著作中亦被遵行不废。不仅仅在中国，《家礼》对同属"东亚文化圈"的日、韩，影响也相当广泛。

第三节　造神高潮与驳杂的宗教文化

一、宋代的造神高潮

　　宋代福建民间信仰的神祇众多，如《宋史》记载"其俗信鬼尚祀，重浮屠之教"；《仙溪志》也记："闽俗机鬼，故邑多丛祠。"鉴于宋代漳州的宫庙数以百计，闽学传人陈淳在《上赵寺丞论淫祀》说："窃以南人好尚淫祀，而此邦尤甚。自城邑至村庐，淫鬼之有名号者至不一。而所以为宇者，亦何啻数百所。"为什么宋代的民间神祇变得如此之多？颜章炮教授利用明人何乔远《闽书》中所保留的大量福建民间神祇资料，通过统计比较，发现宋代福建进入了一个造神高潮。所谓"造神"，指将福建本地或与福建有关的人物和自然物神化并首先在福建奉祀的行为。

由人物神化的可分为四种：（1）僧人禅师。唐宋时期的福建是全国佛教最发达的区域，每一个县都有数十座至数百座佛寺，僧人成千上万。佛教能在福建获大发展，与闽人以自己的目光去看佛教有关，他们认为佛教禅师有降伏妖魔的本事。而佛教僧人为站住脚跟，会迎合民众心理，也会除鬼、驱魅、降雨、祈晴、治病等等。其中有些禅师法力高强，百姓以为他们死后成佛成仙，仍能庇护乡民，所以为其立庙祭祀。比如北宋时期安溪清水岩的住持陈普足，圆寂后被神化为清水祖师；北宋武平县南安岩的高僧郑自俨，殁后被神化为定光古佛。（2）道人巫觋。福建民间巫术流行，被神化的道巫一般均被认为法术高明，神异非常，或者殁后极具有灵响。比如北宋同安吴夲，少学医术，死后被奉为医神，后称为"保生大帝"。南宋德化县石牛山石牛东的道士张自观被神化为"法主公"。而由女巫和道姑被神化的，以妈祖最为著名。（3）官吏。被神化的官吏或是开疆辟土，或是平定动乱，或是清明廉政，或者政绩显赫，（4）普通百姓。他们有些是忠孝淳厚，急人所难；有的是乐善好施，为地方公益作出贡献，因而被神化。如宋代莆田建造木兰陂的钱四娘和李宏，因倾资建陂，民受其惠，立庙祭祀。还有一些是身怀异术，殁后显灵，如光泽尊王郭忠福原是南安郭山的牧童，生而神异，殁后乡人常梦，因而立庙。

福建宋代之所以出现造神高潮，源自于多重的历史原因。第一，根植于"信巫重祀"的习俗，民众以遇事求巫问神为上。鉴于闽地巫风之俗根深蒂固，积重难返，宋朝不得不于天圣二年（1025年）颁诏严禁福建巫觋惑众害人，一些地方官府也采取措施限制愈演愈烈的巫道活动。尽管官府出面反对，但民众仍然按照自己的方式生活。宋代梁克家的《三山志》指出：福州民俗，"每一乡率巫妪十数家"，而且，这些人在民间还得到民众的信仰与尊敬。宝祐《仙溪志》谈到当地祭祀的神明："或以神仙显，或以巫术著，皆民俗所崇敬者，载在祀典。"可见，巫觋文化一直广泛传播在民众之中，是造神运动产生具备的大众心理基础。

第二，与两宋王朝的利用、渲染神灵的政策导向有关。宋代皇帝热衷于宗教，以神道治国，礼待百神。为了区分祀典与淫祀，制定了一套封神名号的礼制，"凡天下名在地志，功及生民，宫观陵庙，名山大川能兴云雨者，并加崇饰，增入祀典"。即如果地方奏闻某神显威，便可能获得朝廷的赐封。由此，祠庙是否持有国家正式下赐的封号及庙额，成为决定祠庙存废的依据。这些规定极大地刺激了福建民间神灵崇拜活动的高涨情绪，为了造神运动准备了制度框架。

第三，地方家族的推动与地方官吏的参与。比如奉祀保生大帝的青礁慈济宫，自建立至今有关祭祀活动均由颜氏主持说明了这一点。绍兴二十一年（1151年），颜师鲁"奏请立庙"，其堂叔颜发施舍基地建庙。颜师鲁知泉州时，还前往花桥真人庙"斋精恳祷。淳熙十二年（1185年），颜唐臣又"率乡大夫与其耆老。扩建慈济宫。嘉定二年（1209年），颜唐臣的外孙杨志欣然为青礁慈济宫作碑文，大肆渲染保生大帝的灵验故事。乾道年间，宰相梁克家奏请赐额"慈济"。一些官吏也积极参与宗教的各项仪式，如真德秀的《真文忠公全集》中，收其祷雨青词、母疾愈醮谢文、为母祈福文、谢麦禳蝗文等祷神用的青词、祝文达数十篇，可见一斑。

宋代福建的造神运动，奠定了民间信仰的基本格局，如妈祖、保生大帝、广泽尊王、清水祖师、定光古佛和临水夫人等列入神灵系统后，就成为闽人精神依托，随着向外移民，不断分香，播迁到台湾和东南亚地区，至今香火鼎盛。另外，大量的土生土长的"人神"也随着这一造神运动而应运而生，虽影响不广，但在地方却很受民众的崇拜，逢年过节香火不断。

二、道教流变与闾山派仪式传统

闾山派，又称闾山道、闾山教等。闾山派源于魏晋南北朝许逊信仰，此信仰以江西闾山（庐山）为发祥地，并向各地传播，形成了一个巫法体系——闾山法。到了宋代，闾山法以福建民间女神陈靖姑信仰为依托，成为华南道教重要流派。有关于闾山派的科仪，史志缺乏全面的记载，原因是统治阶层视之为"邪师"、"左道"，多有禁止。现留存于类书稗记。如福建民间闾山派之科法还见之于洪迈《夷坚志》，所述为长溪（今霞浦市）人潘甲妻李氏于出游中见红蛇蟠结于道，返家而中邪疯癫，而请师巫来救治的情形。其文称：

招村巫马氏子施法考验。巫著绯衣，集邻里仆僮数十辈。如驱傩队结束。绕李氏所游处山下，鸣金击鼓，立大旗，书四字曰"青阳大展"，齐声叫噪，称"烧山捉鬼"。遇虫蛇之属，则捕取以归，沃以酒醋而享其神。夜引李氏出唱邪诗，与之戏。巫拾碎瓦一器，赤足践蹈。……巫又虾方砖通红，而立其上，煎汤百沸，置大镬，用手拈摄，顿于头，旋走三币。

　　文中所谓的"烧山捉鬼"、"引唱邪诗"、"赤足蹈锐"、"立足虾砖"、"沸镬捞物"等都是巫法。不过，闾山派科仪不仅仅只有巫术，在宋代闽人的记载中，闾山派科仪内容还见之于谢显道编的《海琼白真人语录》，该文以道教金丹派南宗祖师白玉蟾口吻描述："今之邪师，杂诸道法之辞，而又步罡捻诀，高声大叫、胡跳汉舞、摇铃撼铎、鞭麻蛇、打桃棒。"从这些内容看，闾山派在宋元间大量吸收了道教正一派的科仪、佛教瑜伽派的法术内容，而成为融佛、道、巫于一炉的闾山派。

　　闾山派的道教化和佛教化与北宋仁宗朝的一次禁巫运动有关。在北宋天圣元年（1023 年）十一月丁酉，由洪州（唐宋置，今南昌市）知州夏竦上奏朝廷，举江南等地"师巫以邪神为名"、"左道乱俗、妖言惑众"，于是宋仁宗命令荆湖南北、广南东西、两浙、福建路转运司厉禁师巫，其势迅猛，沉重打击了赣、闽、浙诸省的巫师。在此情形之下，世代相传的巫师便寻求或借助于其他宗教派的掩护，由此也给传统的巫法闾山法带来了新的生机，闾山派因之应运而生，并风行于南方各地。

　　闾山派的历史演变在陈靖姑信仰得到充分体现。陈靖姑，或名陈静姑、陈进姑，是闽、台、浙、赣、粤、湘等地区民间信仰中最重要的女神之一。各地民间称之为陈夫人、陈十四夫人、大奶夫人、临水夫人、奶娘，或又称之顺天圣母、通天圣母、太后元君、陈氏圣母娘娘等等。相传，陈靖姑为唐大历初年出生于福州下渡（今有遗址）之世巫之家，宋代志书《仙溪志》称其为"陈夫人"。其事迹是"生为女巫，殁而祠之，妇人妊娠者必祷焉。"从这段资料可见，陈靖姑信仰肇于唐，兴于宋，其原型为闽中之巫女灵异崇拜。陈靖姑信仰传说很多，随着她与民众社会生活密切联系（如救产扶婴、出煞收妖等），解决社会问题，后来文献逐渐称"陈靖姑，闽县人，五世好道"，由女巫而堂而皇之成为"女道"，其家世巫也有了"五世好道"的历史，最后功成圆满，建临水宫。

道教为闾山教、为陈靖姑信仰披上合法的外衣，使闾山派得到很好的发展。自宋一代，陈靖姑信仰与闾山科仪，就以福建为中心，流行于福建、广东、浙江、江西、江苏、湖南等地，也传播到台湾与东南亚各地。如台湾供奉有陈十四娘娘的宫庙就有 100 多座。据统计，信仰者达八千万人，如今每年到古田临水祖宫请香、还愿、参观的信徒游客约十万人次。而在其他地区传播过程中，陈靖姑传说还被改编成各种曲艺文类，如温州鼓词《南游传》说的就是陈十四收妖的故事，当地居民几乎家喻户晓。该鼓词又名《灵经》，民间习称"娘娘词"，清人郭钟岳的《瓯江竹枝词》中有如下一首："呼邻结伴去烧香，迎庙高台对夕阳，锦绣一丛齐坐听，盲词村鼓唱娘娘。"直到现在，遍布瓯江流域大小村镇的诸神庙宇仍以陈十四庙为最多，各庙每年都要请鼓词艺人来演唱《南游传》。届时沿街悬灯结彩，并在一些绿化地带布置用彩纸扎成的各种佛经故事，直到艺人把《南游传》全部唱完，一般要 5～7 天，然后把这些纸扎品付之一炬。

三、妈祖信仰的升转之路

妈祖，又称天妃、天后、天上圣母、娘妈。其真名为林默，小名默娘，故又称林默娘，宋建隆元年（960 年）农历三月二十三日诞生于莆田县湄洲岛，宋太宗雍熙四年（987 年）九月初九逝世。因生前好行善济世，常在湄洲海面，凭着她一身好水性和一颗菩萨心，在乘船渡波上多次救护遇难渔民和商人。死后人们对她怀念感戴，继而立祠祭祀。这位地方性的民间神祇很受朝廷的重视，共有 14 次褒封。妈祖信仰的升转之路是福建民间信仰向外扩散的典型，也显示了宋代民间神明由巫到神的过程。

从历史文献记载看，妈祖最早的身份应为疍民群体中的巫灵者。南宋绍兴二十年（1150 年）廖鹏飞《圣墩祖庙重建顺济庙记》，将妈祖信仰从湄洲屿传至兴化湾畔并建庙于圣墩的是"渔者"。所谓"渔者"，很可能是疍民。另外，宋绍定二年（1229 年），莆田绅士丁伯桂在《（钱塘）顺济圣妃庙记》也说："神，莆田媚洲林氏女，少能言人祸福，设庙祀之，号'通贤神女'，或曰'龙女'。"南宋开庆元年（1259 年）莆田绅士李丑父在《（京口）灵惠妃庙记》说："妃，林氏，生于莆之海上湄洲，……或曰'妃，龙种也'。"指明妈祖为"龙女"、"龙种"，值得注意。在古文献中，所谓"龙种"、"龙人"、"龙户"，皆为疍民的别称。宋人已认识到的妈祖与疍民的关系，在清代著名史学家全祖望撰《天妃庙记》也有分析，他说："（妈祖信仰）盖出南方好鬼之人，妄传其事。鲛入疍户，本无知识，辗转相思，造为灵迹以实之。"也就是说，疍民为俗鬼好巫的越人后裔，妈祖林氏因巫术灵验而被他们立庙为神，并从湄洲岛开始传播于邻近的大陆沿海，成为了地方保护神。

宋室南渡以后，闽地社会纷乱，在此严峻形势下，妈祖作为地方保护神的形象进一步凸现出来，"岁水旱则祷之，疠疫崇降则祷之，海盗盘亘则祷之，其应如响"，这才得到朝廷的褒封。宋徽宗诏封莆田林氏女为"湄洲神女"后，宣和四年（1122 年）领事路允迪奉使高丽国，途遇风暴，危难中莆籍保义郎李振祈祷"海神"妈祖保佑，终转危为安，宋徽宗于是赐"顺济"封号；南宋莆籍承信郎李富在住所之处和莆籍宰相陈俊卿舍自家祖地倡建妈祖庙（圣墩顺济庙和白湖天后宫），并于 1156 年，奏请朝廷诰封妈祖为"灵惠夫人"。南宋朝廷又分别在 1160、1167、1184、1192 年，短短 32 年间 4 次进行加封，而两宋 14 次册封则使其受册封数量为全国"海神"之最，因此沿海各地的妈祖祠庙也纷纷建立，信仰圈子不断扩展。

妈祖从地位卑下的女巫到高高在上的女神的升转之路充分显示了宋代福建官方权威与民间社会的互动。无论何种神祇，只要有灵，其民间社会话语尤其是显灵传说经由地方官上达天庭，再通过官府查验核实的"圣化程序"就能得到封赐。而朝廷通过赐额封号，利用、引导和规范民间信仰，对民众的精神偶像进行再造，将其纳入国家祀典，以消除文化上和心理上的隔阂，加强对社会的控制力度。

其后，元、明、清三代对妈祖褒封不下 20 余次，其显圣事迹的传说却无一不涉及到政治、经济、军事等国家事务活动。元代的 5 次褒封全部与漕运有关。明代虽然只褒封 2 次，但与出使有关的御祭就达 14 次之多。清代褒封 15 次，有 5 次属保护册封使，7 次与军事活动有关。而在这期间，明代郑和与王景弘七次下西洋，历时近 30 年，涉沧溟 10 万余里，往还于太平洋、印度洋和阿拉伯海，前后到达 30 余国，每次都要对妈祖顶礼膜拜，修庙立碑，其后明清两季册封使更在所乘舟船中供奉神像，逐渐形成了封舟开航之前举行隆重祀典，归航后相继著录天后显灵应事，因袭定例。

福建航海者的船所到之处，妈祖信仰也就随之在当地播扬。北方沿海出现的一些妈祖庙，如辽宁营口妈祖、天津天后宫、山东烟台天后行宫等。同样，历代福建商人辗转江湖到内地行商的同时，也带去了妈祖信仰，因此，内陆地区妈祖庙的分布往往也意味着福建商人的足迹所至。

随着中国人的足迹传遍世界各地，在新加坡、马来西亚、日本、印尼、泰国等地，在巴西、加拿大、墨西哥等地的华人居留地，也有妈祖庙的踪迹。据《世界妈祖庙大全》统计，目前全世界已有妈祖庙近 5000 座，信众近 2 亿人。可见，自宋代之后，妈祖文化在传播过程中形成了一个以妈祖信仰为核心的，具有显著地域特色的"妈祖信仰文化圈"，成为中华文化发展史的重要组成部分。

四、仪式戏剧与戏神崇拜

造神运动出现高潮，名目各异的神灵与民众日常生活也产生了更为密切的关系，闽人一年中有许多时间都花在祭神上，有名目繁多的各种祭神节。如宋代陈淳记有：漳州附城数百所庙宇"逐庙各有迎神之礼，随月迭为迎神之会"。频繁的宗教祭祀活动还往往伴随着戏剧的演出，俗信要获得神灵的欢心和庇佑，除了献上丰盛的祭品和虔诚礼拜外，还要"演戏酬神"、"演戏媚神"、"演戏娱神"。游神赛会很受民众欢迎，这为神庙戏剧的兴盛奠定了坚实的基础。神庙戏剧的演出场所不拘于神庙，或市集、或湖桥，或于交通要道之旁，如陈淳所云："筑棚子居民丛萃之地，四通八达之郊，以广会者。至市廛近地四方之外，亦争为之不顾忌。"

从现有的资料看，宋代兴化军所属的莆田、仙游及兴化三县，演戏酬神之风极盛。兴化郡在吸收、综合弄参军、傀儡及音乐歌舞等艺术基础上，形成一种唱、噫、做、舞相结合以表演故事的戏曲形式，时称兴化优戏，亦称兴化杂剧，兴化杂剧多为春祈秋报、宫庙祭坛、里社赛会、迎神行傩演出。演出的场所有宫庙戏台、广场戏棚，也有集市戏场。当时的演出很受观众欢迎。正如诗人笔下所描述的："儿女相携看市优"、"抽簪脱祷满城忙,大半人多在戏场"、"棚空众散足凄凉,昨日人趋似堵墙"、"儿女不知时事变,相呼入市看新场"、"不与遗毫竞华发,且随儿女看优棚",等等。神庙演出还有夜场,如刘克庄在《闻祥应庙优戏甚盛》一诗中描述道:"空巷无人尽出嬉,烛光过似放灯时;山中一老眠初觉,棚上诸君闹未知。游女归来寻坠珥,邻翁看罢感牵丝;可怜朴散非渠罪,薄俗如今几偃师?"另外一首则写:"巫祝欢言岁事详,丛祠十里鼓箫忙。"这些诗歌记述了莆田县城内祥应庙演戏酬神,万人空巷的盛况。刘克庄还有《即事三首》诗描述乡社之冬月行傩演社戏之情景:"陌上鸣钲夜向晨,缀行花锦照城固。襕裙未免多游女,舍来深忧有隋民。"

"史载孝妇今列祀,骚云帝子没为神。腊傩固匪儒家法,居鲁安能异鲁人。"

神庙仪式戏剧与民间戏班的繁荣相辅相成,出于行业竞争,艺人权益保护等需要,戏神的产生势成必然,地方传说中的雷海青便被奉祀为戏神。雷海青(716~755年),为清源郡田庄村(今福建莆田东峤镇田庄村)人,会弹奏各种乐器,尤其是琵琶和筚篥,后被选入宫,才华横溢的他,得到了唐明皇的赏识和器重,于是委任他为梨园教官。安史之乱,安禄山于洛阳称帝设宴庆贺,命梨园子弟教坊乐工前来祝兴,对唐明皇忠心耿耿的雷海青拒绝为安禄山弹奏,把怀抱的琵琶掷于地上,并痛诉安禄山的不忠、叛国等恶行,终被恼羞成怒的安禄山残忍地杀害。安史之乱平定后,唐明皇感其"忠烈",诰封其为"天下梨园大总管"。这位唐代尽忠而死的乐工,因为他既有忠义、壮烈的事迹,又是能歌善舞会奏乐的伶人,符合"聪明正直是为神"的正统观念,就被奉为了戏神。

如今,福建的剧种如莆仙戏、梨园戏、竹马戏、闽剧、高甲戏、芗剧和福建各地的木偶戏,都是崇祀雷海青为戏神,他们称田公,也有称田相公、雷元帅、田公元帅或田都元帅。莆仙各戏班凡排演新剧,均须来戏神祖庙——瑞云庙戏台"开棚"献演,以示敬仰,也祈求田公元帅保佑其演戏生涯一帆风顺。此例相沿成俗,数百年来延续不衰。泉州梨园戏剧团每逢演出都得带上雷海青神像,在开台之前要敬拜上香,清茶果盒,演员不拜,恐怕演不成角色,或是戏棚产生事故。

随着福建戏班入台，台湾人演戏更加重视祭拜戏神田都元帅。在未开台之前，要先请神才演戏，甚至把演出的剧目和演出人员所扮演角色一一向神明讲清楚。由演师念过咒语，再由田都元帅为主祭拜天公（玉皇大帝），才能开始演戏。祭拜神祇的过程一般是，首先要锣鼓闹台，跳加冠，有时还得再拜请三界公、北斗星君，是奏请诸神指定要上演的剧目戏出，还是用"圣杯"拜请决定，最终再由田都元帅主祭拜上列诸神后才能上演。若再加演剧目，也得请田都元帅主祭拜请天地及诸神明，才能开演。戏演完了，要由小生小旦出场拜谢天地及众神，接着再由田都元帅祭拜众神明，这叫做辞神。最后，烧各种金纸给各神明，仪式即告圆满结束。

受到福建戏班的影响，外来的剧种如来自广东潮州的潮剧、正字戏，来自江西的大腔戏、小腔戏、四平戏，来自湖南的闽西汉剧等，也都是供祀田公为戏神的，他们有的称田元帅，保佑戏曲艺人演技出众，演出成功。

第四节　西部山区开发与族群文化合成

一、宋代福建西部山区开发

根据前人研究，福建在历史上存在两个人口急增期。一个急增期是从南北朝时期的将近一万户发展至唐中后期的十万户左右；第二急增期是唐中叶到北宋中期，发展近百万户左右。两个急增期显示了不同的地域拓殖特点。第一个急增期总户数不足十万，而增长统计数据主要来自沿海地区，说明原住民还在整体上居于优势，北方汉人移民社会仍处于社会的内在发展期，亦即量的发展期。因此，该阶段虽然建立了相当数量的县作为行政统治据点，但直接统治的区域在面积上还不占绝对优势。第二个人口急增期显示了山区开发的速度，郑学檬教授曾细化北宋太平年间到元丰年间的福建人口统计：

州、军	太平天国五年——端拱二年		元　丰　初　年	
福　州	94470（户）	100%	211552（户）	224%
南剑州	56670	100%	119561	211%
建　州	90492	100%	186566	206%
邵武军	47881	100%	87594	183%
泉　州	95681	100%	201406	208.5%
兴化军	33707	100%	55237	164%
漳　州	24007	100%	100469	418.5%
汀　州	24007	100%	81454	339%

从表格可以看出，大约一百多年时间内，漳州人口增长了418.5%，汀州人口增长了339%，这种超常规的发展速度，不可能完全是外来移民所致，大略可以知道，唐五代时期，山区居民由于脱离于王朝统治之外居多，所以没有被统计入国家户籍。而入宋以后，随着山区的拓殖，民众的归化，脱离于政府统计之外的山区民众就成为了王朝子民，人口统计自然增多了。因此，从人口统计上也反映出福建西部山区从宋代开始进入全面开发期。

所谓"开发"，最直接表现当然是经济发展。闽西山区开发较晚，入宋之后，民众极力开垦土地，发展农业，见缝插针、寸土必争，在高山溪谷中、溪涧沿岸旁，拓地为田。但相对于闽北等区域而言，由于适宜农业耕种的山间盆地少，虽然利用山地泉水和水利工具建造灌溉系统，解决了在复杂地形中的耕地用水需求，但山高水冷，尚无种植双季稻的能力，粮食生产水平不高。闽西山区经济发展的主要表现在于经济作物的发展。比如茶叶，据《宋会要辑稿》的记载，户部具报绍兴三十二年（1162年）福建各州县产茶额为：南剑州将乐、尤溪、剑浦、顺昌、沙县一万一百斤，建宁府建阳、崇安、浦城、松溪、政和、瓯宁、建安九十五万斤，福州古田二百一十斤，汀州宁化、上杭、清流、武平、长汀、连城一万一百斤，邵武军泰宁、邵武、建宁、光泽一万一千余斤。再如竹木，汀州则处在"深林茅竹之间"，竹材资源极为丰富。史料记载，苏颂之子苏师德被秦桧陷害，"被削籍编管汀州"，他所做的事情就是"买地种竹，葺茅读书"。

除了农作物之外，闽西山区矿冶业发展也很迅速。南宋的"产铜也莫盛东南"之说，即包括了福建之建宁府、南剑州、汀州诸邑。宋元丰年间长汀郡守陈轩之诗，"居人不记瓯越事，遗迹空传福抚山。地有铜盐家自给，岁无兵盗成长闲"，即指汀产铜之盛，一时使该区显雍容富庶之象。另外南宋年间修纂的《临汀志》也说"本州矿冶，长汀、上杭、武平、连城四邑有之"，可见开采金、银、铜、铁、石灰石等矿产成为山区主要产业。据《元丰九域志》记，北宋福建有两处冶金场，一在上杭钟寮场，一在归化累祭场。关于闽西产金情况，沈括《梦溪笔谈》卷二十记载了一位名叫王捷的人点铁成金的本领。王捷之事迹还见之于民国《长汀县志·方外传》："王中正，字平叔，旧名捷。咸平（998～1003年）中遇异人授炼汞术。戒曰：'非万乘勿轻泄也。'……祥符（1008～1016年）间多大典礼，大工役，率为金以献。景灵宫（宋太祖庙）成，献黄金四千余，白金万三千有奇，计前后输所有金累巨万，进阶光禄大夫，卒于京，乃敕塑像景灵宫。"虽然此时的王捷被神化了，但可知宋代汀州一带确有冶炼黄金之事。另外闽西炼银技术也很高，颇引人注目。据史料记载，汀州银冶曾岁代江西建昌县输纳六千两银子，可见其产量之一斑。

宋代闽西山区经济活动中，食盐贩运也是突出现象。福建为产盐区，长溪、罗源、长乐、福清、莆田、惠安、晋江、同安、龙溪、漳浦等十个沿海县份均有盐场，这些盐场均为官府控制，由于山区各县不产盐，因此上四州的盐由下四州供给。宋代盐法，各地各时不同，福建盐始终官制官卖（建炎初曾一度实行"钞法"——即官制商卖法，但不久即废），政府以极低价格从亭户手里买盐，运到行销地方，以极高价格出卖。福州六县贩运到汀州的食盐的主要路线为：在沿海起后，溯闽江而上至南剑州，再从南剑州另行装船从沙溪溯流西行至归化县境，再从陆路肩挑人驮至汀州。由于跋山涉水，运输困难，其情形在李心传的《建炎以来系年要录》（卷八十五、绍兴五年二月乙酉）中有如下的描述：盐产泉福，溯流而运，寸进于乱石奔涛之间，又非广南平溪安流之比也。经这一路运输的盐货，沿途搬载损失很大，以至盐包破败，混入沙石杂草，汀州各邑食用者，怨声载道，而且运费高昂，盐价偏高，消费者也负担不起。

这样，汀州之民就拒食福盐，去广南潮州及本路漳州就近私贩，如《建炎以来系年要录》另外记载："剑汀诸郡为上四州，地险山辟，民以私贩为业者，十率六。"可见私盐贩运是宋代闽西山区农民在农闲期间所从事的诸种商业活动之一。那么，私盐贩运的组织形态又如何呢？李焘的《续资治通鉴长编》（嘉祐七年（1062年）二月，辛巳）记得很清楚：

> 福建之汀州，……盐既弗善，汀故不产盐，……民多盗贩广南盐以射利。每岁秋冬，田事既毕，往往数十百为群，持甲兵、旗鼓，往来虔、汀、漳、潮、循、梅、惠、广八州之地。所至劫人谷帛，掠人妇女，与巡捕吏卒斗格。至杀伤吏卒，则起为盗，依阻险要，捕不能得，或赦其罪招之，岁月浸淫滋多。

这段文字说明，一些山地居民在农闲时节，组织类似于大规模的经商队伍进行食盐贩卖。而私盐贩因为要和官兵作斗争，所以他们有相当的组织和武装，在此过程中，私盐贩往往成为农民起义的领导者，进而酿成暴乱。因此，随着宋代闽西山区的开发，私盐活动的兴起，在一定程度也塑造了上四州和下四州的民性差异，如《建炎以来系年要录》（卷五十六、绍兴二年（1132年）七月条）中所说："建剑汀邵四州，习俗强悍，盗贼屡作。漳泉兴福，号下四州，其民怯弱，少有为盗者。"

二、从《漳州谕畲》看畲族形成

山区的开发改变了地域内的族群关系。厦门大学傅衣凌先生曾在1944年发表了《福建畲姓考》说："山居之民，在宋之前，多称为越、南蛮、峒蛮或洞僚。宋元之际，'畲'名始渐通行。"这句话明确指出了畲族与蛮人有密切的关系，包括在了古时"蛮"、"蛮僚"、"蛮峒"之中，至于"畲民"名称的出现，起于"宋元之际"。同样看法在清代杨澜《临汀汇考》中也有体现："唐时初置汀州，徙内地民居之；而本土之苗裔乃杂居其间，今汀人呼曰畲客。唐代蛮人即今之畲族，是闽地之蛮皆称畲也。"可见，闽西畲族是山越之后裔，宋代以前被称为"蛮"，而后才称为"畲"，而且居于山区。

有关于福建畲族形成，历史文献以南宋刘克庄《漳州谕畲》最为详细，为了说明问题，不妨录有关畲族之文如下：

自国家定鼎吴会，而闽号近里，漳尤闽之近里，民淳而事简，乐土也。然炎绍以来，常驻军于是，岂非以其壤接溪峒，苗苇极目，林菁深阻，省民、山越，往往错居，先朝思患预防之意远矣。凡溪峒种类不一：曰蛮、曰徭、曰黎、曰蜑，在漳者曰畲。西畲隶龙溪，犹是龙溪人也。南畲隶漳浦，其地西通潮、梅，北通汀、赣，奸人亡命之所窟穴。畲长技止于机毒矣，汀、赣贼入畲者，教以短兵接战，故南畲之祸尤烈。二畲皆刀耕火耘，崖栖谷汲，如猱升鼠伏，有国者以不治治之。畲民不悦（役），畲田不税，其来久矣。厥后，贵家辟产，稍侵其疆；豪干诛货，稍笼其利；官吏又征求土物——蜜蜡、虎革、猿皮之类。畲人不堪，愬于郡，弗省，遂怙众据险，剽略省地。

壬戌（即理宗景定三年——1262年）腊也，前牧恩泽侯有以激其始，无以淑其后；明年秋解去，二停迭摄郡，寇益深，距城仅二十里，郡岌岌甚矣，帅调诸寨卒及左翼军统领陈鉴、泉州左翼军正将谢和，各以所部兵会合剿捕，仅得二捷。寇暂退，然出没自若，至数百里无行人。事闻朝家，调守，而著作郎兼左曹郎官卓侯首膺妙选。诏下，或曰：侯擢科甲有雅望，宰岩邑有去思，责之排难解纷，可乎？侯慨然曰：君命焉所避之！至则枵然一城，红巾满野。久戍不解，智勇俱困。侯榜山前曰：畲民亦吾民也。前事勿问，许其自新。其中有知书及士人陷畲者，如能挺身来归，当为区处，俾安土著；或畲长能帅众归顺，亦补常资。如或不悛，当调大军，尽鉏巢穴乃止。命陈鉴入畲招谕。令下五日，畲长李德纳款。德最反复杰黠者。于是西九畲酋长相继受招。西定，乃并力于南，命统制官彭之才剿捕，龙岩主簿龚镗说谕，且捕且招。彭三捷，龚挺身深入。又选进士张杰、卓度、张椿叟、刘口等与俱。南畲三十余所，酋长各籍户口三十余家，愿为版籍民。二畲既定，漳民始知有土之乐。

文章点明了畲族起源与人群来源的问题。"省民、山越，往往错居"中的"省民"，指的编户百姓，一般是汉人；而"山越"是深山中的闽越后裔，属于土著。汀漳山区山林密布，入迁者一经入住，较少外迁，基本上可视为闽越人的后裔。不过，正因为是与汉人杂居，因此畲族又不完全来自于原来住民之后裔。"畲长技止于机毒矣，汀、赣贼入畲者，教以短兵接战，故南畲之祸尤烈"之论，说明了当时畲族人群中，夹杂不少与走私潮盐有关的汉人，即漳、汀的游民逃盗潮、梅或赣南畲区。对此文天祥所写的《知漳州寺丞东岩先生洪公行状》亦记："潮与漳、汀接壤，盐寇、峒民群聚。"所谓"群聚"，显示着汉人进入畲区后，渐染成习，也一样成为畲民。这种看法比较符合历史事实，因为在山区开发过程中，汉人与其他族群的杂居已是必然趋势，交织在一起也在情理之中。

着眼于畲族与汉人的复杂关系，刘克庄还描述了区域开发过程中的畲汉关系的转变。唐代开始，中原王朝虽然有意识地向畲民集居地区渗透，设州立县，开疆拓土。但畲族先民所处的社会发展阶段比较低，生产方式原始，生产力低下，"刀耕火耘，崖栖谷汲"，没有可供剥削的剩余价值；而且天高皇帝远，国家权力还没有真正深入此地，对于转徙无常"如猱升鼠伏"的畲民管不了，没有纳入编户齐民的范围。而到了南宋，形势发生了巨大的变化，这些地区成了"近里"，在此情势下，要把他们纳入编户，榨取赋税徭役，并不适合畲族先民的原有生存方式，于是就爆发一系列蛮僚作乱和畲民反抗官府的事件，最终畲民接受招谕，由酋长们与王朝交涉，"各籍户口"，"愿为版籍民"，也就成为最早的一批汉化的畲民。

畲族首领任官以后，由于需要熟悉官府的律令形式，遵行官场的礼仪制度，还要学习儒家的纲常伦理，了解当地的民情风俗。不但他们本人如此，其家人、部属也须适应官场规矩和地方习俗，也为畲族汉化创造了条件。

三、福建客家民系形成

客家是汉族中古老而独特的一个支系，一般而言，是指中国古代因战乱，从中原一带迁移至赣、粤、闽等南方地区的汉族居民。"客家"原为当地土著为外来人的称呼，后来被这些外来者接受，成为自称。客家聚居山区，与山区的原住民有着错综复杂的关系，那么客家何时才成为如今的民系呢？历来有不同的看法。比较早讨论这个问题的是清代粤北客家人徐旭曾，他在《丰湖杂记》中指出："今日之客人，其先乃宋之中原衣冠旧族，忠义之后也。自徽、钦北狩，高宗南渡，故家世胄，先后由中州山左，越淮渡江而从之，寄居各地。"而流传客家聚集地的粤北有一首歌谣，其词为：畴昔少年居故里，田园拢野春奔驰。窃慕彩虹飞天轲，伫立阡陌寄遐思。始祖来自宁化县，路遥辗转苦迁移。请君莫笑恋乡土，缅怀先人泪襟衣。

联系两则资料，大致可以明了两个与客家民系形成有关的问题：一是汉族各支系都自认发源于中原，这与长期的中原民众移民到其他区域的历史过程有关。"中原衣冠"，说明了客家先民源出汉族移民，汉人入迁是客家民系形成的重要前提。二是"始祖来自宁化县"，说明客家人成之为客家人与宋代闽西山区族群形态有着极大关联。"北有大槐树，南有石壁村"之谚语的存在，说明汉民系有各自不同的特点，如越海系、湘赣系、南海系、闽海系等，均是古代北方汉民南迁之后与南方土著发生不同程度的融合而产生的。因此，说客家人来自中原、根在中原是不够的，还必须指出客家之所以是"客家"，与畲族的形成有着极大的关系。从五代至宋，随着客家先民仍源源不断地迁入赣闽粤交界区域，峒蛮的生存空间被压缩，演变成为畲族；而与之相对应，汉人群体也因与峒蛮融合，而成为客家民系。

客家作为文化合成的产物，充分体现于客家话。语言是维系着客家人情谊的主要纽带，无论在天涯海角，客家人只要一听到客家的乡音，就倍加亲切。唐五代以后，客家人在南迁中带来了中原以及沿途的湘、浙、赣方言。罗滔先生曾分析连城话的来源："连城话的源头是唐宋时期的中原古汉语，它的声母近似西安话是又一证明，但它已不完全是当年的本来面目，因为它在演变过程中，已经吸收了江淮方言、吴方言、赣方言、客方言和当地土语的话音和词汇，形成了一种有别于唐宋中原古汉语的新方言，这种新方言是连城先民在长期迁徙过程中的再创造。"连城话是这样，闽西其他客家县的方言也同样如此。客家人从北方辗转入闽，必然是以迁徙的族群为单位，语言是南腔北调十分繁杂的，必然会有个交流影响相互磨合的过程，而宋代正是处于客家话的聚集磨合过程之中，到了南宋、元代之际才磨合定型，形成了现在客家方言的分布状况。

谢重光先生还曾以长汀的民间故事，说明了宋代闽西畲族与客家之间的磨合期间的矛盾和斗争。涂氏和赖氏是最早定居于长汀的客家先民之一，民间有五代时，赖氏掘地得金创建华观寺的传说，说明他们至迟于五代时即已迁入长汀。涂氏的开基祖为涂大郎，赖氏的开基祖为赖八郎。他们一家生有男孩，一家生有女孩，两家议定结为儿女亲家。但其时涂坊地方住着一位土神（有人说就是蛤蝴公王），要求村民每年供奉一对童男女祭祀他。这一年恰好轮到涂家和赖家供献童男女为祭品，这可把涂大郎和赖八郎愁坏了。不过愁也不是个办法，涂大郎和赖八郎商议良久，决定到闾山（一说黎山）去学法。学成回来，与土神展开一场恶斗，终于把土神打得落荒而逃。土神一路逃，涂、赖二公一路追，追到水口，土神表示降伏，要求让他住在水口，今后再也不敢要求童男女作供献，只要求当地百姓用河里的小鱼小虾之类作供献即可。涂赖二公答应了土神的要求，从此涂、赖二姓在涂坊安居乐业，土神蛰居水口，不敢兴妖作怪了。

这则民间传说具有丰富的寓意。土神象征着土著民的民间信仰，也象征着土著势力本身。涂、赖二公代表着客家先民，涂、赖二公降服土神象征着客家先民战胜土著势力，也象征着客家先民用汉族的道教战胜土著的原始宗教或民间信仰。在后面这层意思上，也就是客家先民的宗教信仰与土著民的宗教信仰进行接触和斗争的写照。斗争的结果是客家先民的宗教信仰占了上风，但土著民的宗教信仰也没有彻底失败。土著民妥协了、服输了，客家先民也作了让步，让步和妥协，双方各得其所。

三、畲客之间的文化合成

现代著名元曲学家王季思先生曾写有一首诗，名为《畲客婆》，其词为：畲客婆，美不过，两子粗，双脚大（读作惰）。生男育女自家哺，里事外事自家做。春耕山下火烧田，秋摘林中红落果。山田无租果无税，一家八口不愁饿。何来城里摩登子，臂如枯藤面如纸。马蹄鞋子石子路，跌倒路旁扶不起。这首诗歌赞美了畲客婆的勤劳能干。王季思在诗词中特定为"畲客婆"定义，认为畲族多数散居在浙南平阳、青田、丽水等县。其妇女旧时俗称"畲客婆"。将"畲客"混同为一词的，还见之于明代谈迁的《枣林杂识》："繁弧之余，错处于虔、漳、潮之间。以盘、蓝、雷为姓，汀人呼潘、蓝、婆，称曰'畲客'。"将畲族与客家混为一谈，除了时人对两个族群之间差别的模糊认识之外，更为重要的是，两者确实有着互相交融合成的关系。

南宋末年，元蒙铁蹄蹂躏江南，文天祥为了抵抗元兵，靠着善于山地作战的畲军，与之周旋，他对招抚来的畲军，安顿他们的粮饷，给予激励，由于汉畲之间的配合，才能得以暂时支撑皇朝的危局。入元之后，畲客还联合反抗元蒙统治者，陈吊眼、许夫人的起义军也掺入汉人受压迫者。元平定山区之后，又将闽粤赣边地起义军残部安置去搞军屯，无疑造成了客、畲在共同耕作、生活中的融合。一方面，客家人就山地发展等方面就近取法于畲族；另一方面，客家人又以北方平原地区先进的生产工具、生产技术、生产关系和生活方式，对山地经济进行改造，从而使整个山区经济得以更快发展，居民生活逐步改善。这就是说，畲瑶人熟悉的山地经济与客家人固有的平原经济具有很强的互补性。这种互补性，也是客家文化对畲族文化吸收、同化的条件之一。

证明畲客文化合成直接有力的证据还有风俗习惯。王增能、谢重光诸先生在其论著中指出，客家先民在同化土著的同时，也接受了不少土著民的生活习俗。例如，长汀县客家妇女民国时期流行服饰是：发髻盘成高髻，状如独木舟，谓之"船仔髻"，并系以红绳，插上银髻。衣穿右侧开襟上衣，衣领、袖口、右襟沿及衫尾四周，缀以花边；裤头阔大，裤脚口亦缀以花边。腰间披着围裙，用银链子系结，其上半部也绣有花卉和图案。逢年过节或串亲走戚时，脖上还挂着银项圈，手腕上戴着银镯子。穿的布鞋，鞋端略往上翘，状如小船，上面用五色丝线绣了花。这种服饰不是中原汉文化的传承，明显是受到畲族文化的影响，或许她们原来就是畲族后被同化于客家的。山歌也是畲汉文化互动成为客文化的一大特点。畲族是一个热爱山歌的民族，历史很悠久，每年还有定期的歌会，俗称"盘诗会"。客家山歌源远流长，它以中原文化为底层，大有《诗经》赋、比、兴的遗风，又保持着中古音韵。在南迁过程中，尤其迁入畲区后与畲歌产生文化交融，形成唱腔粗犷的特色。客家也有定期歌会，山歌在客家地区很流行，有可能是受到畲文化的影响。

畲客文化的合成还有一个重要内容就是取名上的郎名特征。按畲族习俗，男子一生要经过几次取名，有乳名、世名、法名和讳名等。乳名是小名，成年之后，取"世名"，也就是"书名"，是上学、登记户口的名字。法名又叫"醮名"，通过"做醮"的祭祖仪式而取得，又称"度身"或"入录"。"做醮"多在冬季举行，具体日期由巫师择定，祭祀仪式一般在行祭者家中举行。举行仪式时，在厅堂中悬挂祖图，或在神案上立祖杖，列置香炉，做醮成为这些人获得宗教特权的一种途径，可以获得当"度法师"及请祖图、做功德、指导醮名仪式的权利。男性法名都冠以"法"字，名如"法华、法光、法勤"等，女性法名一般配以"婆神"字样等，名如"淑妃婆神、明妹婆神"等。已获法名者，意为祖师已封他们为"神"，他们可以把所获奏名时辰书写在红布条上，并系于祖杖首端，以显示他们在宗族的终身地位和威望得以确认。"讳名"是畲族人死后登记上族谱的所用的名字，雷姓以大、小、百、千、万字为行次，蓝姓以大、小、百、千、万、念为行次，较雷姓多一个念字，故蓝姓陈列六只香炉，雷姓陈列五只，以五、六之数分别表示名姓、排行和辈份。凡同姓同辈的男子按年龄长幼大小来排行，如雷姓千字辈中年龄最长的人排行为"雷千一郎"，依次而下，五代过后，周而复始。

客家族群的男子也是一生取名多个，做法是婴儿出世取乳名，达到学龄入学也不取学名，到了成年，经过一定的道教仪式取法名和郎名，死后祭奠和入家谱族谱、刻墓碑用讳名。而从目前族谱资料看，在宋至明的世系中，郎名特征相当明显，在客家人中普遍盛行。一般为"大、小、百、千、万、仲、廿（念）"，有的只用其中四个或五个，各姓不尽相同。罗香林在《广东民族概论》指出："韩江一带的客家人，其祖先有第几千几百郎的名号（大抵仅有郎名，而罕正名），相传即土著畲民雷、蓝、毛、赖、盘各巨阀所给与的符号，这是客家人的祖先由闽西迁到粤境，欲求性命安全，不能不纳点赞礼给那些强有力的畲阀，畲阀得客人赞礼以后，乃依其入境次序给以几郎几郎的名号。"对于罗香林的看法，李默根据梅州地方志办公室编印的《客家姓氏渊源》第一、第二辑统计有所补充，梅属客家68姓中，有56姓有郎名或法名，或郎名、法名兼而有之。李默由此得出结论说："入粤之前，在江西、福建时其祖已有郎名。"由此可见，畲客文化之间并非强制，而是自愿的涵化合成。

第五节　海外贸易与中外文化交流

一、海路交通技术与海外贸易兴起

英国的里透·布朗出版社出版了《光明之城》一书，由大卫·塞尔本（David Selboume）根据一部尘封已久的手稿编译而成。这部手稿是一位在马可·波罗之前（其实应该说是几乎同时）到过中国的意大利犹太商人兼学者雅各·德安科纳所写的游记。他于1270年4月至1273年5月冒险远航东方，旅行的目的地是一座被称为"光明之城"的中国城市——刺桐（Zaitun），也就是今天的泉州。这部手稿一直在不肯透露身份的藏家手中辗转流传，大约700年后才得以广为世人所知。这本书的出版引发了关于手稿真伪的争论，很多学者发现这本书充满了史实的错误。1997年12月1日《泰晤士报》即刊登了题为《是令人惊异的旅程，还是一场骗局?》的论文，剑桥大学中世纪史讲师、著名学者大卫·阿布拉菲亚（David Abula-fia）从他自己的学术经验，认为，"那个受尽颠簸之苦的雅各，不像是真实可信的人物"。也就是说，《光明之城》是凭空捏造的一本著作。

毫无疑问，从书籍真伪角度而言，《光明之城》为伪作已昭然若揭。不过，值得追问是，西方人为什么要以"泉州"繁荣为著作的主角？这背后恰是福建宋元福建空前活跃的海外贸易留给世人的深刻印象所致。被海外学者视为"世界伟大海洋贸易史上的第一个时期"，在中国宋元海外活动就是中国东南沿海的福建为主角的。

宋元时期福建海外贸易兴起的重要支撑在于航海技术取得了显著的进步。福建地区自古即有制造海船的传统。到了宋代，"漳、泉、福、兴化凡滨海之民所造舟船，乃自备财力，兴贩牟利而已"。《太平寰宇记》将"海船"列为泉、福二州土产之一，认为"海舟以福建船为上"。福船形状是"船头尾尖高，当中平阔，冲波逆浪，都无畏惧，名曰：'丫乌船'"。1973年，泉州后渚港出土的宋代海船即是此种类型。相较于广东、两浙海船，福建海船更适合于深海远洋航行。宋朝向海外派遣使节，也往往到福建雇佣船只。宋金对峙时期，金人为了训练水师，也专门雇请福建工匠指导，文献记载为"金人所造战船，系是福建人，北人谓之倪蛮子等三人指教打造"。

宋元时期福建航海技术的发达，还来自于人们逐渐认识了中国沿海规律性季风气候特征，即冬季吹东北风，夏季则吹反向之西南风。根据李东华先生的研究，随着商品交易网络的扩大，加快商业运转周期成为获取商业利润的重要内容。泉州（福建）位于我国海岸线之转折处，遂可兼营两地之贸易，冬季一方面有华商、蕃商往南海贸易，一方面有赴东北亚贸易者返来；夏季一方面有南海商客入港，一方面又有赴东北亚者出海，一年中几无淡季可言。这在宋代泉州九日山祈风石刻得以证明。九日山祈风石刻在今福建省泉州市西郊九日山东西两峰崖壁上，现存13段，主要记载了从北宋崇宁三年（1104年）至南宋咸淳二年（1266年）间，泉州地方长官和提举市舶官员为当时远航南海的商舶祈求信风，并预祝他们能满载而归，顺风抵达的史实。泉州一年祈风两次。在这样的情况下，泉州既经营与高丽、日本的贸易，又可发展同南洋往来。特殊的区位优势，加上当时所具备航海技术条件，福建海商在拓展海外贸易中具有了更为有利的条件。

航海技术的进步，使宋元福建区域内港口地位得到提升，其中以刺桐港的兴起最为著名。至今脍炙人口的宋代惠安人谢履的《泉南歌》为：泉州人稠山谷瘠，虽欲就耕无地辟。州南有海浩无穷，每岁造舟通异域。人多地少的泉州人，历史上就扬长避短，依赖枫山面海的优势，伐木造船，发展对外贸易。到了十二三世纪，泉州港同东南亚、印度洋、波斯湾、红海及东非的海上经贸达到了极盛。这一盛况被很多外国游历者所记录。至元二十八年（1291年）冬末，为元朝服务了17年的马可·波罗（Marco polo），奉元世祖忽必烈的命令，护送蒙古公主阔阔真远嫁波斯为王后，由大都来到了泉州城。约一个月后，他们包括大批的随从和水手，分乘14艘4桅9帆的海船，其中至少有大船四五艘，每艘有水手250或260人，从后渚港浩浩荡荡地扬帆启程。泉州港的繁荣，给马可·波罗留下了深刻的印象。几年之后，当他回忆起令人惊异的东方经历，在著成风靡欧洲的

《马可·波罗游记》时，是这样来描述泉州的：

刺桐城，在它的沿岸有一个港口，以船舶往来如梭而出名。船舶装载商品后，运到蛮子省各地销售。运到那里的胡椒数量非常可观。但运往亚历山大供应西方世界各地需要的胡椒，就相形见绌，恐怕不过它的百分之一吧。刺桐是世界上最大的港口之一，大批商人云集这里，货物堆识如山。

阿拉伯旅行家伊本·白图泰（Ibn Battutah）曾经三过泉州，其游记也记录了宋元时期泉州的情形，为后人留下了极为珍贵的历史资料。伊本·白图泰一生行程近12万公里的路程，经历了许许多多的艰难险阻，到过亚、非、欧的许多港口。他认为，"刺桐港是世界上最大的港口之一，甚至可以说就是世界上最大的港口"。他记述元代后期泉州港的盛况时写道：

"渡大洋后，所至第一城，即刺桐也。……刺桐港为世界上各大港之一，由余观之，即谓为世界上最大之港，亦不虚也。余见港中，有大船百余，小船则不可胜数矣。此乃天然之良港。为大海伸入陆地，港头与大川相接。城内每户必有花园及空地，居屋即在其中央。正犹吾国之赛格尔美撒（Segelmessa）城内情形。"

这些记录说明，正是作为世界最著名的商埠之一，刺桐港这个名字才经常出现在人们的游记、史著或书札中。

二、外销瓷与海上陶瓷之路

瓷器是中国人的伟大发明，在中外贸易发展史上占据着极其重要的地位。入宋以来，又按照国外生活的需要，由外商提供式样，专门生产一种贸易瓷，也即外销瓷，以供各国所需。南宋时期，统治者偏安江南，北方外销瓷器基本中断。由于南宋国土大大缩小，急需发展海外贸易来增加财政收入，陶瓷在诸多输出品中优势日渐明显："舶船深阔各数十丈，商人分占贮货，人得数尺许，下以贮物，夜卧其上。货多陶器，大小相套，无少隙地。"为了防止对外贸易中金银等贵金属货币流出，政府规定以瓷器等物品"博易"。宋宁宗嘉定十二年（1219年）下诏："凡买外货，以销帛锦绮、瓷器为代价，不用金银铜钱。"这一措施大大促进了中国瓷器的发展和对外输出。

福州与泉州就是外销瓷出口的重要港口。宋代曾任福建路市舶提举的赵汝适著有《诸蕃志》，该书根据他在福州、泉州所见贸易盛况，于南宋理宗元年（1225年）著成。《诸蕃志》涉及陶瓷出口的地点有：占城国、真腊国、三佛齐国、单马令国（今马来西亚南部）、凌牙期国（今马来西亚南部）、佛罗安国（今马来西亚南部）、新拖国（今印尼爪哇岛西部）、阇婆（今印尼爪哇）、南毗国（今印度马拉巴尔海岸）、层拔国（今桑给巴尔岛）、麻逸（今菲律宾民都洛岛）、三屿（今菲律宾吕宋岛西南岸三港口）等处。中国宋代瓷器不仅遍布整个亚洲和非洲东部海岸，也扩散到地中海和欧洲，意大利曾出土有宋瓷碎片。当时传入欧洲国家的中国瓷器多由阿拉伯人垄断。土耳其的伊斯坦布尔是欧洲商人聚集的商业城市，他们到这里购买中国的瓷器、丝绸等货物。

这些中国的瓷器，既是文化交流的桥梁，又忠实地记录了文化交流的历史。许多国家和地区，对中国瓷器极为珍视，如加里曼丹和菲律宾的一些地方居民，把拥有中国瓷器的数量多少，作为衡量个人财产、社会地位、名誉声望的象征。还可作为娶妻的聘金，以及贷款的抵押，甚至在请客宴饮时能用上中国的瓷器装酒，成为盛宴的标志。如东南亚一些国家和地区则把中国瓷器当做崇拜仪式上的祭器，在菲律宾的一些地方居民认为，如果在宗教仪式上未能使用中国瓷器，将是男子汉很丢人的一件事。在非洲一些国家，常常把中国的瓷器作为隆重的丧葬仪式祭奠先祖或用中国的瓷片镶嵌在墓前的石柱上以及壁龛拱楣上，用瓷片装饰的柱墓当地人认为最为壮观。在欧洲，中国的瓷器数量较少，最早出现在欧洲的中国瓷器是通过波斯、埃及等国转运去的，数量很少，因而特别珍贵，价格一度比黄金还贵重。欧洲贵族在中国瓷器传入之前，多使用金银器，后来随着中国瓷器的大量传入，逐渐由中国瓷器代替了金银器的使用，从而使欧洲人的日常生活的用器发生了很大变化。

外销瓷贸易也带来了瓷业技术的发展。20世纪50年代初期以来，台湾考古工作者陆续在澎湖群岛内发现不少宋元时期的陶瓷，总数在一万件以上。这批宋元陶瓷标本可分为：青瓷、白瓷，青白瓷、黑釉瓷，陶质器皿和曾竹山陶瓶。青瓷数量较多，达四千余件。从澎湖发现的宋元各类陶瓷看，大部分是福建各地窑口的产品，这是完全可以肯定的。许多资料已经表明，宋元时期，福建的青釉器、青白釉器和黑釉器得到了充分的发展。在全省范围内，窑场密布，可谓盛况空前。福建省发现的宋元时期的青白瓷窑18处，除泉州碗窑、永春窑、安溪窑、同安窑和南安窑外，还有浦城、崇安、政和、光泽、建瓯、建宁、莆田、连江、闽清、闽候、仙游、漳浦、南靖等县，是我国烧造青白瓷最多的一个省份。这些窑场的兴起和发展，无疑是适应海外贸易日益发展的迫切需要。澎湖发现的宋元陶瓷，其品类常见于亚非各地的宋元外销陶瓷。它们不是澎湖本地使用之物，而是宋元期间风行亚非各国的外销陶瓷。这批陶瓷经由澎湖，并不转销台湾，因为台湾本岛不曾发现一片宋元陶瓷。这批外销陶瓷当中数量最多，分布最普遍的陶瓶和一种青瓷小壶，说明这些陶瓷并不转运至北方的琉球、日本、朝鲜，而是运销于南方的菲律宾、爪哇、苏门答腊、马来西亚一带。这种现象充分显示经由泉州澎湖到南洋航线，是宋元期间中国外销陶瓷航线中的一环。

宋元时期福建外销瓷生产规模之大，数量之多，已成为这一时期东南沿海外销瓷生产的重要基地之一。在这些烧造外销瓷的窑口中，许多器形器物是专为海外市场的不同需求而设计的。例如宗教用器军持，原是印度佛教僧侣所用的器物。南宋以后，使用范围扩大到伊斯兰教，在东南亚一带有很大的需求量。宋元福建的磁灶，德化诸窑专门设计生产这种特殊的器物。再如，为适应当时东南亚以大碗大盘作为主要餐具的需要，闽南一带的不少瓷窑便设计出各类超大型碗、盘。德化碗坪窑和屈斗宫窑还生产大量精美的青白瓷印花盒。这些印花盒，在国内未发现，主要出土于国外，尤以菲律宾、新西兰、日本为最多。据研究，德化生产的这些印花盒，有各种不同的用途，有些用于盛装香料，有些是为了装置妇女化妆用品，如敷脸用的粉、画眉用的黛，抹唇用的朱玉等。此外，泉州磁灶诸窑生产的陶瓶、龙瓮，同安汀溪窑生产的瓷碗等许多新器形新器物，均是为外销海外而专门设计和生产的。

福建外销瓷的生产具有持续性。许多窑口如德化窑、磁灶窑等烧造的产品在国际上畅销不衰，延续了一二个世纪。如军持，各种碗、碟、盘、龙瓷等，宋元之际，一直畅销于菲律宾和南洋群岛市场宋元时期。联结亚、非、欧、美海上大动脉的"海上陶瓷之路"的兴盛与繁荣，把世界各国和中国紧密联系在一起，福建是"陶瓷之路"的重要一环，而泉州等港口则是它的重要起点。

三、外来物种的传播

汉唐以来，随着中外交通的不断拓展，域外农作物也不断传入中国，如葡萄、胡萝卜、胡瓜、占城稻、玉米、马铃薯、甘薯、花生等等，这些外来农作物被中国人引进种植以后，不仅增加了中国人餐桌上的食物菜谱，而且一定程度上改变了中国的传统食物结构，甚至对中国传统农业的发展也有重要推动作用。论及外来农作物对中国传统农业的重要影响，当数宋代从东南亚引进的占城稻和明代从美洲引进的玉米和甘薯。占城稻是出产于印支半岛的高产、早熟、耐旱的稻种，它出现于中国，是宋代对外贸易发展的结果。占城稻又称早禾或占禾，属于早籼稻，原产越南中南部，北宋初年传入中国福建地区。占城稻并非仅指占城国出产的稻米，虽以占城为名，却在安南、占城、真腊等国和中国广西地区普遍种植。占城稻有很多特点：一是耐旱；二是适应性强，各种环境均能生长；三是生长期短，自种至收仅五十余日。

占城稻是如何首先传入福建的呢？很可能是由于泉州在当时就与中南半岛有着频繁的贸易往来，福建的商人们沿海路从占城、安南等地经商归来的时候，也把当地出产的占城稻种子带回故乡种植，并取得成功。北宋年间，江淮两浙一带大旱，宋真宗派专人到福建取占城稻种子三万斛分发给受灾地区播种，有效地控制了饥荒和灾情的加剧。由于占城稻具有耐旱、适应性强、生长期短的优点，所以很快在中原地区得到推广，到了南宋，南方各地也普遍种植占城稻，占城稻也就成为普通百姓常年食用的主要粮食。占城稻不但大大缓解了宋代百姓的粮食问题，还改变了当时整个汉族农耕区的种植习惯，其重要性丝毫不亚于袁隆平杂交水稻培育成功之于新中国的农业发展。

异香在很早的时候，即已传入中国。大概在三国时，域外香料已经有泛海而来的了。在长达千年的时间里，香料贸易一直是世界上最暴利的行

闽越文化

业之一。香料不仅祛除秽气，净化环境，也大量使用于宗教与祭祀仪式中，也常为饮食作料。为了获得那弥漫着神秘气息的调味品，全世界的商人都绞尽脑汁。中国对香料的社会需求量很大，在海外贸易中占了重要地位。宋元是中国香料大量进口的时期，巨大的商船把南亚和欧洲的乳香、龙脑、沉香、苏合香等多种香料运抵泉州等东南沿海港口，再转往内地，此线路也常被称为"香料之路"。1974年泉州湾出土宋代海船遗物中，香料药物有降真香、沉香、檀香、乳香、龙涎、玳瑁、胡椒、槟榔等，占出土遗物总数的绝大多数，未经脱水时其重量达4700多市斤。在马可·波罗的游记中，元代运抵泉州的胡椒"数量非常可观，但运往亚历山大供应西方世界各地需要的胡椒，就相形见绌，恐怕不过它的百分之一吧"。

掌握进口香料的商人群体主要是阿拉伯商人，他们在香料贸易上具有垄断地位，拥有不可动摇的优势。在阿拉伯人的促动下，位于印度马拉巴尔海岸的各大港口，香料贸易非常兴盛。当时，这里交易的香料品种有小豆蔻、生姜、姜黄、胡椒、芝麻和孜然、芹果等。阿拉伯人从其他地方购买香料，比如从斯里兰卡购买肉桂（cinnamon），从东印度群岛购买肉豆蔻（nutmeg）和丁香（clove），从东非购买没药（myrrh）。由于香料贸易是个有利可图的行业，阿拉伯人自然就对香料的产地守口如瓶。为了防止商业机密泄露给他人，他们甚至编造出一些关于香料产地的奇异荒谬的故事，以隐藏自己的行踪。

花卉种植已在唐中后期开始成为农业种植中的一个部门，鲜花已成为商品进入消费领域。但是，种花业的兴盛却是在宋代。这也推动了花卉的进口贸易。茉莉花，《淳熙三山志》卷四十一作"末丽花"，"此花独闽中有之，夏开，白色妙丽。嵇含《草木状》谓之末利。佛经曰：末丽花香。又有番末丽，藤生，亦香"。番茉莉花应属海外传入的。素馨，"蔓生，白色，露哀愈香。蔡公襄诗：'素馨万里来商舶，团园末丽丛毓香'"。事实上茉莉与素馨均为进口花卉，陈善的《扪虱新语》上卷云：茉莉、素馨"皆闽商移而至"。阁提，"南海种，商人传之，花皙白而香，胜如素馨，盖岩桂之流品也，仙书曰阁提"。岩桂即九里香，亦为闽中名花之一。花卉传入不仅有观赏价值还有其他经济价值，如茉莉花用于制造茶叶，生产茶叶名品茉莉花茶；茉莉、素馨、阁提、佛桑诸花用作提取香油（香料油）生产，开创了我国香料油加工业。

四、世界宗教博物馆的形成

随着泉州海交的繁盛，外国商旅来泉经商、传教、定居者，数以万计，泉州民间传说"回半城"、"半蒲街"，遂见居泉外侨之众多。随着亚非各国人民的来泉，他们各自的宗教信仰也传入泉州。在泉州的海外交通史迹博物馆中，专设有"宗教石刻馆"，主要陈列着宋、元时期外国在泉州经商、传教者遗留的石刻，以教门分有：伊斯兰教、景教（古基督教）、婆罗门教（印度教）和佛教等；按文字分类有古阿拉伯文、波斯文、聂斯脱里（古叙利亚）文、拉丁文、八思巴（蒙古）文和汉文等。其造型有墓碑、石墓盖、石雕塑和教寺中各种建筑构件等。石刻各按其教门的代表性图案、形式、文字加以表现。如伊斯兰教大都刻有古阿拉伯文或波斯文的《古兰经》句，或死者姓名、身份、卒年和云月图案。景教则刻有聂斯脱里文、拉丁文、八思巴文或汉文的死者姓名、时间或宗教术语，以及十字架、云朵、火焰、捧圣物的飞天等纹饰。这些石刻雕工精巧，形象逼真，富有各教创始国应有的艺术风格，又有我国雕刻特征，是中外艺术的结晶。

泉州宋元清真寺遗址，就是当时伊斯兰教流行的见证。清净寺又称作圣友寺、麒麟寺，建于北宋大中祥符二至三年（1009～1010年），后于元至大二年（1309年）由耶路撒冷人阿哈玛重修，为中国有名的四大清真古寺之一，保留着浓厚的阿拉伯风格。清净寺平面布局采用非左右对称方式，轴线略偏向西北，平面呈凸字形，大门开在寺院南墙东侧，进门有甬道，甬道后向左转弯即为礼拜大殿，大名"奉天坛"，坐西朝东，面阔五间，进深四间，殿内共有12根方形石柱，现仅存柱础残迹。四周墙壁全部用花岗石砌筑，殿南壁临街开八个窗洞，西面窑殿两侧墙上有六个尖拱券状石龛和四个洞口，龛壁皆嵌有阿拉伯文《古兰经》石刻经句。窑殿位于正中，并向后凸出，正中开圣龛，为朝拜的标志。清净寺为砖石结构，大门及大殿石寺砌法独特，为长条石及正方形丁头交替使用法，使石墙外观每隔一层即是一方块形物，殿面极富装饰趣味。这种砌石法，常见于伊朗

闽越文化

一带。大门平面为一窄而深的长方形，分为内外两部分：外部是开敞式门厅，内部为封闭式门厅。两个门厅由四道尖拱券状门组成。第一道拱门高10米，宽3.8米，拱顶甚尖。拱门用辉绿岩石装饰，图案华丽。门内作穹隆顶，上有密肋八条，状似藻井，饰以龟斑纹，象征宇宙的无穷威力，在此穹隆顶下，即为第二道拱门。此门高6.7米，较外门略小，也以辉绿岩石为饰，层层叠叠，象征安拉的无尚崇高。顶下为一门洞，安有普通大小双扇门板。第三道和第四道拱门，高度分别为4.3米和4.06米。在这两门之间的甬道上，罩一完整的砖砌圆顶盖，即所谓的"拱北"，是盛行于阿拉伯的一种建筑形式，这个拱北涂圣洁白，毫无装饰，古朴大方。这种门外有门的门楼建筑，尖拱大门的发券做法，蜂巢状的小尖拱雕饰，气势雄伟壮丽，正是阿拉伯地区伊斯兰教建筑的特点之一。

古印度的婆罗门教在泉州也留有痕迹。现在泉州"开元寺"百柱殿后檐的四根石柱，以及城南聚宝街"天妃庙"前檐的四根石柱，其青石雕刻画图叙述的是婆罗教的神话故事，以及婆罗门教大神毗湿孥神像和神通，说明这些石柱不是"开元寺"和"天妃庙"本来之物，是被移用的。根据吴文良先生和吴幼雄先生长期跟踪研究，在泉州，近七十多年来陆续从地下出土和发现许多有关印度教的神话故事石雕造像和寺庙、祭坛建筑构件，其数量多达数百方。这还不包括那些出土以后，又被居民当作墙基础石材埋入地下的那些部分。仅泉州涂关门（即通淮门）外津头埔村民于上世纪80年代第一次迁建时，几乎墙基础均为印度教寺庙、祭坛的构件。如石栏板、门窗石、门框石、屋盖形龛顶石、壁龛石、希腊式柱头石、石横梁和石雕造像等。从这些出土或被发现的石刻形状、大小及所雕刻的美丽花纹图案看来，它们可能是由一座颇具规模的寺宇或一座祭坛上拆卸下来的。再就石雕的人物中心内容来看，它们多与公元前10世纪印度的有名文学作品《摩诃婆罗多》和《罗摩衍那》两部东方民族最伟大的史诗有关。例如：毁灭之神大自在天的妻子多尔迦在改变形貌，战胜巨魔将其踩在足下；保护之神遍照天的妻子德斯威里伸张其四只手臂，趺坐在一朵怒放的莲瓣中；湿婆化身坐禅入定在象征男性生殖器的座前；七个女子入浴于阎摩那河，衣服被盗窃，乃裸体往求索还；象王和水怪奋战；保护之神遍照天骑金翅鸟救象王，杀死水怪；那迦和那基妮在水中遇神龙；英雄罗摩耶那在帮助苏格里瓦战胜委里，使哈纳曼仍旧做猴国国王的故事；西咨和恒河新月；顽童拉倒魔树；十臂人狮擘裂凶魔希兰那迦的肚皮；基斯那和甘尼巴的角力；白象与蜘蛛的斗争；甘地沙代替牧人放牛等神话故事石刻。这些出土及发现的神话故事石刻的内容，似乎是出于古代侨居在泉州的外国人所授意，而雕刻的艺术及风格上，则多出于泉州当地石匠之手。因此，在雕刻上常可以看到揉什有许多素为我国人民所喜爱的传统图案花纹，如：双凤朝牡丹、狮子戏球、生命之树、鹿猴教子、海棠形图案菊花及荷花图案等。

金庸的武侠名著《倚天屠龙记》中关于元末明教的描写，许多人都以为那只是小说家之撰，未为可信。其实明教即摩尼教，在历史上存在过，它是摩尼在 25 岁至 30 岁时创立的一种宗教，又译为牟尼教、末尼教。它吸取与综合祆教、景教、佛教、诺斯替教等教派的思想资料，形成自已的教义，以宣扬"二宗"和"三际"为主旨。所谓"二宗"就是"善恶二元论"，即指出光明与黑暗是善与恶的本原，光明王国与黑暗王国是对立斗争的结果，光明必然战胜黑暗；所谓"三际"，即过去、现在、未来，说善人死后可获幸福，恶人则坠地狱。

据考证，唐武则天延载元年（694 年），摩尼教开始通过水陆两路传入中国，逐渐扩展到中原和长江流域；横渡重洋大海而来者，即传播于东南沿海地区，八闽首邑福州和四大贸易港之一的泉州最早传入，福州摩尼教最盛，而后逐渐向北扩展。关于波斯摩尼教传入泉州，《闽书》记载："会昌中，汰僧，明教在汰教中，有呼禄法师者，来入福唐，授侣三山，游方泉郡。卒葬郡北山下。"说明泉州摩尼教徒活动是从福州来的。

由于有些摩尼教主张符合平民思想要求，在中国流传过程中，也常常被用为反抗朝廷的工具，于是常常被禁止。因此到 15 世纪已基本消亡，即使在其故乡波斯，也找不到一丝它曾经存在过的实证。1902 年以后，有关专家才在中国吐鲁番地区找到摩尼教遗址和用 6 种中亚古代文字抄写的上千件摩尼经典残本，在北非找到大量的包括书信、语录、赞美诗在内的摩尼教早期书写文献。1988 年，中国学者晃华山经过精心探查，最终从一直被误认是佛教洞窟的吐鲁番石窟群里，甄别出了70多个摩尼教石窟，并被称为"20世纪摩尼教遗迹遗物的第三次重大发现"。而位于泉州市罗山乡苏内村华表山麓的草庵摩尼教遗址，是迄今发现的世界上最完整的摩尼教遗址。根据明代史学家何乔远的《闽书》记载："泉州府晋江县华表山，与灵源山相连，两峰角立如华表，山背之麓有草庵，元时物也，祀摩尼佛。摩尼佛名'末摩尼光佛'，苏邻国人。"并指明该寺院建于元代至元五年（1339年），因此在1991年，该遗址和佛像曾被联合国教科文组织"海上丝绸之路"考察团的专家、学者一致认定，是"海上丝绸之路考察的最大发现和最大成效"。

五、蕃客的汉化

在泉州海交馆展厅里，保留着一批墓葬建筑石刻。有一块底部宽平，上部收缩，略带弧圆，没有常见的尖拱顶。上部阴刻6行阿拉伯字，最引人注意的是下部中文刻有"蕃客墓"三字。从实物看，有两个错别字，"客"字下面的"口"多了一点，"墓"的草头下"曰"写为"田"。说明这是初学汉字的阿拉伯侨民所镌刻，以中文和中国习惯的叫法来表明死者的身份，似乎透露了墓主家属对中国文化的认同。

实际上，随着蕃客人群的扩大，不少蕃客就会定居下来，他们有的也就娶妻生子，这样一来，就出现了"土生蕃客"或"半南蕃"。在展厅中另一方中文与阿拉伯文合璧的墓碑说明这个过程。这是一个叫吴应斗的人为死去的父亲奈纳·穆罕穆德·本·阿普杜拉立的墓碑。从碑文看，其父是阿拉伯人，36岁就去世了，而吴应斗是独子，从"吴应斗"这个完全汉化的名字看，他应当融入到汉人群体中去了。

还有一块墓碑也是同样类似的情形，这块墓碑的正面上方竖刻两行汉字"黄公墓百氏坟"，下面刻有三行阿拉伯文、波斯文的混合文字，背面全是阿拉伯文，可以断定的是，这是一块元时在泉州去世的一对阿拉伯穆斯林夫妻，他们除了有阿拉伯名字之外，均取了中国的姓氏。

中外文混刻的墓碑在泉州比比皆是，其中有一方墓碑上，一面刻着阿拉伯文和波斯文，以穆斯林的墓碑传统书写：人人都要尝死的滋味。艾哈玛德·本·和加·哈吉姆·艾勒德死于艾哈玛德家族母亲的城市——刺桐城。生于（伊斯兰历）626 年（元至元二十九年，1292 年），享年三十岁。而中文则完全按照中国墓葬传统书写："先君生于壬辰六月二十三申时。享年三十岁。于元至治辛酉九月二十五日卒，遂葬于此。时至治二年岁次壬戌七月日，男阿含抹谨志"。

这些墓碑反映了一个重要的历史事实：宋元时期居住在泉州的外国侨民不仅以取中国姓名为时尚，而且他们逐渐接受了中华文化，并将其内化为自己的文化认同。从现在泉州各地遗留的族谱资料分析，就在这种文化认识之外，原来被视为"蕃客"的群体逐渐汉化，以金、丁、夏、马、郭、葛、蒲、卜、哈、铁等为姓，成为中华民族的一部分。

在这些家族中，蒲氏家族可谓是泉州历史上最显赫的阿拉伯后裔家族。根据桑原骘藏在《蒲寿庚考》一书中说："就寿庚姓蒲推之，彼盖阿拉伯人，而亦回教徒也。二十余年前，德人创一说，谓中国记录之蒲姓外国人，其蒲字为阿拉伯普遍人名 Abu（Abun）之音译，则蒲庚寿之蒲，当以不外此例。"蒲氏祖先于南宋初从三佛齐到广州经商，担任过"蕃长"一职，既是侨民的头领，也是宗教领袖，富甲一方。大约在公元 13 世纪，蒲庚晟、蒲庚寿的父亲蒲开宗举家北迁，将贸易基地转移到了刺桐港，他们在海外贸易取得了很大的成功。

蒲寿晟（？—约 1281 年），又曰寿晟、寿宸，字镜泉，号心泉，蒲寿晟幼习儒学、诗词，以明经举于乡。南宋咸淳七年（1271 年）任广东梅州知府。南宋亡后隐居。他工于书法，善于诗赋，是一位深受汉民族文化熏陶的回回诗人。他仰慕冰清玉洁，一如清泉，诗集命名曰《心泉学诗稿》，诗中以泉为题材之作品，占相当比重。蒲寿晟对汉文化学习之重视，从其《示儿》诗明显可见，诗曰：

种谷一岁事，读书一生期。方春不下种，竟岁尽馁饥。

少年不问学，终生成愚痴。饥犹一家愁，愚被众人欺。

彼苍会吾父，尔辈得今师。欲速成揠苗，计日如耕籽。

程文国有式，体制须及时。弱冠无所闻，出语人见嗤。

尔劳我则恤，我忧尔奚知。中夜不惶寐，作此劝学诗。

蒲寿庚（？—1285 年），字海云，乃蒲寿晟胞弟。私人拥有海船四百艘，是善于海上经营的"巨富商贾"。南宋咸淳十年（1274年），海寇袭泉州，击退之。朝廷为了表彰蒲寿庚抗击海盗的行为，就封他为福建安抚使兼沿海都置制使，也就是福建安抚沿海都置制使。从此，他开始统领整个福建的海防，权力很大。他的经商事业也因此而大为受益。从此，蒲家走上了官商结合的经商之路，迅速成为泉州势力最大、资本最为雄厚的商人。亦官亦商，官商合一，蒲寿庚凭借手中的权力开始扩大自己海上香料贸易的规模，在南宋末年垄断了泉州的海上贸易长达30年。宋灭亡之际，蒲寿庚反戈一击，投靠元统治集团，被授为昭勇大将军（后改镇国上将军）、闽广大都督兵马招讨使。元统一全国后，又招徕海外诸国商舶甚多。恢复发展海外贸易，促进中外经济交往。元代刺桐港继续保持世界大港的地位，他发挥了重要作用。

蒲寿庚作为当时操纵泉州海外贸易的大海商，在泉州城外东南十多里的晋江下游法石山上建有"望海楼"，同时在法石山麓辟了一条用石板铺成的道路，称为"石头街"。据《八闽通志》载："望海楼在泉州府城东三十六都海岩，宋蒲寿庚建以望海舶，后废。"元初蒲寿庚又在法石山附近建云麓寺，作为其兄蒲寿宬居所，以后又建了以种素馨花和茉莉花为主的云麓花园，成为蒲氏在郊区的别墅。至今当地还留存着"石头街"和"云麓村"地名；而且云麓村民几百年来仍然有以种花为业的花农。此外，蒲氏在涂门街南侧的宅第，几乎占有该街南面的一半地面，因而有人称涂门街为"半蒲街"。

第六章 明清时期闽越文化的庶民走向

第一节 "山海经"与福建商业文化

一、海上私人贸易兴起与海商文化

明朝建国后，惩治支持元朝的色目人，数万色目蕃商及其后裔顿时星散，或逃离泉州或隐名埋姓。而为防范沿海一带的倭寇骚扰，还实行海禁政策，规定濒海百姓不得擅自下海与番国买卖，违者正犯处以极刑，家人戍边充军。与此同时，遣江夏侯周德兴前往福建督察海禁防卫情况。在福建海岸设置卫所二十五，巡司四十五，水寨五处，用以防范百姓出洋通番。

但15、16世纪以来，随西方殖民者相继东来，他们对地大物博的中国提出通商要求。福建由于地处沿海，人民藉海为生，海禁一严，舟楫不通，沿海人民无所得食。此在情形之下，福建沿海商人为高额商业利润所驱使，冒禁出洋市贩，形成了一支庞大的走私力量，以更大规模进入到世界各地。为了躲避官府的缉查，海商们自然要考虑挑选一个既远离官府又能进行对外贸易活动的天然港口，而"官司隔远，威命不到"的漳州月港，便在特定的历史条件下，为商民们所发现和利用。

月港，位于今龙海县石码镇西南部的九龙江出海口，因港道弯如偃月而得名。月港出海口便是厦门海域，是江浙、闽粤以及东南亚各国进行海上贸易的必经航道。因此，月港作为一个民间走私贸易的中心口岸，具有其独特的地理条件。明初，海澄月港介于龙溪、漳浦二县之间，还是封畛遐旷、人烟稀少的偏僻海隅，在这一带海域上活动，不容易被官府察觉。月港被海商们利用后，逐渐发展成为东南沿海最大的走私贸易港口。成化、弘治间（1465～1505 年），各地商客汇聚海澄，大小商船穿梭月港，店肆环联，一时成为闽南的一大都会，被誉为"小苏杭"。

月港海商往往采取多种多样的隐蔽形式进行走私活动，有的钻官府海防薄弱环节的空当，私通外夷；有的巧立名目，假借买谷捕鱼出洋交易；有的走私团伙武装抗拒官船的检查；有的贿赂官兵，出海贸易畅通无阻。因此，尽管明王朝厉行海禁，重兵防守，也阻止不了成批结群的走私活动，而且下海者与日俱增。海外贸易和货币、商品经济的发展加速了漳泉地区的阶层分化。一方面形成了通过海外贸易、工商业和投资交易获取巨额利润的富裕阶层；另一方面，则产生了失去土地的亡命无赖之徒，出现了"寇盗出没不时"的情况。因此，漳州月港走私贸易的经营组织结构，最上层是拥有资本、人力、船只的富室、豪门和大姓，其下为借取富室的资本、人力、船只"下海通番"的海上商人和牙行商人，最下层是一无所有而受人"雇佣"的沿海贫民阶层。这些走私商人和群众，一旦被官府发现缉拿，便武装反抗，袭击各地沿岸官府机构，因而被官府视为"海盗"。到了嘉靖年间，海禁愈严，海盗愈多，这些沦为海盗的商民，便聚众通倭，打着倭奴的旗号，洗劫沿海乡镇，烧杀掳掠，形成了一场空前浩劫的嘉靖倭乱。

面对社会矛盾的日益尖锐化，迫使政府不得不重新考虑海外贸易政策的制定。明隆庆元年（1567 年），在福建巡抚都御史涂泽民的奏请下，月港部分开放海禁，准许私人出海贸易，于是越来越多的百姓参加了对外贸易活动。为了便于管理，明朝政府析龙溪、漳浦两县部分地域，新置海澄县。自此，每年孟夏以后，大舶数百艘，乘风挂帆，远航四海，与交趾、占城、暹罗（泰国）、爪哇、吕宋（菲律宾）、朝鲜、日本、琉球等四十七个国家和地区进行贸易交往，常年帆樯如栉，商贾咸聚。

利用月港的合法贸易机会，漳州商人在海外贸易中独占先机，到日本、马尼拉、中国澳门、巴达维亚和拥有大量白银的日本和欧洲商人交易，使闽南海商成为明代后期输入白银的最重要华商群体。其中最为有利可图的是对马尼拉贸易，几乎为漳州海商独擅，从马尼拉回国的中国帆船，除银元外几乎别无他物。福建民间又称吕宋银为"番银"、"洋银"等，除银饼之外，还有美洲银圆和荷兰、智利、越南等银圆多种。外国货币不仅畅通于福建沿海各地，甚至在山区也使用外来货币。由于民间交易大量使用"佛面银"、"佛头银"、"番银"。因此，朝廷对前往吕宋贸易的商船返航时加征150两银子，称为"加增饷"。月港关税也由开禁时的3000多两，到万历四十一年（1613年）增至35000余两，成为重要税收来源，有"天子之南库"的美称。

月港海外贸易的发展，促进了福建沿海社会经济的繁荣，如经济作物广为种植，"处处园栽橘，家家煮蔗糖"，各地农民还种植蚕桑、棉花、茶叶等。手工业也随之得到飞快的发展，像漳州城内，百工鳞集，机杼炉锤，家庭手工纺织遍及城乡，"机杼轧轧之声相闻"。漳州的漳纱、漳绒、漳缎等丝织品均是受海外欢迎的佳品。市镇商业也日渐繁华，如漳州、海澄等地，商行星列，货物攒聚。同时还形成了一批新的城镇，如海澄，诏安的梅岭、海昌，晋江的安海等。外贸商业的发达，吸引了越来越多的人从农业生产中游离出来。

月港私人贸易的兴起，代表着中国海外贸易模式重要转变。它从一开始到隆庆开禁以后，一直是以私人海外贸易活动为主，有别于历史上官办的泉州、广州、扬州等港口，是福建历史上独一无二的民间港口。而在商业活动中，民间力量逐渐成为主宰，商业模式也从夷人来华而改为华人赴夷经商，虽然也有一些外国商船直达月港，但大多数还是中国海商赴各地进行贸易活动，这与宋元泉州港主要由阿拉伯商人来中国贸易的情况明显有别。此情形犹如张燮在《东西洋考》中赞叹说："市舶之设始于唐宋，大率夷人入市中国，中国而商于夷，未有今日之夥者也。"

另外，月港海上私人贸易的发展也是闽商海洋文化特征的重要表现。第一，闽人以海为田，视渊若陵，久而成为习惯，而在航海过程中，闽南人涉重洋，冒风飓，与惊涛骇浪搏斗，养成了勇于冒险，不惧远洋文化特质。第二，远赴重洋经商，必须养成精细的商业头脑、敏锐的商业目光和强烈的竞争意识。

二、区域分工与山区经济的繁荣

明清商品经济在全国范围内均有蓬勃发展，区域经济分工也日渐明显。比如湖广和江西是主要的粮食产区，江浙是棉花、蚕桑和粮食产区，广东是蔗糖、水果和粮食产区。在此格局下，福建山区资源丰富，清人论述山区经济特产时说，"汀州、邵武、建宁、延平为上四府，其地多山……其利有竹、木、纸，笋、茶。铁之属"。除铁是不可再生的矿产资源外，其他只要开发利用得当都是取之不尽用之不竭的富源，而且都是属于商业性的农作物，因而福建是作为茶、烟、染料等经济作物的重要产区而出现在全国市场的，茶、烟、染料等不仅是商品经济繁荣的有机组成部分，还促成福建山海经济的良性互动。

蓝靛出自蓝草，蓝草又称菁，为可染色植物，经过加工泡制后，成为可用做染布的"淀"，即水性颜料。由于多为青色，于是名为"靛"，因称"蓝靛"。明清时期，随着棉、麻纺织业的发展，对染料的需求也迅速增加，蓝靛遂成为一种重要的经济作物。闽西山区居民种蓝靛历史悠久，南宋《临汀志》即把"靛"作为一种商品载入其《土产·货之属》。到明清时期，闽西的蓝靛种植十分发达，在全国染料市场中占有重要地位，其中以上杭人最为活跃。随着蓝靛需求的扩大，蓝靛种植区域还扩展到闽东北、浙南、江西等地山区。

烟草是一种随海外贸易活动而引入的经济作物。一是从南洋各国传入广东。二是从朝鲜传入辽东。三是从吕宋传入福建。但在三条路线中，以福建传入最为重要，因为明清各地种植的烟草，绝大多数是从福建传播出去的。明清之际的长汀名士黎士宏在《仁恕堂笔记》中专门载："烟之名，始于日本，传于漳州之石马。天、崇间禁之甚严，犯者杀无赦，今则无地不种，无人不食"出现"无地不种，无人不食。"的状况与社会需求的转变有着极为密切的关系，烟草最早是做为良药传入中国的，因为烟草有"避瘴气、毒头虱"的功能，于是先引种于闽南。但随着吸食者的增多，慢慢就变成城乡居民的嗜好品，万历年间"上自白叟，下至黄童，乃至闺帏妇女，无不吸之"。于是促使烟草种植面积扩大，由闽南而向闽中、闽西、闽东等地扩展，就烟草品质而言，受环境和土质的影响，以永定、上杭等地为最。烟草的广泛种植促进了制烟业的发展，产烟区均有制烟业，主要分条丝烟和黄烟两种。条丝烟以永定所出为佳，有"烟魁"之称"。条丝烟制作工艺颇为精细讲究，一般经过打烟、制烟板、刨烟、包烟4道工序。由于条丝烟的加工工序涉及其他行业，因此直接相关的烟刀、烟笼、烟筶、烟纸等行业也随之兴盛。

福建山区是东南的主要林区，全省宜林土地达总面积80%以上，森林品种多达以千多种，其中价值较大的有杉、松、樟等。如杉木为建造栋梁房屋、制作棺椁舟船以及日用百器的重要原料，市场需求极大。从明代开始，随着原始森林的逐渐减少，福建山区民众开始租山而种杉木，以人造林代替野生林，其商业目的极为清楚，就是贩卖到外地，以此为商品。由此形成了规模化经营，其状况如杨澜在《临汀汇考》说："初栽插时跨山弥谷，栉比相属，动辄数十里，……以故素封之家不窥市井，不行异邑，坐而待收，利贻数世，胥以此为富给之资"。除了杉木之外，山区还种植有杉木、楠木、松木、樟木、榕木等，在市场需求的驱动下，大量木材经闽江运往福州，再转运沿海各地，福州由此而成福建木材向南北输运路线的中心，"其地木商，将木沿溪放至洪塘、南台、宁波等处发卖。外载杉木，内装丝棉，驾海出洋"。福州木材贸易在清代极为发达。据道光中期的记载，当时每年由福州输出的木材数量高达1200万根圆木材，8万捆木棍和40万片木板，价值估计5900万多元，与东北大东沟木材市场齐称"清代双绝"。活跃于福建的木商，原以徽商为主，后来渐被江浙、潮州和本省的商人取代，其中资本最雄厚的多为江浙商人。

明清的造纸业中，福建山区的竹纸在国内据有重要地位。竹纸在早期多以价廉取胜，生产数量大，质量较差。到明后期，制纸技术大有改进，成为书籍印刷纸张。造纸的动力基础是水碓，常规方法是拦河作坝、蓄水激轮，这样做工程很大，后来顺昌水碓动力轮建于河舟上，既节省工程又有移动方便的优点，是个独特的创造。明清造纸工序，大体可划分为三个步骤。第一，备竹科。第二，制纸浆。第三，抄纸。由于造纸程序复杂，或省略一、二道工序，形成了许多种类的纸张。从清代地方志可知，各地不同的纸类有：龙凤纸、杠连纸、太史联、荆川、毛边、毛八、毛六、毛四、花笺、卑夹、南平、竹筊、中廉、小廉、太史、高廉、大扣、梧桐、洋纸、夹纸、油纸、毛泰、青丝扣、西庄扣、建阳扣，松扣、宁洋纸、薄京、叩边、西山纸等等数不胜数。

福建自唐末以来，特别是自宋代以来，一直是我国重要的刻书中心之一。明清时期因造纸业的发展，纸料便宜，再加之建阳等地盛产雕板用的梨木，版料便宜，雕版印刷业更成为明清时期福建山区的重要产业。麻沙有不少以印书业为生的历史悠久的家族，如余氏、刘氏、郑氏等。在明代前期，国内除了官方的印书机构和藩王有刻本外，只有建阳的书坊一直在大量印书。与建阳相类似的另一雕版中心是连城四堡。兴盛时期，其坊刻规模极为宏大。坊刻店铺无数，刻书品种齐全、印量巨大。据调查，四堡人出外经营足迹遍及长江以南各省。这些书商主要到广东、广西、江西、浙江、福建和湖南各地。至清代，四堡从事雕版印刷的男女老少约占当时人口的60％。福建的雕版印刷因市场需求而繁荣，商业化倾向很浓。为了赢利，有些书商不顾质量地加快雕刻速度，书籍错漏很多，还有些书商为了打开销路假托名家校书。从出版书籍内容看，八股文集、小说等书占很大比例，出版这种书纯粹是为了赚钱。同时随着民间识字率的提高，图载书内容也极为广泛，从三教经典到小说，从天文地理到卜筮、种树之书，无一不有，无一不全。

矿冶一直是福建山区的重要产业。据《八闽通志》记载，明代中叶，福建共有15个县设有铁场与铁炉，其中尤溪县共有铁场22所，建安县有铁冶8所。铁场即为铁矿开采地，铁冶是冶炼铁矿的地方，设有冶铁高炉，一个铁冶至少拥有一座以上的铁炉，福建全省铁冶18所，高炉总数应有数十所，这反映出明代前期福建矿冶业的迅速发展。嘉靖、万历年间，冶铁业规模更大。汀州境内的清流、连城、上杭、武平、永定等五县都曾有铁冶。福建的炼铁以钢见长，因此主要供应为武器制造。其原因在于技术和原料，北方炼铁原料选用煤，煤之中常带有硫的成分，所以不如南方用木炭炼制的钢铁。这是明代武器制造大师都强调用福建铁的缘故。福建号称东南山国，境内覆盖着茂密的山林，自古以来是我国重要的木柴产地，发达的炼铁业便建立在这一基础上。

三、儒家经济伦理的嬗变

经济关系的商品化趋势，必然带来社会价值观念的剧烈愈化。在传统儒家思想中，商业活动虽被承认具有"通货"的社会功能，但商人却因"交骛于利"而受到鄙视，故被排在士、农、工、商"四民"之末。明中叶以来，士人开始改变对商人的观念，福建也不例外。这一时期，直接对商贾勤劳敬业、涉川历险的赞颂颇多，成为对商贾积极评价的一个突出表现。如李贽说："商贾亦何鄙之有？挟数万之赀，经风涛之险，受辱于关吏，忍诟于市易，辛勤万状。所挟者重，所得者末。"又如《悲商歌》云："四业惟商最苦辛，半生饥饱几曾经。荒郊石枕常为寝，背负风霜拨雪行。""举目山河异故乡，人情处处有炎凉。须知契合非吾里，自古男儿志四方"等，均为肯定商贾之代表言论。社会经济生活中崇尚财货的社会心理和观念开始得到肯定后，人们自然也就羡慕现实物质生活中"甘其食，美其服"的商人生活。崇商弃农、崇商弃儒、崇商弃官为必然趋势。不过，"弃儒从贾"不是将商业与儒业对立，明清福建商人一旦有了积蓄，又会弃贾而业儒。一方面他们可以捐纳入官，另一方面他们更着力于培养子弟，树立良好社会声望。

在商品经济的冲击下，注重私利的现实人生观日益高扬。士人们着眼于现实人生，热衷于"治生"的经济活动。"治生"是为了在独立的经济生活中维护自身人格的尊严，也就是如余英时先生所说的"士必须先有独立的经济生活才能有独立的人格"。每一个士"都必须把'仰事俯育'看做自己最低限度的人生义务，而不能'待养于人'"。至此，儒家伦理开始正确重视个人道德的物质基础，这是一种最新的发展。由于对包括独立经济生活在内的个体之"私"有不同于往昔的认识，因此相当一部分士人有了"欲的肯定和私的主张"，其中以温陵李贽为代表人物。

李贽（1527—1602 年），号卓吾，别号温陵居士，泉州晋江（今属福建）人。李贽把"私"看做人们从事经济活动的基本动力，无私则人们不会对经济活动有积极性。李贽的特点是公然把历来的正人君子所讳言的"私"字展露于光天化日之下，并且把它宣布为经济活动的基本动力，就是对商品关系的肯定。他也主张新的经济秩序，鼓励人们冲破"富贵贫贱乃是先天注定"的命定论，认为可以诚实劳动和节俭的品质去发财。他说："勤俭致富，不敢安命，今观勤俭之家自见。"赞扬下层民众向命运和贫困挑战，靠诚实劳动和勤俭持家而致富的精神。

明清时期，除了士人阶层对儒家经济伦理的推展外，商业道德修养的追求也见之于商贾用书。明代著作《客商一览醒迷》是明清时期最早的商贾书之一，作者署名"闽郡李晋德"，可见为福建商人所编撰。该书虽然记述商人外出经商，在投资、找主、定价、过秤、发货、付款、索债、诉讼等各个环节应当注意的事项，性质类似现代的行商手册，但主要内容则是语录集在每条开头载有两三行的对句形式的要旨，接下来降一格进行若干补充说明，从文体上看，补充说明即为李晋德所撰。这种体裁整体而言有些散漫，论旨缺乏连贯性，但相反，这正构成该书的特色：适合人们在日常起居的空闲时间边走边读，从而获得有用的训诫，平易而充实。这本书具有鲜明看法，认为只要利是通过诚信的手段获得的，它在道德上就是中性的。稳定的长期利益的获得需要诚实而不是欺骗；不道德商人最终会遭受事业上的失败。李晋德希望商人像士绅一样将儒家的准则内化到他们的性格中去。从此书所蕴含的内容看出，普通商人伦理中，"义"与"和"核心理念贯穿于整个商业伦理体系。"义"代表思想领域的准则，"和"规范着行为标准。前者调整人的关系，后者调整交易关系，代表了明清时期商人对经营活动的基本看法。

撰写商贾书的目的是商人向后人传授经验教训，并告诫子弟。因此在商品经济兴盛之际，此类书籍在商人群体中流传甚广，影响也很大。通过商贾书，商人群体认识到财富既能给人带来福祉，又能使人遭致祸患。因此明清时期的许多福建商人发迹后，在实践上注重落实"义"与"和"。比如捐资兴办家族内义田，积极参与县级以上的公共事务等等。还有兴修学校、书院、道桥、水利，输粟助贩，抚孤恤贫等等记载，义举虽耗费了他们大量资财，有的甚至倾家荡产，但仍乐此不疲。这些记载在史志中比比皆是，举不胜举。大量事实说明，商人群体已经认识到，个体之私与公并非是对立的，个体之私应当贯通于公。

第二节　福建宗法制度的庶民化进程

一、家族庶民化的理念

自朱熹撰写《朱子家礼》后，宋代闽籍理学家都十分重视对家族制度的建构与实践，如建阳的蔡渊兄弟，为了克服祠祭祭祖的代数限制，除设祠堂奉祀四代以内的祖先外，"亲尽则迁其主而埋之墓后，岁率宗人一祭之，百世不改"。而浦城的真德秀虽不敢违祠祭的规矩，亦从"不用王制，以义起之"出发，以为"祭所以尊尊，而燕所以亲亲，其义一也"，把追祭远祖当成是合理的行为。这些变通"先王礼制"的做法，使福建民间家族关系进入了一个新的发展时期。

宋末迄明初，中国进入了混乱的时期，社会缺乏安定，民间家族建设处于停顿与低谷状态。明朝建立之后，朱元璋以光复传统儒学礼仪为己任，将朱熹对追祭世代的设想以法律化的形式予以确认，以宗子法为核心的祠堂之制，经官方的推崇，更化为民间家族的立庙之则。不过，此时朱熹的祠堂之制只适用于"五世则迁"的小宗之祭，而非"百世不迁"的大宗祭祀。

明清时期，福建山海商品经济的发展，庶民化进程加快，对家族发展产生影响。一是家族人口扩大，"收族敬宗"成为维持和扩大家族的重要手段，但小宗祭祀限制了家族组织的扩大，使其无法持续发展。二是福建自然地理环境和聚族而居的传统，使人们深深感受到，只有具有强大内聚力的宗族制度，才能使群体凝结，与外部世界进行有效抗争。三是商品经济的发展，为宗族组织供了不可或缺的经济条件。如宗祠、坟墓的建造、族谱的修纂、族田的设置、宗族的教育和祭祀活动的举行，所需费用均可获得资金保障。

而与此同时，嘉靖皇帝经过"大礼议"的激烈争论之后，接纳了夏言所提出的"推恩"意见，允许士庶祭祀四代乃至始祖。也就是说，民间各支同姓宗族可以联合祭祖，于是庶民纷纷仿效品官家的做法，建造宗庙，民间建祠之风大盛。此举结果是一个村镇的民众可被纳入若干宗族的祠堂或家庙，而由祠庙所联系的族众人数大为增加，从而扩大了宗族的基础。由于是各支联合祭祀，追祭的祖先牌位也不限于高曾祖考，实际上可以上溯到十几代乃至更多。官民祭祀始祖权得以确认以及庶民立庙现象的普遍化，是祭祀制度的一个重大突破，反映了庶民力量的增强。在此潮流之下，明末福建理学家同安人林希元已清醒地认识到，朱子的祠祭之法和宗子之制并不适应新兴家族组织的发展趋势，也提出一些变革措施，主要内容就是慢慢地消除大小宗之别，推动自设祠堂的行为。明清福建纷纷出现了祭始祖的大宗祠和祭支祖的小宗祠。

二、家族庶民化的形态表现

在福建家族发展的庶民化进程中，出现了不同类型的家族形态。郑振满教授通过研究，认为大致可区分为继承式、依附式、合同式家族。继承式主要从血缘纽带着手，因为血缘关系是家族组织凝成的最基本纽带，也是最具凝聚力的纽带。因此在许多族谱中，特别强调血缘的纯洁性。家族通过"报丁"和"清系"，在血缘上确认族人的继嗣关系以及继承权，禁止因"非种承桃"而导致"乱宗"。"依附式家族"往往是血缘性家族的扩充与延伸，它是以家族内若干有势力的人物为核心的家族形式，也可称之为"核心式的家族"。因为继承式家族一般发展四五代后，各房之间就会出现贫富荣辱不等的差距，衰微的房就无法正常履行公共事务的职责，而由财丁两旺的一房，甚至某个家庭，统领事务，左右局面。

合同式家族往往是"联宗"性质的家族形态，这是福建庶民化家族形态极为重要的内容，异姓联宗现象中，有的是舍弃了自己的族姓而追随别人的族姓，有的是若干小族姓联合成一个大族姓，也有的是姻亲之间的联宗合谱，这反映出血缘纽带成为次要，人们通过"拟血缘"形式实现家族的社会整合功能。比如清初沿海地区的许多散户，为了适应国家"粮户归宗"的要求，就编造谱系，建立虚拟的同宗关系，以应对国家赋税。

在福建家族庶民化的进程中，螟蛉子现象是值得关注的文化现象，它与家族利益息息相关。一是自己确实无子，求他人之子而养，以继香火子嗣，承担祭祀责任的分担，为宗族伦理之举。对此很多家族均强调并做了明确规定，大致看来，有嗣子、承子、两承子、兼承子、双奉、入双、出双、出嗣、入嗣、分嗣、义子、养子、螟蛉子等等叫法，基本上分为两大类：一类是以兄弟或族中昭穆相同者的儿子为嗣，称嗣子或承子，可以兼祧，所谓"顶房祧"；一类是以异姓孩子为后，即义子、养子和螟蛉子。种种事实表明，为了延续宗祧，收养和过继就成为福建民间家庭和家族发展过程中的一个不可或缺的手段。

另一种螟蛉子不是因为豢养者没有儿子，而是为了商业经营而养他人之子。这种把养子作为自己的商务代理，纯以家族关系作前提的代理，不同于一般经济关系的委托之恩，实际上还肩负家族成员之责任，也具有极强的家族伦理意义。养子都必须服从养父之命，尽忠尽孝，尽义尽礼，而养子之父也可以从这种伦理道德中相信养子，托付重任，"与亲子无异，分析产业，虽胞侄不能争"。这种拟宗亲关系既是商品经济形态下包藏在家族关系内的雇佣关系，也是家族庶民化进程超越血缘的重要体现。

从原则上来讲，福建民间家族出现的这种养子现象，是与家族强调的纯洁血缘关系和道德标准相抵触的。但从家族庶民化的诸形态看，民间习俗对伦理原则具备了塑造力，传统道德的倡导是为现实功利服务的，各个家族往往可以利用权宜变通的办法来壮大家族男丁队伍，扩展家族的社会影响力，适应明清社会发展的趋势，是完全必要和不可避免的。

三、家族祭祀的多样化

明清福建民间祭祖方式可分为四类：一是家祭，二是墓祭，三是祠祭，四是杂祭。祭祀祖先是家族文化的重要内容，也是传统习俗。通过四种不同层次、不同规模的祭祖方式，明清福建家族形成严密而又交错的仪式网络。

家祭，即在居室之内举行的祭祖活动，这是最为普及，也是最为基本的一种祭祖方式。宋代以前，由于庶人只许祭其祖祢二代，家祭的规模不可能很大，基本上只是限于家庭内部的一种祭祖活动。家祭的次数很多，一般在春秋大祭日以及年节朔望日都要举行，而其中尤为隆重的当推忌日祭。每逢祢、祖、高、曾列位祖先忌日，每个家庭不仅要在居室内设祭祝祷，而且往往还要邀集高、曾、祖、祢派下的直属子孙，共同到分祠中设祭供奉。家祭的频繁举行，除了体现血缘关系之外，还包含比较浓厚的感情因素。设祭的子孙们，大多与父、祖一起生活过，养育之恩和同甘共苦的往事，历历在目。子孙们通过家祭活动，寄托着对父辈、祖辈的哀思和悼念，感情真诚、是血缘观念上的表现形式。

墓祭，亦即在祖先墓茔上致祭。墓祭在时间上比较固定化，一般是春祭和秋祭两种。平常的日子，族人们是较少在祖墓前活动的。明清以来，由于墓祭的代数越推越远，族人往往无暇遍祭，有的家族只好预先安排墓祭的顺序，统一规定各墓的祭期。当然，并不是每个家族都可对历代祖先的茔墓一一遍祭。特别是那些经济状况比较贫寒的家族，由于财力有限，在进行墓祭时，难免先亲后疏，首先顾及与自己血缘关系最为亲近的高、曾、祖、祢等直系近祖茔墓的祭祀，而对于高祖以上的茔墓，一般集中在始迁祖及若干对家族发展有突出贡献的祖先茔墓。

祠祭，亦即在祖祠之内致祭。祠堂是供设祖先神主牌位的地方，象征着祖先的存在。同时，祠堂又是家族组织各种事务活动的中心场所，因此祠祭自明清以后，成为家族祭祀中最具正规化的一种。它既不像家祭那样随便，也不像墓祭那样受到经济条件的影响。一般言之，每逢春秋二祭，不论巨族还是寒族，对于祠祭都是十分郑重的。家祭以个体家庭为中心，墓祭因路途远近不同，参加人数有限，而祠祭则几乎涉及阖族、阖房的每一位族丁，参加人数是最多的。而且为了显示宗族成员的长幼与秩序，大部分家族对祀典规定严格，从神龛、厅堂的洁净，祭品的备办和排列，祭拜的礼仪和程序，以及祭拜后的分胙、燕享和祭器、燕器的收藏等事项，均做出详细的章程。

杂祭，指的是一些不规则、非定时的祭奉荐享等。特别是每逢家人或族人有喜庆大事，如添丁、中举、婚娶、架屋等，一般都要举行祭祖活动，向祖先报喜。一些比较虔诚的人家，一年中甚至连春秋收成、杀猪宰牛、子孙逢十诞寿等，也都要举行祭祖活动，以示不忘祖先的护佑。在这众多的杂祭中，七月中元的祭祀最为隆重。

家族的祭祖活动，确实对强化家族内部的凝聚力起到了重要的作用，特别是这些祭祖活动，往往与家族的群宴团乐结合在一起，更使族人们在血缘关系的精神纽带联结下，和气一团，情谊欢洽。与此同时，祭祖活动需要雄厚的物质条件为后盾，物质条件的好坏，直接影响到祭祖的规模与隆盛程度，因此，祭祖活动实际上也是家族向外族展示经济实力，提高家族社会地位的一个重要手段。

四、谱牒修纂的普及

在宋代，福建的一些大族固然已经数修族谱，但这种修谱活动毕竟尚未普及于所有的家族。到了明代中期以后，修谱活动出现了普遍化的趋向，许多福建家族都是在这一时期内首次修纂族谱的。由于各个家族的经济状况和文化教育程度不尽相同，各个家族对于修纂族谱的审慎态度和投入程度也各有差异。但就一般情形而言，福建民间大家族编修较大型的族谱，大致有以下一些特点。

明清以来，福建的许多家族普遍认为族谱应当三十年一修方为善继善述，一旦族谱超出三十年未重修，族人有一种强烈的压迫感和歉疚感，就为重修族谱而倡导呼吁。于是通过族长、房长会议协商，确定重新修纂族谱，成立族谱修纂委员会，或称"谱局"、"修谱董事会"等。谱局的核心人物，除了族、房长之外，家族成员中有科举功名者及读书人在其中发挥着重要的作用。修谱的谱局成立并分工运行后，接下去就要筹集修谱经费和搜集修谱资料。筹集经费的途径主要有四种。第一种是设立修谱产业。第二种途径是按族丁派摊。有些家族还规定族人有添丁娶妇、入泮科举等喜庆事，须交纳谱钱以备修谱。第三种途径是按照入谱的条目、字数摊钱，或以领谱的数量摊钱。第四种途径是向族人劝捐募集。这种带有激励自愿性质的筹集方式，一般是由谱局、族房长以及族内的士绅人物率先认捐倡导，推广于各房派。

福建各家族在修纂族谱时，尽可能地把同一血缘系统的族人收载入谱，但这并不等于每一个族人都在族谱中占有同样的地位。一方面，许多家族在修谱时规定按入谱字数缴纳谱费，这势必造成那些有经济实力的族人，可以通过捐资的方式，在族谱中占有更多的篇幅。而那些贫穷下户及弱房衰支，自然在族谱中显得无足轻重。另一方面，族谱的修纂固然是为了明昭穆、序世系，维系血缘的传承，但耀祖光宗、夸耀家族的势力，同样是福建各家族修纂族谱的一个重要目的，有时甚至是最重要的目的。因此，福建家族修谱素来奉行奠功尊爵的标准，对于那些有科举功名及对家族有贡献的族人，均在族谱中特加赞扬。

在汉族族谱的影响之下，福建畲族也开始大规模修纂族谱。现今所能看到清代畲族族谱主要有雷、蓝、钟等姓，大约有 200 多种。俗称"族谱"、"宗谱"，亦称"家谱"、"家乘"，是一"族"世系传承的历史记录。畲族将修谱视为族内不可偏废的一件大事，一个村可以没有祠堂，但"族不可无谱"。他们把宋儒有关修谱的论述直接引载于谱中，以作为修谱指导。如果本族接受汉文化教育方面薄弱时，修谱就会邀请汉族知识分子来纂写。如闽东畲族雷氏族谱聘请浙南汉族士绅担任谱师，质量上佳。体例与汉族族谱无异。一般刻谱也由浙南修谱、制谱班子完成，谱匠由五六人或七八人组成，内分纂修、图像、排字（兼刻短缺字）、刷印、杂工等，而以包头（经理）总其成，成谱时间视族谱分量多寡而定，少则一两个月，长则半载即可完工。

畲族族谱从编写格式和指导思想到特定的符号系统，已基本同于正统汉族家谱内容体系，目录常为"谱序"、"凡例"、"族规"、"世系"、"家产"等。不过，由于畲族还具有自身的文化传承，内容上还有不少有别汉人的篇章。如"驸马忠勇明王龙公像"、"龙公赞"、"凤凰山忠勇王坟茔图"、"勅书"、"得姓源流图"、"凤凰山祖祠记"、"帝喾高辛氏勅封盘护王铭志"、"广东盘护王祠志"等，则是畲族统一的文化标志，反映畲民家族文化历史和本质。除此之外，畲族祭谱封谱仪式也极为隆重，畲族族谱修好抄写（或印刷）好后，通常用蓝或青黑色厚布做封面，装订成册，然后等选好日子举行隆重的封谱仪式。藏谱的地点大都是祠或宫，一般不放在私宅中。一旦封存，一般不翻阅，只有每年六月初六晒谱与七月十五日祭祖时才鸣锣请谱。鉴于平时用到族谱的地方也比较多，族谱一旦封起来，查看多有不便，为此修谱先生往往在修谱期间会给各房抄一个副本或支谱、房谱，以应各人不时之需。如确系有查阅大谱的需要，那就得履行开封阅谱手续，在择好日子后，可在有关族人、耆老的陪同下，开封查阅，开谱必须设祭。

第三节　海外华人社区与中华文化外播

一、福建海商与文化外播

在宋元繁荣的海外贸易活动中，福建海商往往旅居到国外，建立了一些小规模社区，由于不带原乡家眷，一些旅居商人就娶当地女子并生儿育女来延续与中国的贸易关系。从现在的资料看，至少在明代初年，就存在着两个商人社区。一个在爪哇东北沿海，是穆斯林商人，不过他们是定居在泉州的已汉化的阿拉伯后裔。一个在巨港（苏门答腊），是由闽粤两省人组成，可能是中国旅居者的后裔。按照常理推断，当时东南亚的占婆、暹罗、马来半岛、苏禄群岛和婆罗洲沿海因与中国有频繁的贸易往来关系，也应有一些华商社区，只是资料缺乏，尚无确证。

明初的海洋禁令对这些海外华商社区的影响颇大，一方面人们迫于禁令，无法大规模出航贸易，使海外华商社区里的人数急剧下降，另一方面也促使已经旅居群体做好永远定居的准备。海禁还激发了民众对海外贸易利润的追求，尤其是经验丰富的闽南水手和商人，他们一直秘密出海与东南亚各口岸的华商社区保持交易，甚至加入了这些华商社区，因此海外小规模的华商社区也仍然得以生存。可以说，在欧洲人来到东南亚之前，一系列小口岸上的华商社区是当地贸易的掌控者之一。

隆庆、万历年间，海禁开放，月港随之全盛，到海外各国经商的闽南商人也与日俱增，同安、海澄、龙溪、漳浦、诏安等地漳、泉商人成为活动在东、西洋的商人主体，旅居海外则不计其数。比如菲律宾，据《明史》记载："吕宋居南海中，去漳州甚近……商贩者至数万人，往往久居不返，至长子孙。"再如达美洛居（今印尼马鲁古群岛）、爪哇、三佛齐各地，东爪哇杜板一地有数千家华商。中南半岛各国也是漳、泉海商经常出入的地方，如安南的主要贸易港口会安，出现了中国商人聚居的唐人街。福建商人东自日本、朝鲜，西至印度东海岸；北起缅甸，南到印度尼西亚群岛，都有其足迹入使文化传播获得了较为稳固的基础。

在物质文化方面，如越南的北宁陶窑，据说是中国陶工于 1465 年左右建造的。此外铁器、铜器等生产工具的输出，对东南亚的农业和手工业生产都有很大的推动作用。如吕宋在漳州侨商聚居的涧内，有许多渔夫、园丁、猎人、织工、砖瓦工、烧石灰工、木匠等各种行业的工人，他们的技艺知识对当地的物质文化发展有很大的促进作用。

在语言文字方面，闽南话的传播对马来语产生一定的影响，马来语吸收了大量的汉语词汇，主要是闽南语词汇，有人从八本马来语词典中查出汉语借词有五百一十一个，其中从闽南方言借词达四百五十六个，占全部汉语借词的 89.2%。闽南话对菲律宾的他加禄语也产生一定的影响，据菲律宾大学马努厄的研究，有三百八十一个他加禄语词汇主要是来源于闽南语，在这些词汇中以食品、生活用语最多，如 Miswa（面线）其读音与闽南话相似。

在音乐戏剧方面，随着福建海商移居东南亚各地，在 17 世纪，暹罗北大年有木偶戏班在街头建戏台，表演古剧；在暹罗大城也有傀儡戏在宫廷演出，颇受暹罗人欢迎。在荷属东印度，也有闽南地方戏演出，如 1602 年至 1625 年多次到达那里的英国人埃蒙特·斯科特，就曾看到闽南戏的演出，他说，经常是在帆船起帆驶往中国或从中国回来时演出的。

在民间信仰方面，早年移居海外的闽人，为了对抗周围较恶劣的自然和社会环境，他们需要一种超自然的力量来庇护自己，于是家乡神灵移植海外，如安溪的清水祖师，漳州的保生大帝，南安的广泽尊王，惠安的灵安尊王，泉州的王爷以及民间十分普遍供奉的土地公、关帝爷信仰，妈祖信仰等等。他们在侨居国举行的祭拜活动，在形式上与原乡基本一致。

人群流动还促成了作物传播，借助于东南亚华人社区，美洲的各种农作物，如番薯、玉米、烟草、马铃薯、向日葵等，沿着这条航路传入福建，对福建农业生产格局产生了深远影响。与此同时，中国的作物柑橘、樱桃、茶叶、罗望子等也先后移植到美洲，对促进拉丁美洲的农业发展和作物品种的多样化起到一定的作用。

二、马尼拉华人社区

中国与菲律宾自古就有交往，15 世纪中叶以前，来往的主要航路是：泉州——广州——占城（今越南南部）——渤泥（今加里曼丹北部）——

麻逸（菲律宾）。这条航线比较安全可靠，但毕竟路线太长。经过东南沿海人民无数次勇敢的探索和对造船、船海技术的改进，到了16世纪后半期，通过台湾海峡到菲律宾这条航路已为中国人掌握。明代后期张燮的《东西洋考》（成书于1617年），详细的记录了从中国到律律宾的航路，把它列为往东洋的主要干线，即从太武山（福建金门岛）——大港（今吕宋北部的阿帕里港）——密雁港（今吕宋西岸的维甘港）——玳瑁港（今吕宋西部的仁牙因港）——吕宋（今马尼拉）。据当时的西班牙人记载，这条航线的路程大约只需要八天时间。

1570年，西班牙殖民者来到菲律宾，马尼拉成了通商和传教的基地，商业地位显著提高，发展成为东方一个重要的转口贸易港。阿卡普尔科（墨西哥）与马尼拉之间每年对开1~2艘大商船，专门从新大陆运送银币；每年有20~30艘约200吨的大型中国商船往返于福建泉州、厦门与马尼拉之间，所载商品全部卖给西班牙人，以换取银币，这就是世界经济史上著名的"大帆船贸易"。所谓"大帆船贸易"，主要是把福建漳泉商人运到马尼拉的丝绸、瓷器等中国商品，由西班牙商船运往墨西哥进行贸易，然后运回墨西哥银元购买中国商品，从而赚取高额利润。在高额利润的刺激下，以漳州月港为起点，马尼拉为中点，阿卡普尔科（Acapulco）为终点的中国——菲律宾——墨西哥的大帆船贸易航路成为当时中西贸易的主要组成部分，马尼拉作为中转站，就成为福建等地海外贸易和移民的落脚点。

福建海商在马尼拉的社会经济活动中地位突出。西班牙人在官厅、教会、桥梁、住宅、家具、杂物、食品等方面需要中国人的技术、劳动力、补给力，所以除商人和雇工之外，木工、泥瓦工、铁工、理发师、印刷工、家具技工、建筑工人都前往马尼拉。西班牙殖民当局既不能从本国招徕移民，又不能增加兵力，故于1782年在马尼拉城堡近郊设置华侨居留区，开始将暂留的中国人围起来进行监管。从16世纪后半叶开始的20~30年中，马尼拉的华侨人口增至3万，形成了华人社区——中华街的原型。

中国丝绸、瓷器等商品经马尼拉中转，畅销拉丁美洲市场，也带动了在马尼拉的华商搭乘马尼拉帆船航渡太平洋，到墨西哥阿卡普尔科港参加盛大的集市贸易，直接以丝、瓷易银，一些华商便留在拉丁美洲经商，在阿卡普尔科、墨西哥城、秘鲁的利马，甚至古巴的哈瓦那，都有他们侨居经营的足迹。据史书记载，早在16世纪，墨西哥城即有了"唐人街"。阿卡普尔科由于华商活跃于市，1617年又由华人组成该市自卫民团3个连队中的1个，因而被称为"唐人城"。

16世纪末，西班牙王室下令允许华人工匠进入拉丁美洲，于是数以千计的中国工匠，包括织工、裁缝、木匠、泥瓦匠、铁匠、金银首饰匠以及理发师等，从马尼拉陆续转往拉丁美洲做工。因这些华人是从中国经菲律宾的马尼拉搭乘墨西哥人称为"中国之船"的大帆船抵达美洲的，故被笼统地误称为"马尼拉华人"。据估计，从16世纪末至17世纪中叶，移入美洲各地的"马尼拉华人"约为五六千人。他们逐渐同当地妇女结婚，使用西班牙姓名，不少人信奉了天主教。

三、巴达维亚华人组织与公馆制度

在厦门海沧青礁慈济宫内的墙壁上有一块捐款碑，名为《吧国缘主碑记》，碑刻正文云：

> 昔宋绍兴辛未，尚书定肃颜公之始建祖东宫也，捐奉奏请，德天懋矣。至淳熙已巳间，承事郎唐臣公复为恢廓其制，基址壮丽，弗以巨万，盖未尝不叹其善，述定肃公之志而隆神庥于无穷也。辛丑播迁，庙成荒墟，公之子姓复捐募重建，营立殿阙，架构粗备，未获壮观。赖吧国甲必丹郭讳天榜、林讳应章诸君子捐助之。一旦，乐睹其成，焕然革新，虽默鉴有神启佑无疆，然颂功德而扬盛举者，不在二公之下矣！是宜勒石志之，以垂不朽。

> 进士第吴钟撰书
> 康熙三十六年岁在丁丑孟冬吉旦首事。

这是清初复界之际，地方人士重建青礁保生大帝慈济宫的碑刻，碑中的"吧城"，即巴达维亚（今印度尼西亚的雅加达），因吧城有慈济宫之分庙，所以一些劝捐者就涉洋而去，以求资金捐助。除了甲必丹郭天榜和林应章之外，碑刻中附有诸多捐款人姓名，也均为巴达维亚的华商。这些可以说明，在明清之际，雅加达存在着比较成熟的一个华人社区。

福建商人很早就到印尼经商，南宋初泉州纲首朱纺"舟至三佛齐国"，"往返不期年，获利百倍"，印尼向中国输出的主要是胡椒和蔗糖，荷兰占领印尼后，采取在爪哇岛中部的马塔兰和西部的巴淡王国之间楔人的策略，收买了巽他卡拉帕（雅加达）港的基地，命名为"巴达维亚"，在中国的文献中，巴达维亚常常被称为"吧城"。为了取得华人支持，荷兰人于1611年在早就存在的中华街地区兴建公司仓库。1619年建筑配有荷式城墙、运河、建筑物的城堡，工程委托二名华侨，从邻近各港市聘请华侨参加施工。一座具有中国风格建筑的小城镇就这样建成了。

劳工是华侨的帆船从福建招募运来的，小镇内的华侨可免去劳役但要缴纳人头税，这种税就变为公司的财源，数额占公司各种税收的大半。至16世纪末，除了奴隶之外，华侨占总人口的一半。清朝初年，大批明朝遗民不满异族统治，沿海居民为逃避战乱纷纷出洋谋生，其中不少人南渡印尼。据1720年的调查，仅雅加达市内就有近6万华侨，散居市郊者约4万人。到1733年雅加达市内华侨增至8万人，加上散居于各地的华侨，总共达20万人。华侨在印尼主要从事商贩，在巴城内的华侨多数从事商业活动，从流动小贩到固定摊贩，从零售商到批发商，形成了完整的商业网。从现存的雅加达公馆档案看，这些档案涵盖印尼华侨1775～1978年两百年的历史记载，共约一千卷抄本、手稿，绝大部分是以闽南方言间以部分荷兰语、马来语词汇记录而成，由此可见，这一地区的华人移民社会主体是闽南人社会。

为了管理华人，荷兰总督昆创始了一种惯例，即把一切零售商业包括沿海贸易承包权交由华人甲必丹（首领）负责，试图采取"以华治华"的政策。甲必丹（Captain）制度就是华人自治制度，最早的甲必丹是通过任命的，同安人苏鸣岗做为首任甲必丹，向荷兰总督申请一块场地建立府第，门前悬挂"开国元勋"字样的大灯笼，作为办公之所。甲必丹被认为是华侨在荷兰总督府里的利益维护人和联系官方事务的中介人。每个华侨需按月到甲必丹府第交纳人头税，并至少每年报到一次。此后，甲必丹是由华侨长老通过相当民主的方式选出和任命的，1656年，甲必丹蔡焕玉请设"甲必丹厅"与雷珍兰议事。到了17世纪末，巴城华侨有产阶层的头面人物把持了这一职位，甲必丹有时由家族世袭，有时甚至可用钱购买。一直到1742年，华人甲必丹和他的副手"雷珍兰"（luitenant）、秘书"朱葛礁"（sekretaris）、守卒达氏（soldaat）都是在甲必丹的家里办公。

1743年，荷印总督建议甲必丹林明（也作林明哥或林明公，1742－1747年在任）营置一厦为"公堂"。林明在当时的雅加达城北，仿中国官署之模式修建了这一公堂，"堂高数仞，轮奂备美，庭前建大纛，扉扇绘茶垒，俨然唐官衙之威风云尔"。其地后因以得名"旗杆街"，这个建置也以"吧国公堂"而著称于世。1837年，公堂有甲必丹（亦称甲大或甲必丹大）一名、雷珍兰七名、协雷二名、朱葛礁二名、达氏若干；是年，甲必丹陈永元升任"玛腰"（majoor），甲必丹之职退居第二位，人数亦有所增加。19世纪，这一头衔又分为三类：现任甲必丹、原任甲必丹与钦赐甲必丹。

吧城公馆的主要职责是处理华人居民之间的民事诉讼案件，并定期向有关荷兰官员报告。案情重大者，则直接提交荷印司法机构。他们也必须审理荷印当局转来的案子。此外，公馆还负有以下几个方面的责任：为当局征收全体华人居民的各类税收，登记华人的结婚、离婚与丧葬，新客入境与户口登记，检验入港的中国船只，房地产租佃与墓地买卖，若干公益性质寺庙与学堂的管理。有关婚姻登记的明确年代始于1717年，荷印当局授权华人首领收取婚税，以助贫病医院的开支。公馆制度在很多方面受到了荷兰殖民地制度和印尼风俗的影响，但从本质意义上讲，它是一个真实的中国衙门，在海外华人社区的建设过程中，中国的"衙门"在历史上的雅加达变成了一种新的机构，并在海外殖民地的环境中始终保存了中国传统的道德观念。

四、槟城的五大姓

2008年7月，福建土楼被列入了世界文化遗产目录，成为闽越文化遗存的世界级象征。其实同批被列入目录另一项遗产也与闽越文化有关，那就是"马六甲海峡历史城市——马六甲市及槟城乔治市"。由于马六甲和槟城为明清福建商人频繁出入的港口城市，因此这项文化遗产中，有很大部分内容涉及了明清福建商人的海外社区与文化传播。

邱公司是槟城福建帮的"五大姓公司"的一部分。19世纪中叶，随着移民的增加，各方言群体的不同和华人帮会组织的利益争斗，导致了分裂，原来作为一个整体的槟华社会逐渐分裂成为两大地方性势力：福帮和广帮。构成广帮社会的由广东暨汀洲会馆、潮州会馆、琼州会馆等地缘和业缘性组织，而构成福建帮社会的两大主流是平章会馆和福建公冢等地缘和血缘性组织。其中五大姓在福帮势力中占有举足轻重的角色。

所谓五大姓，广义是指槟城福建社会中特定的邱、谢、杨、林、陈五个大姓，狭义的是由上述五个姓氏个别所组成的宗祠寺庙组织，即龙山堂邱公司、石塘谢氏福侯公公司、霞阳植德堂杨公司、九龙堂林公司及颖川堂陈公司。五大姓的渊源五大姓的族人皆源自福建沿海地区。除了陈氏，四姓的祖先皆出自清代漳州府海澄县三都境内的村社。邱氏来自新江社（现厦门海沧区新垵村），谢氏来自石塘社（现海沧区石塘村），杨氏来自霞阳社（现海沧区霞阳村），林氏来自鳌冠（吾贯）社（现海沧区吴冠村）。陈氏较例外，族人不分畛域。早年陈公司的创办人皆来自福建同安。五大姓都是槟榔屿早期的移民之一，从《新江邱曾氏族谱》（1867年）得知，早在莱特开辟槟榔屿之前，已有邱氏到此，甚至生死葬都在此。杏都兰章冢场已发现年份最早的，为1809年的吾贯林氏墓碑。谢和陈氏应都在18世纪末已抵达槟榔屿。

五大姓最早是以祭祀集体或神明会为组织雏形，早期移民出洋谋生，具有很大的冒险性，故携原乡神明香火在侨居地奉祀，是当时心灵和精神慰藉的主要依托。一旦有了神明香火，定时的节庆祭拜和神诞活动，乃信仰者共同的义务，也是促成同乡聚首敦亲的缘由之一。在一些资料里，此点也可证明。如邱氏族人在1818年以"大使爷槟榔公银"名誉捐款回乡修庙，1850年以"邱家大使爷"名义购龙山堂现址，谢氏在1820年以"谢家福侯公"名誉购地，杨氏以奉使头公之"应元宫"，陈氏以祀开漳圣王的"威惠庙"为始，都说明以乡土神崇拜为最初认同和团聚根源。待族亲达到一定的人数后，又以血缘关系建立宗祠组织。就移植了原乡宗族制度，以"使血脉相通"，在这里设宗祠，以行宗庙之礼。

"公司"是当时新马华人最广泛使用的社会组织名称，在殖民地英文文件中，华人的社团几乎都用 Congsee、Congsey、Kongsee 或 Kngsi 称。它可以是血缘的宗祠组织、地缘的乡团会馆、业缘的行会、秘密会社等。在广泛的意义里，公司也同时指组织的会所。可见"公司"并非现代的商业"公司"的含义，于是五大姓在相继成立了自己组织机构，就以公司命名了这种祭祀性的神缘宗祠组织，即：新江龙山堂邱公司、石塘谢氏福候公公司、霞阳植德堂杨公司、九龙堂林公司以及颍川堂陈公司，俗称"五大姓公司"，成为一个操漳泉方言群体的特殊血缘性社会组织。

五大姓以原乡宗族为模板构建在他国的生活，其制度上沿袭了原乡的那一套。在祖先认同上，邱、谢、杨、林都可以溯本到原乡的第一个开基祖，如邱公司的新江开基祖迁荣公（曾永在）、谢公司石塘开基祖东山公（谢铭欣）、杨公司霞阳开基祖德卿公（杨德卿）、林公司鳌冠开基祖林让公。四公司对下只接纳出自开基祖的血缘后代为成员，唯有同姓同宗的人才可以参与本族的活动与享受福利，上下维持的是一种宗族的关系。来到槟城的四姓宗族，属于原乡各房各角的多数皆有之，但迁移的人数和时间的先后不一，故为了团结，多统合在大宗堂号之下，但也不排除小宗组织的设立，唯不逾越昭穆的次序。

为了祭祖，维持祠堂修缮费用，赡养孤寡贫弱族人以及教育同姓子弟，农业社会的中国宗族社会以设置祭田（蒸尝田）、义田或学田作为宗族活动的经济基础。一方面，五大姓主要购置房地产，其次是园丘，以租赁获得的收入支付宗族活动的费用。另一方面，五大姓公司曾办类银行服务给予族人利息，并接受处理族人身后信托保管之存款。祭祀是传统华人不可欠缺的信仰和生活习俗。无论对于鬼神或祖先，都是透过祭拜的仪式以建立求与应的关系。五大姓公司每年定时在节日和神诞日进行公共祭拜，其中有祭祖的冬至祠祭、清明墓祭、中元普渡、各神明神诞的祭庆等等。五大姓公司都有炉主的制度，由值年炉主总办一年内所有十几二十个祭拜的活动，包括族人宴会。公共祭拜的费用由公司公款支付。

五、琉球闽人"三十六姓"

琉球，即现在日本管理下的冲绳县，位于中国台湾岛与日本九州岛之间，由上百个大小岛屿组成。琉球的土名就是"冲绳"，亦即"浮绳"，意思是：这一大群由东北向西南散开去的岛屿，像有一条线索，贯串其间，连成一体。琉球在历史上曾是个独立国家，直到1789年才被纳入日本的版图，成为日本的冲绳县。明洪武五年（1372年），中国和琉球便开始往来，福州被指定为中琉交通港口。凡琉球贡船及谢恩使、庆贺使、进香使和留学生等所乘船只，均须在福州登陆，停泊在福州河口一带。在明朝长达277年的统治中，中国向琉球派遣使者有20次，而琉球入明朝贡达300余次。在此过程中，明朝统治者还曾赐琉球"闽人三十六姓善操舟者，令往来朝贡"。也就是说要拨给琉球国王驾驶海船的舵手、篙师等重要技术人员，即所谓闽人三十六姓。这三十六姓中，多为河口（今小万寿桥附近）一带善于驾船的福州人。

随着海上贸易的兴起，琉球商人在中国、朝鲜和日本非常活跃，他们的足迹还遍布东南亚地区，如暹罗、爪哇以及马六甲等等。他们把各地的特产，从一处带到另一处，比如说，把热带产品带到中国和日本，把日本的折子扇和刀，销至中国和南洋，又把中国的丝绸锦缎带到其他两地。因此，琉球贡使就是这个国际贸易的重要构成部分。他们将这种朝贡贸易分两个层次来进行：一是琉球王室对中国朝廷及官府的；一是随贡使来华，在福州、泉州等地分别活动的私商。其中也就不会乏中国商人的参与。因此，"闽人三十六姓"只是一个概数，自明初之后，福建沿海一带就不断有人因航海或商贸定居在了琉球。

在琉球的闽人的居留地，东恩纳已在《〈海东诸国记〉所见的琉球国图之研究》中指出，在那波西北角的"九面里"。那波即那霸，是琉球的咽喉港口。闽人自筑一土城，即《海东诸国记》中的"中朝人来居者三千余家，另筑一城处之"，聚落围以土墙，因而别名"唐营"。之所以筑土城，是因为这些人由于从事明琉通交的职务，贡船出航时男子长期不在家，在琉球属于富裕阶级，往往成为海盗掠夺的对象，为了防备也有必要围以土墙。

定居于琉球的闽人多为航海家、学者或其他拥有一技之长的人，他们在琉球负责航海、造船、外交文书的编写、翻译、对华贸易等事务，因此在琉球社会中地位较高。其后裔多出任琉球王府的要职，三司官辈出。冲绳学学者伊波普猷、真境名安兴于1916年出版的《琉球五伟人》一书中，列举出了为琉球历史做出巨大贡献的五位历史人物麻平衡、向象贤、蔡温、程顺则、向有恒，其中，蔡温、程顺则两人是闽人三十六姓的后裔。

程顺则，字宠人，1663年生于久米村，1683年他作为谢封使船的通事留在福州，入朱子学家陈元辅门学习四年，1687年回琉球，在久米村任教。1689年他又以接贡船存留通事身份再次来福州研究朱子学和诗文。这次他回国的时候，从福州买了1592卷的"十七史"带回琉球，摆在孔庙里。因此，久米村的孔庙成为琉球最高级的图书馆。程顺则官至柴金大夫，后来他又以使者身份多次来华赴京。他所著的《六谕衍义》，起先在福州印刷，带回琉球后主文由琉球传至日本，影响很大。

蔡温，字文若，1682年生，1709年以进贡船存留官身份在福州留学三年，专攻地理、天文和气象。1728年他当上琉球国三司官，对琉球生产事业的发展做了重大贡献，著有《澹园集》。

迁琉球的闽人还带去了包括福建的戏曲、歌舞等艺术。如明万历年间莆田人姚旅写的《露书·卷九·风篇》载："琉球国居常所演戏文，则闽子弟为多。"所演出的剧目，据南葵文库旧藏《小呗打闻》记载，有《拜月》、《西厢》、《买胭脂》、《姜诗》、《荆钗》、《朱买臣》、《昭君》等，都为宋元南成泉州梨园戏剧目。

六、在长崎的福建人

日本江户时代，长崎是日本对外开放时唯一商港，明隆庆四年（1570年），随着明朝政府对海上私人贸易逐渐松绑，已有中国商船直航抵达长崎。德川幕府建立后，积极发展对外贸易，1610年日本当局还颁发朱许状（贸易许可证）给两艘来自福建和广东的商船。此后，在明朝政府的默许下，以南京和闽东、闽南沿海各县为主的商船，到长崎贸易的日渐增多。

许多福建商人从事着与日本之间的海外贸易。比如，万历年间（1573—1620年）福清的林清就是一位大商人。明时文献记载，"福清人林清，与长乐船户王厚商造钓槽大船，请郑松、王一为把舵，郑七、林成等为水手，金士山、黄承灿为银匠。李明，习海道者也，为之向导。陈华，谙倭语者也，为之通事。于是招来各贩，满载登舟"。林清俨然是一个贸易集团的首领，可以召集各类商贩。林清手下聚集了多样人才，有把舵、水手、银匠、通事（翻译）等。

随着对日贸易的发展，许多福建居民来到长崎，进而安居乐业，世代从事于中日间的贸易活动。长崎的留唐人可以分为三种类型，即住宅唐人、来舶唐人、渡日僧人。在日本长崎的住宅唐人中，产生了唐通事。唐通事是长崎奉行所（长崎奉行是长崎的行政首脑）属下的地役人（基层官吏）。顾名思义，唐通事掌管着所有与中国有关系的事务。他的职责，除了最基本的翻译业务之外，还涉及来航唐船的管理、制作商品买卖的账簿或报告书、裁定贸易业务、维持唐人社会及其住所唐馆的秩序、听取并报告唐船风说（即收集唐船带来的海外情报，尤其是中国内地的消息）等等。有的唐通事本身还拥有商船，直接参与贸易。

在唐人占了几乎六分之一人口的长崎，唐通事无疑是联系日本与中国、联系长崎唐人社会与长崎奉行所乃至德川幕府举足轻重的群体。唐通事带有世袭性，子承父业，历代相传，形成各自的家系。1751年（清乾隆十六年，日本宝历元年）设立的唐通事会所编纂有《译司统谱》，保留了唐通事家系出身的相关资料。这些家系的始祖，大都是明朝万历年间（1573—1619）出生的，其中有三分之一来自福建。这些福建的唐通事往往改有日本姓氏，如陈冲一担任通事之后，因陈姓发祥地河南省颖川郡而以颖川为日本姓，漳州叶氏为其入赘女婿，也改为颖川。从福州经平户到长崎的刘一水以刘姓发祥地江苏彭城（日本人读作木神）为日本姓。来自福建福清县的通事俞惟和的家族也出了几名大通事，以俞姓发祥地河间为日本姓。同样是福清县人氏的东京魏家以其发祥地河北省巨鹿为日本姓。此外，漳州人欧阳云台家族改姓阳，福州马氏改姓中山。这些通事的家庭分家成各个分支，到了明治时期，迁往各地，特别是各大城市，许多家庭人才辈出，成为著名的学者、医生、实业家等等。

1716年，长崎的"唐通事"们创立"唐韵勤学会"。这是江户时代日本第一个研究与学习汉语白话的学术结社。日本的这些汉语言学者，在这个"勤学会"上，用汉语进行对话。至今保留有一些会话的记录，从中可以看出他们勤勉的学习态度。筱崎东海《朝野杂记》中，有"长崎通事唐话会"的记录。这里摘录 1716 年 11 月 23 日十五位"唐通事"用福州话、漳州话、南京话共三种汉语方言进行练习会话的记录。

长崎福建人在从事着海上贸易，他们在自己的航船上，供奉着妈祖神像，随时祭拜。船舶安全抵达长崎港，货物卸下之后，妈祖神像从船上被移送到唐人们各自的祠堂供奉。几个月后，货物买卖完毕，船舶返航离开长崎港时，妈祖神像又被送回船上。妈祖神像的请送过程，有着一整套的宗教仪式。贸易船上专门备着锣鼓乐队，用来敬奉妈祖。唐人根据自己的出生地，形成了各自的团体。这些团体各有聚会场所，称会所或会馆。在这些场所中，开设着专门供奉妈祖的祠堂。妈祖祠堂主要有两个功能：一是奉祀妈祖，祈祷海上平安；一是为客死异乡的人举行葬礼。从商船上移下的妈祖神像，就被安置在这些祠堂中。后来，有的僧人住进了这些祠堂，进行管理。随着长崎社会情势的变化，妈祖祠堂所在场所逐渐发展为佛教寺院，而妈祖祠堂成为寺院的一部分。长崎三大唐人寺院——兴福寺、福济寺、崇福寺，都是这样发展而成的。

与民间信仰的结合，福建佛教也传入日本长崎。福清黄檗山万福禅寺住持隐元禅师就是这方面的杰出代表。隐元（1592—1673 年），俗名林隆琦，他于顺治十一年（1654 年），应日本佛教界的邀请，率领知名僧徒独言性闻、慧林性机、大眉性善等僧俗 38 人经厦门东渡日本。顺治十七年（1660 年）隐元回国再带僧俗 50 人东渡日本，其后福清黄檗山万福寺的隐元弟子赴日者络绎不绝，共达 140 人，其中有艺术、医学、建筑等各方面的人才。隐元东渡不仅带去了中国的临济宗佛教文化，也带去了各个文化艺术门类。日本甚至把黄檗宗所带来的文化，称之为"黄檗文化"。目前日本黄檗宗寺庙已发展到 501 个，信徒达七八万人之众。

第四节 西方宗教入闽与文化对话

一、耶稣会传入闽地

16 世纪，为了反对马丁·路德的宗教改革，1534 年西班牙贵族罗耀拉

（Ignacio de Loyola）在巴黎成立了耶稣会，1540 年得到教皇保罗三世的批准。耶稣会成立不久，即开始向亚洲、非洲、美洲派遣传教士。由于葡萄牙享有在东方的保教权，凡是往东方传教的传教士，必须由里斯本出发，即使是奉教皇之命往东方管理教务的人，其委任状也必须上报葡萄牙政府。在这一保教权规定下，耶稣会士均由里斯本出发，经印度卧亚（Goa）至澳门来到中国内地。中国耶稣会的开创者是利玛窦（Matteo Ricei），他曾在广东、江西、南京、北京等地传教。第一个入闽的耶稣会士，是 1616 年因南京教案而来闽避难的罗如望（Jean de Rocha）。但作为福建耶稣会的真正开创者，应推 1624 年入闽的意大利人艾儒略。

艾儒略（Giulio Aleni 1582—1649 年），字思及，出生在意大利北部阿尔卑斯山下的布雷西亚城（Brescia）的尼诺（Leno）镇。Aleni 即尼诺人的意思。1624 年，他在杭州遇见致仕归里的原相国叶向高。叶向高对耶稣会士早有好感，曾是利玛窦的好友。此时与艾儒略会晤，相见恨晚，力邀他入闽。而艾儒略也有在福建传教之意，他们遂同舫南下，1624 年 12 月 29 日抵达福州。叶向高的长孙带头集资，在福州城内宫巷建天主堂（即三山堂）。

艾儒略通晓中国传统文化，以"入乡随俗"的方式在闽活动达 25 年之久，"共建大堂 22 座，小堂不计，授洗一万余人"。在他要求和影响下，其他耶稣会士也开始纷至沓来，主要来自葡萄牙、意大利、西班牙和法国。在福州、福清的有卢安德（Rudomina Andrzej）和林本笃（Bento de Matos）；在建宁的有瞿西满（Simao da Cunha）、穆尼阁（Jean Nicolas Smoglenski），在泉州有聂石宗，在南平有阳玛诺（Emmanuel Diaz）。明朝灭亡前，耶稣会士已在福州、延平、建宁、邵武，泉州等府以及福宁州、建宁、福安两县建立住院。

进入清代，因顺治、康熙等人对耶稣会士宠幸有加，在地方官吏的支持下，福建天主教传教的社会环境也极为有利。不过，后因杨光先挑起的历法之争，福建天主教与全国教会一样，曾受到了挫折，教堂被改作庙宇。康熙亲政后，情况又得以改善。耶稣会士不时有人来福建。其中比较有影响的有傅圣泽（J. Franciscus Foucpuet），于 1699 年到厦门；卜纳爵

（Ignatius Barborier）于 1701 年到汀州；还有 1713 年奉康熙之命来闽测绘地图的冯秉正（Joseph Anne Marie de Moyriac de Mailla）。与明末相比，清顺治康熙年间，耶稣会在汀州和漳州又新设立了住院，来闽耶稣会士人数也多于明末。1664 年，福州教徒为 2000 人，延平 3600 人，建宁 200 人，邵武 400 人。兴化、连江、长乐等地共有圣堂八座，会口 8 处。礼仪之争爆发后，1715 年在福建籍官员上疏要求下，康熙下令禁止天主教。此后，耶稣会在福建势力逐渐消失。

二、多明我会和方济各会在闽活动

为打破葡萄牙保教权和耶稣会对中国教会的垄断，教皇于 1600 年和 1633 年两次发布通谕，允许托钵修士进入中国。当时西班牙多明我会借助大帆船贸易的便利，在南美洲扩张势力后，又取道墨西哥到菲律宾，建立传教据点。为了寻找向中国传教的大门，1626 年多明我会派（Barthelemy Mar – tizez）率 5 位同伙进入台湾的基隆，在那里建屋设堂。1627 年，意大利高琦（Angel Cocchi）神父由甲米地被派往淡水，次年任署理主教。后来淡水就成了多明我会向福建传教的主要基地和跳板。

1631 年，西班牙吕宋总督与福建总督商谈通商传教事宜，高琦作为菲律宾总督特使，于 12 月 31 日乘船离开淡水前来福建，遭遇海难，高琦被人救活，在教徒掩护下，高琦潜伏到福安，受到耶稣会教徒的欢迎，由此建立起多明我会在福建也是在中国的第一个传教点。

1633 年，在高琦要求下，多明我会士黎玉范（Juan Bautista de Morales）和方济各会士利安当（Antonioa Santa Maria Caballera）、Francisco Bermudez 于 4 月 2 日由甲米地抵达淡水。6 月 20 日，福安奉教士大夫郭（Joachin Kuo）驾船到淡水，将黎玉范和利安当接到福安。1634 年，多明我会士苏芳积（Franciso Diez）和方济各会士 Franciso Bermudez 又来到福安，两会经过协商，多明我会负责福安教务，方济各会员负责顶头教务。1637 年，多明我会又派施若翰（Juan Garcia）和 Petro Chares 到福安。同年，方济各会也派 7 名传教士到顶头，其中包括艾佳良（Francis cusah Escalona）神父。

1649 年，在施若翰要求下，黎玉范和利安当分别率 3 名多明我会士

FranciscoVaro、Timoteo Bottigli Manuel Rodriquez 和 3 名方济各会士文度（都）辣（Buenaventura Ibanez）、毕兆贤（Jose Casanova）及 Diego，于 7 月 21 日乘郑成功叔父郑芝莞的船只离开菲律宾，两周后抵达安海，受到郑氏家族的欢迎，并为他们提供住宿。作为教徒，郑芝龙的葡裔女婿 Antonio Rodriquez 与他们友好相见，希望他们留在安海，管理该镇和郑氏家族信徒的教务，并答应为他们建立教堂。利安当也有意乘此机会在闽南另设据点，以与耶稣会和多明我会分道扬镳。1654 年，多明我会士利畸（Victorio Riccio）（利玛窦的亲戚）被派往厦门传教，获郑成功准许，在其官邸对面建立教堂。1662 年郑成功任命他为特使，携带郑成功致菲律宾总督信件赴吕宋招渝，5 月抵马尼拉。7 月利畸回到台湾，为当地土人付洗讲道，后又回到厦门。1663 年 4 月 8 日，利畸又奉郑经之命，携国书出使马尼拉，受到菲律宾总督的盛礼款待。嗣后，利畸带回菲总督致郑经的书信返回厦门。1664 年清荷联军攻下厦门时，利畸被荷军送往基隆，为城中士兵和土人传教。

1672 年，方济各会派利安定（Augus tinus a Paspuale）神父到福建，在闽传教 5 年。1675 年在宁德修建本堂公所。次年又有 2 名方济各会士来闽。利安定与多明我会商谈，将福建西北部交由多明我会负责，东南部交由方各济会负责。实际上，方济各会除了在宁德、龙口建立教堂外，也在泰宁、建宁、邵武等地建立教堂，并陆续派传教士到上述这些地方。至 1700 年，受方济各会授洗的教徒达 3096 名。

三、巴黎外方传教会在闽传教

17 世纪中叶，在葡萄牙和西班牙向中国派遣传教士的同时，法王路易十四也开始把目光投向东方，欲与葡、西分享在中国的教会权，为法国传教士在中国争得一席之地。

1622 年罗马教廷成立传信部。为了既摆脱葡萄牙保教权对东方教务的垄断，又避免与葡萄牙政府发生直接冲突，1633 年传信部试图在日本、中国、东京（安南）、暹罗建立一种制度，即以教皇代权名义任命主教，名为宗座代牧，治理教区，宗座代牧直属传信部。法国耶稣会士亚历山大应传信部的要求，在巴黎大学一群年轻的神职人员中找到了陆方济（Franciscus Pallu）。1658 年，陆方济接受亚历山大的建议，担任东京宗座代牧，署理中国西南五省教务。1663 年在陆方济等建议下，法王路易十四和教会当局批准在巴黎市郊成立一所修院，培养训练传教士，赴东方传教。巴黎外方传教会正是在这一修院基础上发展成立的。

福建是巴黎外方传教会活动的主要地区之一。1680 年，陆方济由东京宗座代牧改任福建宗座代牧，管理浙、赣、粤、桂、湘、川、滇、黔八省教务。1684 年陆方济由台赴闽，1 月 27 日抵达厦门，后往福安，10 月 29 日于穆阳病逝。陆抵闽后，即发布训令，要求代牧区内所有传教士，不分其所属会籍，一律要宣誓服从宗座代牧，否则不能举行圣事。这一训令与当时的礼仪之争，进一步加剧了巴黎外方传教会与其他修会，尤其是耶稣会的矛盾。继陆方济之后，管理福建教务的是另一巴黎外方传教会传教士颜挡（Charles Maigrot）。1684 年颜任浙、闽、赣、湘署理代牧，1687 年，他被正式任命为福建宗座代牧。巴黎外方传教会在培养、提拔中国地方神职人员方面起过积极的作用。清代第一位中国籍主教罗文藻，曾得到陆方济的赏识。福建第一个留法学生黄伽略，就是由巴黎外方传教会选派到法国的。

四、基督文化与福建士人的对话

明末清初，在地区经济繁荣和诗书礼教的积淀下，迎来了一个文风蒸蔚、人才辈出的时代，涌现一大批出身科举，跻至高位的士大夫。他们同东林人士有着千丝万缕的联系，参予、支持和同情东林学派的政治改革主张，但由于明末政治舞台上的斗争极为激烈，这些崭露头角的福建士大夫为末世所不容。随着该群体与传教士交往的不断增进，他们对西学兴趣的愈益浓厚，希冀引入传教士所带来的外来文化，以针砭吏治贪黩，历法错讹与学风浮躁等时弊，为政治改革张目，以挽救摇摇欲坠的明朝统治；甚至图谋儒学与西学联手，抗御佛学对士林的侵蚀，维护儒家的正统地位。而一旦贬谪回籍后，便将寻求精神慰藉以至临终关怀的需要，寄托于基督教赏善罚恶最后审判的教义，以及天主救赎拯人灵魂的安排。在此情况之下，他们寻求着与基督文化对话的途径。

闽籍人士与基督文化之间最早对话是发生在李贽、叶向高、曹学佺与利玛窦之间。1599 年在南京辩论会上，精通中国儒学佛学、拥有丰富学识的利玛窦给李贽留下深刻的印象；之后，两人彬彬有礼地互相赠送诗歌、文章。叶向高也曾公开表示支持保护耶稣会士，利玛窦去世之后，叶氏又为他在北京申请墓地。曹学佺早在南京就与利玛窦结识，并赠诗："异国不分天，无人到更贤，应从何念起，信有夙缘牵。骨相存夷故，声音识汉便，已忘回首处，早断向来船"。

艾儒略在福州传教后，1627 年叶向高、曹学佺与其就"天"、"人性"、"善恶"等概念进行对话，艾儒略将这次谈话编成《三山论学记》。这是一部耶稣会士著作中唯一的一部传教士与中国文人的谈话实录。叶向高与曹学佺对基督文化的发问，是急于想从异质文化那里为自身文化焦虑寻求出口。艾儒略为了传播福音，不断从中国儒学的视角阐述"上帝"、"天"等概念，促进了双方的进一步对话。尽管双方抱着不同的对话目的，在概念的诠释上也存在明显差异，但双方力图从矛盾、冲突中增进了解、沟通，并在冲突中进行选择和调适，实现不断融合与会通。

在传统社会中，士大夫间存在着以家族、姻缘和宗亲的血缘纽带，师生、门生与座主、同年、同僚等官场关系，及同乡同社的地域联系，构成了广泛的人际网络。这一网络也介入到了天主教在闽传播过程，经过"三山论学"，一些士大夫被基督理论所吸引，身体力行为传教事业奔走。泉州举人张赓，福州儒生李九标、李九功，漳州严赞化等不仅追随艾儒略，还将艾儒略的演讲整理成《口铎日抄》，张赓还替艾氏在福州刻印《五十余言》、《圣若撒法始末》等西学著作作序校订，建宁李嗣玄则将艾氏在闽传教活动撰写为《泰西思及艾先生行述》一书，并摘引艾儒略言论汇编成《泰西思及艾先生语录》。

为了普及基督教义，艾儒略和张赓合作完成《圣梦歌》，以每行 9 句，每句 7 字形式讲述了作者做梦的内容。梦中有一游魂和一僵尸，游魂埋怨僵尸只顾生前享乐，导致死后游魂入地狱受苦。僵尸则抱怨游魂生前放纵肉体，不加约束，所以死后有此报应。僵尸计划用钱财买通地狱鬼卒以免受苦，游魂告诉僵尸这是不可能的。这时魔鬼现身，将游魂捉入地狱，游魂大叫向耶稣求救，魔鬼告诉游魂现在悔悟已太晚。这时作者从梦中醒来，觉得梦中情形太恐怖，所以将梦中的内容记录下来，告诫人们为了避免此种苦难，应该皈依天主，生前多修身养性，克服7种罪行。《圣梦歌》分为：魂怨尸、尸怨魂、魂答尸、尸答魂、魂答尸、魔见、魔说、梦醒。采用梦的手法来描写基督教的宗教文学作品在西方源远流长，《圣梦歌》继承了这一传统，它也是一部宗教文学作品，而且是用中文写作的第一部基督教文学作品。

五、天主教与乡民文化

宗教传播不仅仅只进行教义理念的阐述，更为重要的是如何将教义理念转化为普通民众的信仰，并付诸于社会实践，成为日常生活的内容。清雍正以后，随着百年禁教的展开，全国范围内，天主教被视为地方风俗之害而遭禁。然而，根据诸多学者的研究，福建民间的天主教信仰活动却一日未止，尤其是多明我会传播宗教的重镇——福安，至乾隆初年，"城乡士庶男妇大概未入教者甚少"，地方社会上形成了一个颇为庞大的天主教徒群体。从这点上说明，明清天主教已深入乡民社会，成为基层民众生活的重要内容。

多明我会之所以能在乡村社会长期发展，重要因素是得之于多层群体的支持。传教士与地方士绅保持着极好的合作关系。除了具有功名的士绅之外，一些未能取得科举功名的文人教徒充任教会在地方活动的主导力量。这些人在地方上的地位高于一般平民，凭借知书识字，他们一般可以充当地方官府中的书吏员役，成为联结官与民之间的人物。而且他们所受到的儒家理念的教育并不深刻，进入天主教信仰之后，就异常虔诚，能全心全意在禁教时期为传教士提供各种帮助。另外借助文化水平，这些在乡文人常常充任教经先生之类乡村教会传道者职位，向平民讲授天主教义、推进信仰传播。在地方士绅推动和保护之下，平民皈依天主教具有比较稳定的社会环境，普通农商人员也就越来越能将天主教视为地方宗教传统，自然而然地加入到天主教教徒的行列，天主教的大众化现象日趋明显。

在天主教进入福安乡村后，也改变了社区中妇女生活。多明我会士在宗教传播中，没有像在华耶稣会士一样，在吸收妇女入教的问题上过于谨慎，而是很快就开始直接向当地的妇女传教。例如，明末黎玉范在福安传教时，就曾皈依了不少当地妇女。施若翰也曾提到在 17 世纪末穆洋地方"有一百多个妇女，都是很好的基督徒"。可以说，在明末清前期的福安，妇女信奉天主教已是较为普遍的现象。进入传教拓展与稳定发展阶段后，妇女入教的比例更为增多。而多明我会传教士在传教中，也有意识地宣扬天主教的守贞观念，此举对于一些虔诚的女性教徒来说无疑有着一定的吸引力，受其影响，不少女性教徒决心献身教会，终身不嫁。17 世纪末期，福安出现第一代天主教守贞女，她们不少出自士绅家庭。18 世纪中叶，守贞女的群体就扩散到平民家庭，人数达到了 200 多人。这些守贞女与西方修女不同之处在于在室守贞，即住在父母家中，守贞不嫁。在组织上，她们由专门任命的会长管理，在家中诵经持斋，同时也承担着协助传教士维持本地区、本宗族内天主教习教活动的任务。当传教士由于人手不够而无法兼顾每个传教区时，守贞女承担妇女信教的劝导，当外教妇女希望领洗时，就向她们讲解、教导信仰的灵迹；她们教授那些教会中的女孩、妇女要敬畏天主以及天主教要理，准备庄重地领受那些圣洁的圣事方式。

第七章　西风激荡下的闽越文化

第一节　中西碰撞与文化转型

一、福建开埠通商与西人群体

明清之际，福建沿海为反清势力集结之地，清政府对之实行了严厉的迁界禁海政策，海上贸易受到了很大的影响，盛极一时的月港逐渐衰落。康熙二十二年（1683 年）六月，靖海侯将军施琅率水师统一台湾，次年（1684 年），清政府宣布停止海禁，废除迁界令，准许沿海居民出海捕鱼与贸易。福建的沿海航运又逐渐复苏，厦门港自此崛起。闽海关正式成立后，厦门成为"台运"和"通洋"的正口；"台运"是运输台湾米粮，以供军饷；"通洋"则是指出洋船舶在此挂验，才准许与海外诸国通商。

这一时期，福州港虽然不是指定出洋挂验港口，但它与国内沿海各港之间互通往来极为频繁，木帆船运输由于货源充沛，素称发达。其所走航线时称"三北"航线（即有上北、中北、下北之分）：上北自福州至天津、大连、营口，中北自福州至青岛、烟台；下北自福州至宁波、上海。福州帆船运去的，有食糖、纸张、苏方、乌木、圆木以及染料。在对外贸易上，福州延续明代"朝贡贸易"制度，准许琉球一年一贡，贡船直接进出福州港。

第一次鸦片战争后，西方殖民者鉴于厦门与福州的良好港口条件与贸易传统，于是在《江宁条约》中将厦门、福州列为五口通商口岸之内，两个城市分别于1843年11月2日和1844年7月正式开埠。在《条约》的特权保护之下，各国领事、教士、商人的纷至沓来，开始了在两地的社会、经济、政治活动，福州与厦门也就较早地走上了中西文化碰撞的道路。

厦门港开埠后，英国政府指派舰长纪里布（Henny Gibble）为驻厦门首任领事，领事馆馆址设在鼓浪屿，并与盘踞厦门鼓浪屿的英军驻在一起。福州港开埠后，英国亦在福州设立领事馆，派英人李太郭（George Trackscant Lay）为驻福州第一任领事。领事馆馆址先在南台鸭姆洲，几经周折，最后迁至福州仓前山。道光二十九年至同治三年（1849—1864年），美、法、德三国也在福、厦两地分别设置领事馆。随后，其他国家亦相继设馆。而后，咸丰十一年至同治二年（1861—1863年）的三年中，海关总税务司的先后在福建分别设立闽海关、厦海关。清政府原设的海关全部改称为"常关"。闽海关（福州新关）于咸丰十一年（1861年）七月正式成立，关址设在福州泛船浦，并于长乐县营前（马尾港对岸）设办事处。李泰国（Horatio Nelson Lay）委派英人华德（曾充当过法国大使翻译）为闽海关第一任税务司，并任用一些外国人掌管重要关政。厦海关（新关）于同治元年（1862年）三月正式成立，关址设在厦门海后滩，由继任中国海关总税务司赫德亲自到厦门建立的，并委派英人华为士（w. w. ward）为厦门海关首任税务司，大部分税务官员亦由外国人担任。

除了领事等外交官员和海关税务司等中方洋员之外，西方人在两个城市的主要人群有二：一是商人，他们经营洋行，进行商贸活动；二是传教士，他们传播基督教义，设立教会组织。外国商人纷纷来厦门设立"洋行"，从事贸易活动。最早设立的五家洋行，厦门人简称之为"厦门五行"。"厦门五行"除"德记"、"和记"、"宝记"这三家为人所共知外，其余两家则说法不一，有的说是"瑞记"、"协隆"，有的说是"合记"、"美时"。据清光绪十七年（1891年）六月十二日的《申报》记载："厦门洋行只有'和记'、'德记'、'水陆'、'协隆'、'旗昌'五家。""德记"、"和记"是英国商人在1845年开设的。"宝记"是德国商人在1850年开设的。"五行"当时都是顶盘批发商，不但大量倾销舶来货，还夹带推销鸦片、吗啡、海洛因等毒品甚至军火。这些洋行还在厦门岛、鼓浪屿开设了专门码头、趸船、栈房等，代理银行业务及轮船保险业，如"德记"就曾经代理"渣打"、"汇丰"、"国际"等银行的业务。福州泛船浦位于南台岛北岸，与台江码头对峙。这里水道深，古时外国船只都停泊在这里进行交易，附近江面桅杆如林，因而起名"番船浦"，后改为"泛船浦"。五口通商后，各国殖民者相继在此开办洋行，如英国的怡和洋行和太古洋行，美国的美孚洋行，德国的禅臣洋行，日本的三井洋行，以及泰兴洋行、卜内门洋行、德士古洋行、布津吉商行和义和洋行等。

最早抵达厦门传播基督新教的当推雅裨理（David Abeel）。雅裨理是美国传教士，鸦片战争之后，他取得英军侵华全权代表璞鼎查（H·Pottinger）的支持，捷足先登来到当时还驻扎着英军的鼓浪屿，建立了归正教会。随即英人山雅谷（Revjamessadler）于 1850 年抵厦，与翌年继至的宾为霖（W. C. Bums）共同创立了英国长老会。1857 年，美国归正教会与英国长老会合力在厦门创设长执会。到 1882 年，美国牧师汲沣澜（Leonard W：lliam Kip）又倡议成立宣道会，全称为"闽南宣道会"。从道光二十二年（1842 年）至咸丰十一年（1861 年）在厦门传道的牧师，美国的有雅裨理、甘威廉、波罗满、罗啻、打马字、胡理教、来坦履、汲沣澜等人；英国的施约翰、亚历山大、山雅谷、宾为霖、麦高温、仁信、杜嘉德等人。

在福州传教的各种西方教会团体和传教士也数量众多，大略是这样的：美国公理会差会：弼利民、裨益知、何乐益、简明、柯为良、黎天赐、历涑、卢公明、摩嘉立、吴思明、夏察理、杨顺；美以美会差会：保灵、程吕底亚、高智、怀德、怀礼、黄安素、基顺、柯林、力为廉、力宣德、刘海澜、麦利和、孟存慈、沈雅各布、施美志、万为、武林吉、喜谷、薛承恩、柏锡福；英国圣公会差会：包尔腾、贝嘉德、方理、恒约翰、胡约翰、来必翰、史荦伯、四美、舒展、万拔文、温敦、札成等。

二、福州近代的"睁眼看世界"群体

福建的文化层级中，福州一直具有中心地位。乾隆以后一直到科举废除以前，福州的进士人数相当于其他地区总量的 4 倍。省会书院培养大量杰出人才，使福建的文化名人几乎都与之具有直接或间接的关系。因汇集全省人才，以至于福州附郭县侯官辖区南后街与福州主干道南街平行，出现了著名的缙绅学士居住区"三坊七巷"。嘉道咸同年间，福州大批人才走上仕途，涌现了不少精英。如林则徐、李彦章、梁章钜等务实的官员，积极从事社会改革与文化交流，意味着"晚清人物数侯官"的文化格局形成。

福州是一向有海外开放传统的城市，士大夫们与海洋文化密切接触，耳濡目染之间，关注海外的程度也高于内陆省份。鸦片战争前后，外交与军事冲突震撼了闽中士大夫，激发了他们固有的忧国忧民意识，由此福州士子有着比其他地方士子更为迫切的时代改革使命感。在"经世致用"之风中，研究西洋国家也成为了重要内容，因此出现了一批"睁眼看世界"的知识分子，为近代福州政治、经济、文化现代化奠定了坚实的基础。

在这些人中，最为重要的群体是福州船政局派出的留学生。船政局创办之后，沈葆桢即提出派遣毕业生留学欧洲各国，这是中国近代引进"西艺"的重要决策，也是继第一次幼童留美之后我国首次派遣留欧学生。1875年，沈葆桢令日意格趁回国采购之便，在船政前后学堂内挑出魏瀚、陈兆翱、陈季同、刘步蟾、林泰曾五名随其出国参观学习，开扩耳目，增长心思。到欧后，魏瀚、陈兆翱、陈季同等制造专业学生在法国学习，驾驶专业学生刘步蟾、林泰曾入英高士堡学堂学习驾驶，又上英大军舰实习。1876年底，刘步蟾、林泰曾、陈季同回国，魏瀚、陈兆翱仍继续留法学习。1876年3月间，李鸿章也派出卞长胜等七人到德国学习。从1866年创办至1946年止，共培养了驾驶和制造的专门人才1131人。派出的留学生遍及英、法、德、美、比、日等国，总计241人。船政学堂的毕业生、留学生在我国的军工制造、海军海防、路矿通讯、文化交流、学校教育、外交事务等方面都做出了突出的贡献。

他们中的一部分传播西方先进思想，引领了中国近代思想启蒙，这以严复、陈季同为代表。严复在英国留学期间，接触了西方资产阶级哲学和社会政治学说，受到强烈的震撼。甲午战争失败后，他连续发表了《论世变之亟》、《原强》、《辟韩》、《救亡决论》等重要政论文章，猛烈抨击时政之弊，提倡新学，宣传变法救国。他有感于国人对西方思想所知甚少，乃下决心翻译《天演论》等名著，将"物竞天择，适者生存"的理论介绍到中国。严复古文极佳，观点新颖，此书一出，引起知识界的轰动，进化论成为人们口头引用最多的理论。可以说，在救国动机的驱使下，严复继续倡新叛旧，以惊人的毅力相继翻译了西方政治学、经济学、逻辑学、社会学、哲学等众学科中的经典著作，第一次将西学较为系统地引入了中国。由此，既为中国士大夫了解西方世界打开了一扇崭新的窗口，也为国人反躬自省提供了先进的理论工具，在知识界起到了重要的启蒙作用，严复当之无愧为近代中国最杰出的启蒙思想家。

陈季同和严复等人一同到欧洲留学，在法国学习政治、法律。次年成为清朝第一任英法公使郭嵩涛的翻译，受其器重，在清驻法大使馆工作，仕至参赞一职。他在法国前后16年，著有8部法文著作：《中国人自画像》、《中国人的戏剧》、《中国故事》、《中国人的快乐》、《黄衫客传奇》、《巴黎人》、《吾国》、《英勇的爱》。这些著作在欧洲产生巨大了影响，被译成英、德、意、西、丹麦等多国文字。陈季同在介绍中国文化时，很注重不同文化在文化取向、生活方式、价值观念、思维方式、社会规范等方面的差异，并分析了差异导致文化冲突的原因。陈季同还曾在上海创办《求是报》，介绍西方国家的自然科学、政治制度，宣传维新思想，并翻译了西方法律制度的经典之作——《拿破仑法典》，为西学传播出了大力。以严复等人为首的知识分子既具有深厚的传统文化修养又倾向西方民主政治，在西风激荡之下，他们迅速地由传统知识分子向近代知识分子转化，成为一股不可忽视的社会势力，活跃于中国政治界、思想界、教育界，

船政学堂中另一部分学生则积极献身海防，成为精通各种新实务的技术人才，奠定了中国的海军基础，以萨镇冰、陈绍宽等人为代表。萨镇冰11岁考进马尾船政学堂（福州船政学堂），学习天文、驾驶，毕业时名列第一。光绪二年（1876年）冬，他与叶祖珪、刘步蟾、方伯谦、严复等被派往英国格林威治皇帝海军学院学习驾驶，光绪六年（1880年）从英国留学归来，此后就一直在中国海军充当将领。在他们的带动下，福州形成了数以千计的"海军世家"，福州三代以上当海军的家庭有近千个，自清末到民国，海军部长、海军总长、海军总司令多为福州人。培养海军军官的

海军学校，也多由福州人出任领导。在众多的海军世家中，以福州宫巷沈（葆桢）家、福州朱紫坊萨（镇冰）家、福州马尾三岐山魏（瀚）家、福州法海路陈（兆锵）家和福州马尾君竹任家为代表。比如任家指的是以任姓为主的村庄，自1867年至今的137年间，任氏家族走出了1200多位海军将士。据说，中国海军的每一艘战舰上都有任姓人，故海军界有着"无任不成舰"的说法。任家海军参加过马江海战、甲午海战、抗日战争，为国捐躯40余人。

三、厦门兴起与混杂的现代性

新加坡学者吴振强在《厦门的兴起》一书中，曾提出一个"厦门网络"的概念。他指出，厦门之所以在清前期能够脱颖而出，是基于海洋贸易扩张而发展出来的沿海贸易网络，这个网络具有三个经济特点：一是网络的形成渊源自闽南居民以航海为业的倾向；二是台湾之开发及其高度商品化经济刺激了网络的成长；三是闽南商人成功因素在于其对不同地区经商环境之适应性，由是使该网络能够满足18世纪中国沿海各地物资交换需要。厦门作为闽南文化的代表，它的崛起晚于漳州与泉州，积淀也远不如这些地域，而且城市功能以商品交换主导，商业气息历来高于人文气息，大大有别于文化中心的福州。

鸦片战争后，厦门作为西方列强划定的近代中国的出海口，嬗变为西方资本主义海洋经济侵入的半殖民地"特区"。西方生活习惯和观念大量涌入厦门后，使近代厦门文化更加驳杂多元，海洋传统在扭曲中延续和张扬，形成了近代多姿多彩的社会风俗。

在厦门近代城市发展中，鼓浪屿又作为特区中的特区而存在。从19世纪下半叶起到20世纪30年代，西方传教士、官员、商人和华侨、巨商，在岛上盖起了一座座豪华的别墅、私家花园，有各国领事馆、俱乐部、礼拜堂、医院、住宅。著名的别墅有瞰青别墅、黄家别墅、菽庄花园、怡园和观海别墅等。这些独院式花园洋房，透过低矮的铁栅栏、围墙，展现在眼前的是多面组合、凹凸变化的楼房，迎面的门窗、台阶、阳台、房屋周围的大片草坪、花木一览无遗。室内宽敞，平面布置灵活，分别有起居室、卧室、书房、饭厅、厨房、卫生间、储藏室。近代鼓浪屿建筑是一道特殊的风景线，它也集中表现了西方文化在福建的传播。传教士、洋员和洋商在鼓浪屿修建教堂，开设学校，借以发展教徒与传道布教。鼓浪屿成为公共租界后，更多的外国教会与传教士来到鼓浪屿，建起了更多的教堂与教会学校，还相继创办了医院、报刊等。宗教与西学糅合在一起的，传播了新学问。在洋人的影响下，租界时期鼓浪屿的中国人创办了不少新式学校，与教会学校等文化机构一并作用，使鼓浪屿成了传播西洋文化和教育的中心。

相对而言，厦门本岛则五方杂处，而受鼓浪屿洋人或华侨精英文化影响之余，新旧交替之际，厦门文化在总体上呈现了传统与现代、本土与西洋相融并存的特征。以服饰为例，这一时期厦门男装有长衫马褂、中山装、学生装、西装、大衣、夹克、毛衣等，女子的服饰更是多姿多彩，主要有旗袍、连衣裙、大衣等。女子发式增多，有短发、发髻、长辫、剪发，20 世纪 30 年代还出现波浪型或翻卷形的火烫发。厦门中等阶层没有缠足的妇女，大多穿高跟鞋，少数缠足者则穿着小巧的尖头的缎鞋子，鞋跟还要填很厚的红漆木头。而劳动妇女穿木屐或赤脚。一部分妇女还保留着原来的传统打扮。

西式饮食习惯也产生影响，市民改变以往单一食用大米的习惯，而开始对面条、馒头、面包、蛋糕一类的面食发生兴趣。副食品品种更为丰富，市民对饮食的要求大为提高，比以前更加注意营养口味。在进口物品中，就有糖、海带、海菜、海蜇、咸鱼干、干贝、胡椒、糖块及罐头果品。由于罐头技术的引进，城市居民开始食用罐头、牛乳等食品。食品工业是厦门最早产生的民营工业之一。居住在厦门的外国人尽量延续本国的生活方式，生活水平很高，吸引中国上层社会人士的效仿，白兰地等洋酒和三五牌等高级洋烟成为上层社会的生活消费品。西餐虽然较贵，厦门都也开设了不少西菜馆和咖啡店。

有位学者曾这样描述厦门文化景观：当夜晚鼓浪屿洋楼里飘出钢琴的叮咚声时，厦门的深街间巷也是弦歌箫音袅袅、南音绕梁不绝；在鼓浪屿洋楼里，西装革履的人们频频举起高脚杯，斯文地呷着"马爹利"时，厦门码头小摊前围着矮桌的汉子们则袒着胸嚷着拳令，一口一杯地干着"白高粱"。这段文字极真实地表现了中国乡土文化与西方文化在近代厦门混杂凝固后的文化形态，遗留至今，这两种反差极大的文化仍在厦门相安无事，长期共存。

第二节　福建近代文学的守成与创新

一、同光体与福建诗人

晚清诗歌是在同治、光绪年间发展起来的一类旧诗，称为"同光体"，"同光体"初见于陈衍给沈乙庵（曾植）的诗集写的一篇序言。陈衍《石遗室诗话》云："丙戌在都门，苏勘告余，有嘉兴沈子培者，能为同光体。同光体者，余与苏勘戏目同、光以来诗人不专宗盛唐者也。""同光体"的提出，是清代"宋诗运动"发展到光绪年间的一个积累，同光诗人有三个支派，代表诗人是闽派的陈衍、郑孝胥，赣派的陈三立，浙派的沈曾植、袁昶。宋诗，概括而言，重思理筋骨，在平淡中透发深度，是学者表达的理想园地，而其精神实质是重视人文涵养与人格境界的合一。这个诗派影响巨大，连南社诗人领袖柳亚子都承认："辛亥革命总算是成功了，但诗界革命是失败的。梁任公、谭复生、黄公度等的新诗派，终于打不倒郑孝胥、陈三立的旧诗派，同光体依然是诗坛的正统。"

陈衍（1856—1937），字叔伊，号石遗，福建闽侯人。清末民初著名诗人、文学家和学者。是宋诗派和同光体的主要代表人物。陈衍一生不愿做官，致力于诗，著述繁富，主要有《石遗室诗话》及"续编"、《石遗室诗集、文集》、《金、辽、元诗纪事》、《近代诗钞》、《宋诗精华录》、《说文解字辨证》、《周礼疑义辨证》、《礼记疑义辨证》、《尚书举要》、《通鉴纪事本末书后》等，此外还主编《福建通志》。作为晚清同光体三大诗人之一，他的诗评和诗话在当时影响极大，核心思想是性情论和不俗论。他认为，作诗文当由学做人开始，在作出自家的好诗文之前，必须多学习古人之诗，兼及经史百家。除此之外还需养气明理，以培护涵养自家的真性情。诗人有了真性情，作出诗文自然不俗，自然就有"性情面目"。陈衍主张诗人的性情与学人的学问相结合，写景言情与记事翔实、考证精确相结合。陈衍诗论中屡屡强调"真性情"的重要性，其实质是对诗人精神主体的要求，诗人性情的主观和学养的客观二者相辅相成，缺一不可，从而表现出一种宏观的文化意识。陈衍的诗学思想有与近代学术思想发展同步的特征，实质是重主性情的诗学注入这种发展之中，共同参与文人忧世的文化情怀，表达对人之存在以及命运与未来的深切思考和倾心关注。

　　陈衍的诗学成就还影响到了钱钟书。年轻时的钱钟书经常吟诵玩味，体悟出一些旧体诗的韵味，中学毕业时，旧体诗已经斐然成章。到了清华之后，有了更多的时间，进一步尝试写作并发表旧体诗。像一般才子一样，开始时总喜欢写些温庭筠、李商隐之类香艳华丽的"才子诗"，词采绮丽，但缺少风骨。他父亲钱基博偶尔看其诗作，认为孺子可教，便携他拜谒了陈衍。石遗老人于是指点他在意境风骨上下工夫，舍唐音而趋宋调。在石遗老人的指点下，钱钟书的诗进步很快，写得也越来越好。1930年2月，他以"中书君"为笔名发表了处女作《无事聊短述》诗，发表在《清华周刊》上，他寄呈了石遗老人。石遗老人收到钱钟书的诗作，写信热情地鼓励他，并回赠自己的诗作给他，相互切磋酬唱。石遗老人对并世诗人学者甚少许可，独对钱钟书另眼相看。每年寒暑假钱钟书从清华回无锡，石遗老人都要邀他谈宴。

　　同光体闽派诗人中较为出名的还有郑孝胥和陈宝琛。郑孝胥（1860—1938年），字太夷，号苏戡、苏堪，福建闽县人，曾为张之洞幕僚。戊戌变法中参与新政，任总理衙门章京上行走。民国后居上海，为遗老多年，后受聘任溥仪"愚勤殿行走"、总理内务府首席大臣，从此积极为溥仪筹划复辟事宜。1931年"九一八"事变后，与日本勾结，组织伪"满洲国"，任伪"满洲国"国务总理大臣。著有《海藏楼诗集》十三卷。他与陈衍、陈三立并称"同光三杰"。作为一个有忧患意识的诗人，郑孝胥感时伤世的作品在其集中最多。关心世事，是那个时代诗人的共同特点。对国家前途的担忧，对政事颠倒的愤慨和失望，对民生疾苦的挂念，是他品中积极的部分。不过，过于在诗中使用表现心情哀伤沉重的词语，如"愁"、"恨"、"死"、"残"等，刻意营造了伤怀憔悴的意境，与陈衍相比，始终不能摆脱自矜求名、务为夸饰的毛病。过分渲染，就不可避免地流于熟烂，给人以为文造情的感觉。

陈宝琛，字伯潜，一字潜史，号弢庵，一号橘隐，晚年自署为橘叟、听水老人、沧趣老人，福建闽县（今闽侯）螺洲乡人，清道光二十八年（1848年）生，中华民国二十四年（1935年）乙亥卒，年八十八岁。陈氏家族"世代簪缨"，系闽县望族。陈宝琛进入仕途之时，正是同治、光绪时代，朝政标榜"新政自强"，翰林院涌现了一批勇于议政、抨击时弊之文人，"几几乎有宋元祐之风，一时遂有清流党之目"。在清流党中，陈宝琛交往最为亲密的是张之洞、张佩纶等人。陈宝琛著有《沧趣楼诗集》共十卷，收诗七百八十五首，自1887至1935年，历时48年。钱仲联在《论"同光体"》一文中，论及闽派时称"这一派以陈衍、郑孝胥、沈瑜庆、陈宝琛、林旭为首，最后有李宣龚诸人为殿军"。作为同光体闽派后期领军人物，陈宝琛以追求宋诗风格为主，诗中多以政治家的立场涉及家国大事，关心民生，以议论为诗、以文为诗，用事用典，讲究修辞。

二、不懂外语却译作如林

1912年，康有为向林纾索画，林纾为他画了一幅《刀木草堂图》，并题诗相赠，康有为作《琴南先生写〈万木草堂图〉题诗见赠赋谢》：

译才并世数严林，百部虞初救世心。喜剩灵光经历劫，谁伤正则日行吟。

唐人婉艳多哀感，欧俗风流所入深。多谢郑虔三绝笔，草堂风雨日披寻。

诗中除最后两句是感谢绘画以外，其他六句都是赞扬林译小说的。首句中"严林"是指严复和林纾。康有为把林纾和严复相提并论，从翻译史的角度看，是很有见地的。林纾不懂外文，但是与人合作，翻译外国文学类著作180余种，为中国人打开了中西文化和文学交流的大门。也可以说，他是近代热心介绍外国文学的第一人，并且终近代之世，没有人能在这方面超过他。他在这方面的贡献，正同严复在政治思想领域的贡献一样。

林纾是桐城派古文大师，以翻译小仲马的《茶花女遗事》一书闻名于世。关于《巴黎茶花女遗事》的翻译，还有一段动人的故事：与林纾患难与共、相濡以沫的夫人刘琼姿，辛苦持家，积劳成疾，于1897年3月6日

闽越文化

恹恹下世。林纾中年丧妻，悲抑莫名。马江船厂的朋友就怂恿他写《闽中新乐府》，于是他模仿白居易讽喻诗的风格，作《闽中新乐府》32首，针砭时俗，力图唤醒国人。组诗的第一首是《国仇》："国仇国仇在何方，英俄德法偕东洋。"面对帝国主义瓜分中国的威胁，他提醒国人："波兰印度皆前事，为奴为虏须臾至。"他呼吁恢复尚武精神："须求洋将练陆兵，二十万人堪背城。"在终篇中他的爱国之心跃然纸上，"我念国仇泣成血，敢有妄言天地灭。"在闽中传诵一时，也为维新运动大造舆论。在写《闽中新乐府》之际，林纾的友人王寿昌（字子仁，又名晓，字晓斋，也是福建闽侯人，赴法国留学，在巴黎大学学习法律。后来做天津洋务局翻译，迁升至湖北交涉使，汉阳兵工厂总办等），这时刚从巴黎回来，也在马江做客。向林纾介绍了巴黎小说家，于是就翻译了《巴黎茶花女遗事》。

以后林纾一发不可收拾，译书众多，便有了"林译小说"这个专有名词。康诗所谓"百部虞初救世心"，包含着对林纾的深刻理解。至少在辛亥革命以前，林纾的确是抱着一种救国之心来从事他的翻译事业的。首先，林译小说中的精品大都是西方资产阶级上升或革命时期的杰作，林纾在翻译时虽然作了某些删改或修饰，但其民主性的精华基本上保留着。在翻译过程中，林纾发现，文艺作品同样有影响社会的功能，并且自觉地利用这个功能，有意识地传输西方资产阶级民主思想，宣扬爱国主义精神，激励国人奋发图强、抗敌御侮的志气。林纾的早期译作，差不多每篇都有序、跋或达旨、评语之类，他在这方面是很下工夫，很见功力的。除文学赏析外，他特别注意结合国内和国际政治抒发自己的见解，把序跋之类当成了讲坛或奏章。

中国传统的文学观念，尊崇诗文，鄙薄小说戏曲。林纾作为古文家而致力于小说翻译，便以实际行动打破了鄙视小说的传统偏见。尤其是林纾的译文辞藻妍练，文笔雅洁，深受读者欢迎。他的某些译文甚至优于原文，至今仍不失魅力。这便吸引了许多人喜爱小说，也吸引了许多人创作和翻译小说，从而促进了小说创作和翻译的发展，也促进了中国传统文学结构的变更。另外，林纾使用较为自由活泼的文言翻译小说，不自觉地促进了语言和文体的变革。林纾论文，颇严古文"义法"，而译书却用较通俗、较随便、富于弹性的文言。虽然保留了若干"古文"成分，但比"古文"自由得多。在词汇和句法上，规矩不严，收容量很宽大，不仅使用古文里绝不容许的"隽语"、"佻巧语"，而且杂以口语、外来语，甚至语句中包含了很大的欧化成分，在客观上加速了"古文"的解体。

第三节　闽越文化的海外回归

一、文化混血儿——辜鸿铭

1857 年 7 月 18 日，马来西亚槟榔屿的橡胶园里诞生了一个"混血儿"——辜鸿铭。辜鸿铭（1857—1928 年），别名辜汤生，文名 Ku Hong – Ming。辜家原籍福建同安，其先祖本姓陈，世代以捕鱼为生。到陈敦源时，因酒醉失手伤人，为避官府缉拿，携带家眷远渡南洋，最后在马来半岛的槟榔屿落户，成为伐榛辟莽，开垦这块蛮荒之地的华人先驱，旅居时间比英国人还早。曾祖父辜礼欢作为"当地最可敬之华人"，被初登马来半岛的英国殖民者委为地方居民的行政首脑——首任甲必丹（Captain）。祖父辜龙池在吉打州政府里任公职，于地方建设卓有功勋，被吉打苏丹赐拿督勋衔。父亲辜紫云帮助英商布朗（Forbes Brown）经营槟榔屿的牛汝莪橡胶园，娶了西方人为妻，颇得老板的信任。混血儿的体态，超凡的天赋，伶俐的言行，与众不同的性情，使年幼的辜鸿铭深讨老布朗喜爱，被其收为义子。

辜鸿铭作为移居马来西亚的第四代华人，称之为"土生华人"，土生华人在文化上具有自己的特点，是华人社会中比较特殊的一个次群体。一般而言，土生华人多从事经常与殖民统治者打交道的工作，如包税人、中间商等，因此，他们有条件把自己的子女送到殖民统治者在当地办的西文学校读书，稍大一点又把他们送到西方去留学。土生华人还拥有自己的独特的语言。土生华人创造了自己的语言，他们一般都懂双语，或三种语言，即马来语、西方语言和华人方言（主要是福建方言），至于汉语普通话，绝大部分土生华人都不懂。

1867 年前后，布朗夫妇带 13 岁的辜鸿铭返回苏格兰老家，对他的学

闽越文化

业做了周密、细致的安排。使其先后就读于德国莱比锡大学（获土木工程学位）、英国爱丁堡大学（获文学硕士学位）、英国牛津大学，旋赴意大利、奥地利、德国、巴黎等地游学，数年间穿梭般求学于莱比锡、爱丁堡、伯明翰、柏林、巴黎等著名大学。辜鸿铭凭着自己的天才和勤奋，掌握了十来门外语，成为一位学识渊博、满腹经纶、能言善辩、笔走飞鸿、大器早成的青年学者。他在爱丁堡大学学习期间，获得了校长、英国著名作家兼历史学家、社会批评家卡莱尔的青睐，一大批欧洲有良知的知识分子对资本主义的批判和对东方儒家文明的由衷赞叹深深地影响着年轻的辜鸿铭。

1880年，辜鸿铭以英国殖民政府派往新加坡辅政司官员的身份到达新加坡后，认识了马建忠（《马氏文通》的作者），长谈后，辜鸿铭对中华文化的回归心情更加急切。即辞职来到华洋杂处的香港，埋头苦读汉学著作和中国经典。在香港的数年间，他勤于研读中国古书，奠定他的国学基础。1885年，29岁的辜鸿铭遭遇人生的另外一个重要际遇。他遇到了杨汝树，后者是在一年前中法宣战后被张之洞派往福建侦探军情的，在返回广州的船上认识辜鸿铭，并赏识他的才华，被引进张之洞幕府。他在张之洞幕府服务期间，由于精通多种外国语言，又对西方文化有深刻的了解，因此对中国的外交和国际关系做出不小的贡献。

辜鸿铭所处的时代，正是"西风东渐"之时，中国大地上先后掀起一次次向西方学习的热潮，从"中体西用"的洋务运动，到康有为的制度改革，到"五四"时期的新文化运动，中国社会一直以追随西学为思想主流。然而，与这股"西风东渐"的潮流迥异的是，辜鸿铭抛出"儒家文明救西论"，提出西方人在知识和道德上必须对中国"门户开放"，向中国学习。他一生发表了大量英文著作，将《论语》、《大学》等儒家经典和思想翻译成英文，介绍给西方世界，宣扬儒家文化。

他率先向中国人讲述现代化之负面性，世界所有战乱动难的最终根源乃是欧洲现代文明的"群氓崇拜"。辜氏所谓的"群氓崇拜"实为一物质功利主义，即为利益不择一切手段的行径或习气皆可称之为"群氓崇拜"，群氓的产生是人性（即人的道德本性）没有得到发展的缘故。进而，他从文化民族主义立场，在儒家文明中寻找到了以"优雅"为特征的道德人格的具体内涵以及修养之法。辜氏认为儒学中所含的道德人格培养，恰好能根治西方的"群氓崇拜"。

他高度赞赏儒家的道德理性，认为这种理性看到精神与情感的价值，是一种富于想象力的理性。"优雅文明"的本质在于道德，是道德力充分发展能驾驭物质力量的文明，"优雅的人"就是由优雅文明所教化的、道德品质健全的道德精英。辜氏的"优雅"人格是他用儒家义理阐释西方文化，把儒家的道德内涵注入西方文化的躯壳中，用儒家的道德自由、仁、义、礼、智、孝悌置换了西方的上帝、博爱、自由等概念，从而形成一种针对西方，用来疗治西方物质文明之弊病的道德人格。在此基础上，他希求建立的道德秩序又必须以君主权威为秩序中心，实现政教合一，政治秩序与伦理秩序同构的统治模式。因此，他视其为儒家文明的代表，并作为一种政治体制的示范推向世界。

二、归来二校长——李登辉、林文庆

在中国近代大学中，闽籍校长也有不少，其中有一些是闽籍在海外的土生华人，复旦大学校长李登辉即为其中一位。李登辉出生于印度尼西亚的闽籍商人家庭，其祖先世居福建同安。1685年，康熙下令解除海禁后，其祖先便来到印度尼西亚的爪哇岛，在巴达维亚（今雅加达）的郊外红巴村落籍，到李登辉出生，已历七代。从以垦殖维持生计兼做小生意，发展到成为村里百余户的首富，李家主要经营衣料织造产品，用来制作男士穿的短袖衬衫，当地人称"邦迪"。1872年，李登辉出生在红巴村，为家中长子。7岁开始，李登辉在当地荷兰人开办的学校接受启蒙。16岁到新加坡英华书院继续求学。李登辉的中国情结，也是在英华书院课余之时常到附近"天福宫"（新加坡的一处挂有光绪皇帝亲笔匾额"波靖南溟"的天妃庙宇）与福建同乡聚会而埋下的。

1890年，19岁的李登辉选择了赴美留学，先入俄亥俄州威斯雷阳大学读预科，1897年成为耶鲁大学的高材生，两年后获文学学士学位。他熟练地掌握了希腊文、拉丁文、英文、法文、德文、荷兰文及马来文等。毕业以后，他先在槟榔屿英华书院执教，担任英文部主任。1902年，他回到出

生地巴达维亚，在那里，有过短暂的办学经历。1904年冬，33岁的李登辉回到了祖国。1907年，严复辞去复旦的职务，由李登辉继任复旦校长，但严复仍时常协助维持复旦。当时，复旦基本上是所私立学校，这就要求复旦的执掌者既要学术渊博、行政管理能力强，还要具有广泛的人脉和声望，以获得政府和民间的各种支持，尤其是经济支持，李登辉恰恰具备这些条件。于是1905年初，在李登辉的倡导下，寰球中国学生会成立。李登辉亲自订立章程，其宗旨为"协助和推动清王朝的进步"，促进在世界各国留学的中国学生之间的联系与团结。

林文庆（1869—1957年）是19世纪末20世纪初新加坡最杰出的华人知识分子，他祖籍漳州龙海，本人是华巫混血后裔——祖父来自中国，祖母是槟榔屿娘惹（海峡华人女性），母亲是马六甲娘惹。在海峡殖民地统治制度下，林文庆身为英籍子民，得到英国人的栽培，他留学英国之际，所认同的英国正处于维多利亚盛世，繁荣气象使他感激又感动，并深为自己英籍子民的身份而感奋。但在英国的统治下，他很快就认识英籍华人也只是英籍华人，不可能享受跟白种英人同样的待遇。在民族矛盾冲击之下，他开始为自己的族群身份进行反思和觅求定位。

林文庆的寻根之旅在留学英国时踏出第一步。于是在1893年返新之前已开始学习中文，探讨儒学，关心中国的前途，反省海峡华人的处境。内心开始向着中华民族。他许多谈论海峡华人改革和复兴中华语言文化的作品，都积极向"汉族"认同，频称海峡华人为"汉族子孙"或"伟大中国的后裔"或"古老教化民族的后代"。在他心目中，海峡华人是汉民族的子孙，汉族父亲的形象越来越清晰，而马来母亲已走入神话世界。他展开中华文化复兴运动，主要表现在中华语文和儒家思想两方面。他认定，海峡华人的母语不是马来语或英语，而是汉语，他甚至用"父语"（father tongue）来称呼汉语。他发动儒学复兴运动，认为儒学为中华文化的精髓，也就是传统的基石。林文庆深受维多利亚时代文化的洗礼，吸纳西方许多先进的思想观念，如科学精神、进化哲学、功利主义、民主自由信仰、医学卫生观念、女学女权思想等。与此同时，他也接触基督教，跟教徒交往，探研圣经和教义。就是因为这份民族情结，使他转向中国古代文化寻觅类似的思想观念，以显示中学不落西学之后。

1921 年，在陈嘉庚的极力邀请下，他携带家眷前往厦门大学，从事披荆斩棘的教育开创事业。担任厦门大学校长 16 年，纵贯整个私立时期。厦门大学私立期间，财政拮据、政局紊乱、学潮澎湃和人事纠纷，林文庆何以能坚持到 1937 年呢？原因是民族意识、文化归心和乡国情怀交织而成，在此作用下，林文庆走了一条复杂且漫长的寻根之路，而厦门大学是路的终站。

在民国时期大学校长这一群体中，李登辉、林文庆均与众不同，他们有西学背景，但由于是出生在国外的华侨，对中国文化更有一种强烈的休戚与共的体认；他们身为私立大学校长，与政界、商界财阀都有很多联系，但一生专注于教育，从不介入政界、商界和军界的纷争，以李登辉和林文庆为代表的土生华人回归中华，就是吴越文化历史积淀一份反哺。

第八章　闽台文化的交织与创新

第一节　海峡移民与闽台宗亲源流

一、闽人迁台历史

台湾与福建一衣带水，早在新旧石器时代，通过台湾海峡与东山陆桥，远古人群已经往来。宋代之前，由于文献资料阙如，无法详细地描述闽人与台湾的关系。12 世纪开始，泉州成为中国对外贸易的中心，澎湖是帆船时代东南沿海人民出海捕捞作业的一个避风停靠站，也成为东南沿海与台湾地区商品贸易活动最早的交易地。北宋时沿海渔民在渔汛来临之际到澎湖海域捕捞，其中一部分人定居于此，成为以渔业为主兼有种植的不入户籍的散户，东南沿海的渔船商舶成为岛上居民购买各种生活用品的来源。宋代李复在《与乔步彦通判》的书信中提到当时邵武知县张士逊曾编有《闽中异事》一书，留下大陆人横渡台湾海峡，经澎湖群岛驶向流求（台湾）的记录。书中写道："泉州去大海一百三十里，白海岸乘舟，无狂风巨浪，二日至高华屿……又一日至流求国。"高华屿即今澎湖列岛之花屿。此航线开辟后，屡经闽台海上交往而逐渐固定下来。继开发澎湖之后，福建人民又进一步向台湾迁移。泉州知府汪大献在澎湖建屋，遣军屯戍，归福建晋江县管辖。元朝继承南宋市舶制度，也十分重视航海事业和对外贸易活动，于 1270 年设澎湖巡察司，经营台澎地区。

明代初朱元璋为防备海上反抗势力和倭寇骚乱，于 1377 年下令禁止沿海人民私自出海，1387年撤废澎湖巡检司，采取"坚壁清海"措施。明史称台湾为鸡笼山，冲绳为琉求。明初与琉求的朝贡往来，要经由鸡笼港（今基隆）。港背后山上有原住民鸡头笼社，由此而名为鸡笼山。郑和下西洋促使大批中国人远涉重洋，沿海居民又继续迁居澎湖捕鱼，与澎湖相隔只约30海里的台湾北港渔场成为渔船经常出入之地，慢慢就在台湾定居下来，形成数户、数十户的渔村。他们先后又发现大员（今安平）、打鼓（今高雄）等良好港湾，把渔村扩展到台湾西部沿岸各地，接着从事种植的农民也到台湾垦荒种植。大员是当地原住民台窝湾社的译音，又称台湾。因台湾地广人稀，农民们得以不受阻碍地扩展垦植范围，建立一个又一个村庄。定居下来的汉人与周围的原住民之间的交换关系就发展起来，在双方接触中，汉族移民把较先进的技术和文化知识传授给原住民，也接受些原住民的生活习惯，不少人还与原住民子女"牵手"成婚。

16世纪中叶后，随着大陆东南沿海商业资本的日益发展，出现了强大的海上武装集团，这些武装集团往往拥数以百计的船舰、成千上万的兵力及精良兵器。至此纷起之际，郑芝龙集团势力更壮大，曾招集饥民前往台湾开垦。由于汉人的存在，荷兰殖民者进入台湾后，占台湾南部台南地区和北部鸡笼淡水一带，大部分地区为闽人占据，闽人仍按福建风俗和文化生活。荷兰还将原住民"番社"的交易包给汉人社商。社商即以大陆的布匹、盐、铁、烟草等日用工业品，换取原住民的鹿皮、鹿角、鹿脯和藤等土特产，卖给荷兰，供其对外出口。

1662年2月，郑成功迫使荷兰在热兰遮城（在安平）的守将投降，收复台湾的行动，受到台湾的汉人和原住民的欢迎和支持。郑成功称台湾为东都，设一府二县，建立行政机构。郑成功在其后不到5个月即病逝，其子郑坚继位，将台湾改称东宁，发展了台湾开发事业。明郑政权时期，还有大批汉人移住台湾。除随郑氏父子到台湾的士兵及家眷约5万人外，大批汉人来台开垦，估计不下四五万人，再加上原有汉族居民，当时台湾汉族总人口约有15万人，与原住民的人数大体相等。明郑政权开发台湾，奠定了台湾社会经济基础，并移植来了中华文化。

1683年清政府乘郑政权内讧，出兵实现了台湾和祖国大陆的统一，福建与台湾就连为了一体。此后，沿岸人民成群结队移居台湾，台湾汉人人口迅速增加，从清治台初的 15 万人到 1811 年增至 194 万人，其中 80% 以上是福建籍人。从某种意义上说，明清以来福建向台湾的移民是闽越人群向海上扩展的结果，也是历史上持续的中国自北而南移民浪潮的余波。可以说，闽人一直为台湾建设的主导力量，因此到 19 世纪，随着人口的增加，行政机构也就隶属于福建省，这种行政管辖至 1887 年才结束——设立台湾省。

1895 年，日本割占台湾之后，对台湾实行殖民地的开发，台湾成为日本帝国所谓的"领土"，祖国大陆却成为所谓的"外国"。基于台湾发展必须符合日本利益的殖民主张，日本政府和台湾总督府始终主张日本人移民台湾，而福建人作为所谓"外国人"，不能随意出入台湾。但在两岸长期的来往中，特别是随着台湾经济的发展，岛内逐渐形成对大陆劳动力资源的依赖（如茶工等）。尽管台湾总督府采取了种种限制大陆劳工进入台湾的措施，但要完全断绝大陆居民进入台湾从事劳作、探亲及洽谈其他各类活动则是很困难的，进入台湾岛内的大陆居民被总督府视为"华侨"，成为日据时期这种特定背景下的特殊移民群体，不过这些人由于身份的限制，在殖民政府严格管理和控制之下，数量不大。

二、闽台宗亲一体化

中国传统文化中家族宗亲观念浓厚，闽越文化在与中原文化的融合过程中，发展出一套家族制度，每个姓氏很注重族谱、宗祠等宗族文化的建设。而随着福建移民到台湾，经数代繁衍，逐步从移民社会转型为定居社会。在宗族观念上，他们一直保持着一种认识，台湾家族是大陆家族的延续。因此，即便海峡的阻隔、社会的动荡，很多人仍修族谱，返乡谒祖，去世后在墓碑或神主牌上刻着祖籍地名或堂号，以维系宗亲关系一体性。

民间宗族活动的一项重要内容是修撰族谱、家乘。福建与台湾两地同宗族谱、家乘的编纂体例、目的、内容、方法等是一样的。由于祖先血缘的认同，台湾许多族谱完全抄自福建祖籍地同姓族谱，另有不少族谱则直接从福建带过去。正因为这种情况，各家族族谱所记载的内容虽详略不一，但许多内容是相同的，如修谱凡例义则、全族的户口、婚配和血缘关系，还有宗族的族产、族田、坟墓、祠庙等的四至方位和管理使用规则、家族训诫规约、各类合同契约文书等。一些更详细的族谱还记载家族历代发生的重大事件，以及科举出仕、义行芳名录和重要人物传记等。

从闽台家族修谱、续谱的情况看，族谱往往是闽台两地家族共推代表返祖籍或赴台湾，共同协商有关事宜，协力共修而成。如福建永春官林李氏家族于1658年（清顺治十五年）、1688年（康熙二十七年）、1714年（康熙五十三年）、1885年（光绪十一年）的历次修谱，都是闽台两地族人间通力合作，从而两地李氏子孙两百余年繁衍脉络清楚。这种合作修谱的做法在日据时期也仍延续，如聚居于晋江县石壁村的玉山林氏家族，自顺治末康熙初年起就有人移居台，迁台族人分散在台北、基隆、鹿港、彰化、凤山等地。1914年，经两地林氏族人同心协力，完成了《玉山林氏宗谱》续修工作。这些族谱能较全面地记载本族子孙分派等情况，也使得台湾绝大部分族谱可将自己的家族渊源追寻至中原及入闽始祖。

台湾各家族在修纂族谱时，不仅强调血缘关系的重要性，而且通过血缘关系世系的考订排列，强调本宗族的高贵传统，尽可能地将自己的祖先与中国先朝的望族、名人相联系，以郡望和堂号作为子孙慎终追远的根据。郡望是以两千多年前秦汉时期的郡名，作为整个家庭追溯发祥之地的表记，代表整个家族得姓源流。福建与台湾的同一家族所流传的郡望、堂号是完全一致的，如颍川陈氏、西河林氏、陇西李氏、江夏黄氏、太原王氏、延陵吴氏、清河张氏等。为了标榜自己家族的显赫声望和历史，均将郡望、堂号作为祠堂、家庙的牌匾，不少民居也将其镌刻于门匾或门楼之上，各宗族还在祖先的墓碑或神主牌位上方刻着本宗族的郡望或堂号。

在福建家族的发展过程，修建祖宗陵墓及宗祠家庙是宗族建设的重要内容。迁移到台湾的福建家族为了表达认祖怀祖的深情，不仅回祖籍祭祖，还常捐资维修祖祠祖墓。如1928年台湾彰化县书山派萧氏族人捐款回南靖县书洋乡修建祖墓。据统计，自清初迄至1949年，台湾宗亲为南靖祖家捐修祖祠墓葬祖业银达2万多银元。清末台湾名儒吴德功曾作《寻同安祖坟始末记》，据记，吴德功的曾祖父于1778年（乾隆四十三年）渡台，其先祖坟墓皆在同安乌石谱、大安等处。其曾祖母每遇年节一再告诫子孙

风越文化

们"宜念祖宗"，如果可能，应身渡内地寻祖坟。此训世代流传，1874年吴德功到福州参加乡试，受父辈之命"往寻祖坟"，经多方了解，吴德功于1879年、1882年在同安大安和乌石谱寻觅，历尽艰辛，终于实现了几代人梦寐以求的心愿。

迁移到台湾的闽人定居之后，也普遍仿照原乡购置族产，以凝聚族人，为各种宗族活动提供物质后盾。如今台湾家族所拥有的数量极大的祭祀公业就与此有关。在祭祀公业的设置过程中，这些家族还在祖籍地设置祭祖业产和举办社会公益及慈善事业。如板桥林氏家族创业人林平侯在台湾致富后，于1821年（道光元年）在祖籍漳州府龙溪县白石保过井村创建"永泽堂林氏义庄"，"赡给同宗族人贫乏之用"，义庄自1821年建成迄1937年停止，历116年。这些财产的存在，彰显着两地家族的同根同源，共存共荣。

特别值得指出的是，绝大多数台湾士子获得科举功名后，更是以各种形式维系与福建祖籍地宗亲的联系。譬如回家乡树石笔、赠匾额、修家谱、建祠堂等。据漳州地方志载："台籍中举之士，渡海返回原籍祭拜祖祠家庙，泉、漳、汀各府县同宗族之人，开祠接待，出资邀宴，同沐光彩；其返台时，纷送土产礼品相赠庆贺，益增两地族人之情谊。"这既强化了宗亲关系的认同，也增强了两地之间的联系。

第二节　闽台士人流动与台湾文脉之形成

一、士人流动与科举文化推进

在台湾的开发过程中，中华民族传统文化的重要组成部分——科举制度也随着福建移民传入台湾。明郑政权时期，漳籍石美村人陈永华不遗余力地倡导儒学、推行科举，创建台湾第一座孔庙，设立明伦堂，通令各里社广设学校，延聘了一批饱学文人如太仆寺卿沈光文及避战乱入台定居的明朝缙绅等鸿博之士"横经讲学、诵法先王"，从而奠定了台湾儒学基础。清朝初期，台湾属于福建管辖，科举考试实行三年两次的"童试"，参加乡试者必须到福州应考，台湾儒生也借机与闽地士人频繁接触。乾隆四年

（1739 年），清政府根据巡台御史诸穆布的建议，规定在北京的会试中，只要到北京参加会试的台湾考生达 10 人以上，即给予一名保障名额。道光三年（1823 年），台湾赴京会试的举人达 11 名，同年台湾人郑用锡首次在台字号的名额保证下考取进士，成为第一名台湾进士，被称为"开台进士"，自此，人们学习的热情更加高涨，"父诏其子，兄勉其弟，莫不以考试为一生大业，刻苦励志，争先而恐后焉"。据统计，到光绪二十年（1894年），台湾共有历届中试的进士 29 名（另有武进士 10 名）；举人 251 名（另有武举人 284 名）；贡生 960 名（不包括例贡）。

台湾科举考试施行后，因为台湾孤悬海外，士子无老儒宿学之教，为文简陋，清政府为了奖励"读书之子，特设台额"。由于考试名额分配而导致录取机会的不同，形成了考试移民，这是一种文化流动的特殊现象。这些移民大多来自一水之隔的福建，他们大部分在原乡学有所成，但因为学额限制，而无法驰骋考场。此时借助与台湾人有着同宗、同族、同姓等千丝万缕的联系，在台湾获得考试资格。因此每当台湾举行科考时，他们"闻风航海而来"，如晋江县玉山林宏训，参加科考，屡试不中，于是往游台湾，被取进诸罗县学第五名。这些移民虽然旨在利用科举考试的地域差异来弋取功名，考取后即返回原籍，但来往参加科举考试，也会寓居一段时间，无形中也给台湾带去了福建士人文化因素。

由于乡试考场设在福州，因此台湾士子须跨越海峡，赶赴乡试，成为另外一种考试移民，也同样具有文化流动之效用。早年台湾士子在福州参加乡试时或租屋而居，或寄寓他处，没有专门栖息场所。1883 年台湾文风日盛，每届乡试考生约有八百余人，道台刘璈鉴于此，拨出一万五千两白银，在福州贡院附近购地建造了台北、台南两郡试馆，共计三栋楼，可容纳考生三百余人。此外，台湾士绅也在福州建立会馆，如澎湖蔡继兰出资在福州南台置地造房，设立台湾会馆。这样，台湾考生络绎不绝地渡海应试，加强了移民后代与大陆祖地的文化联系。

通过科举考试与士人流动，对台湾而言，考试内容以儒家经籍为内容，加速了台湾的"儒学化"，也加速了中华文化在当地的传播。士人流动，特别是台湾士子内渡应试之余，走亲访友、游历山河，并写下许多游记诗文，则强化了地方与府城、边陲与中央关系，促进了共同文化圈的形成。正如学者已指出的："科举制度中循阶而上，由县治、府治而省城、京城的考试制度，却又使得台湾科举社群，不仅在台湾岛内交流，也和大陆的科举社群产生强制性的、密不可分的关系，使得台湾科举社群的成员勇于归乡、入省与晋京，强化了中央与边陲的关系。"这样，"科举社群的成员透过科举制度，比一般人更紧密地和故乡、省城、都城以及整个中国结合在一起"。

二、儒士诗社与闽台诗风

闽台士人流动带动了台湾的文坛风气。明清易代，一批遗民文人入台，开启了台湾文学的发展之路。浙江鄞县人沈光文在台湾居住的 36 年中，同福建文人学士有着密切的交往，史称"海东文献，推为初祖"。他的诗风，与明末清初的顾炎武等遗民诗人一样，都具有强烈的忧国思乡之情，对国家与民族的命运表现出极大的关怀。康熙统一台湾后不久，年已古稀的沈光文组织了一个名为"福台闲咏"的诗社。所谓"福台"，就是福建省台湾府之意。"福台闲咏"后更名"东吟社"。作为一个由祖国大陆流寓文人组成的诗社，"福台闲咏"的成员都是一些明末清初"游宦寓贤"的传统知识分子，其中以福建文人为主，如福州人陈克瑹名鸿猷，何明卿名士风，翁辅生名德昌、林奕，泉州人陈云卿名雄略等，他们将"各撝性灵，不拘体格"的作品带入台湾。"东吟社"成立是清统一台湾之后的文坛之盛事，开了台湾文人联结诗社之风，推动了台湾的文化发展。

入清之后，闽台士人互相吟咏酬唱，组织了众多诗社。如潜园吟社盟主林占梅，诗琴书画，样样精通，在家中设置诗社，偶赋一题，竟然四方文人学士闻风而趋之若鹜，有《鹤山琴余草》行世。该诗社有福建籍诗人并诗文集如下：林豪，字卓人，金门人，有《诵清屋诗草》；林亦图，字维丞，闽县人，有《潜园寓草》；彭廷选，字雅夫，同安人，有《傍榕小筑诗文稿》。两地文人往来十分频繁和密切，福建文人作品也常常在台湾广为流传。如陈寿祺、杨浚、陈衍等，都亲身到过台湾，或写过一些有关台湾的诗作；黄任的作品则流布台湾，家传户诵。

日据时代，闽台诗人虽往来被阻断，但在台湾的原福建或大陆其他省籍的诗人，与台湾本土成长起来的诗人，共同创办了许多爱国诗社。他们皆有定期集会吟咏，"以华夏冠裳，沦为异俗，倦怀宗国，悲愤填膺，借美人芳草，发其幽忧之情，因铁板铜琶，抒其郁闷之气"，以诗钟或击钵的形式最重要。诗钟原盛行于福建，在福州文献中，曾说"往时福州学子，初习韵语，塾师即以钟句课之，此法于学诗最易入门，故无人不可为诗钟"。可见台湾诗风爱闽诗影响之深。日据台五十年间，各地先后成立之诗文社有267所，诗社活动聚会方式有三种：一是社内小集，二是社际联吟，三是全台联吟。其主流思想是反异族侵略。如在鹿港的鹿苑吟社，就吸纳了一批能诗善文的来自包括福建籍在内的大陆文人，他们的文学创作造就了一方文风的兴盛。许多儒生以诗歌怀念祖国，歌颂郑成功的光辉业绩，砥砺民族气节，表达反抗异族侵略情绪。日据时期最著名的诗社是1902年成立的"栎社"，由秀才林朝崧在家乡台中雾峰与侄林资修（幼春）、诗人赖悔之发起创立。林朝崧，字俊堂，号痴仙，台中雾峰人，建威将军林文明少子。他19岁就是县里有名的秀才，20岁值割台，避乱泉州。后返里，倡结"栎社"，栎为不材之木，寓不与日人合作之意。在林朝崧领导下，栎社的诗继承明郑时期遗民诗的传统，尤其是在1909年连横加入以后，这种倾向更加突出，诗中饱含对故土的眷念，对台湾沦丧的悲痛和对日本侵略者的愤慨。

　　闽台士人所推动的文化交流还体现于跨越海峡的家族活动中。板桥林家吟咏唱酬，研摹金石书画，并延聘福建诏安人谢颖苏、同安人吕世宜、厦门人陈梦三、海澄人叶化成等为西席，教授子弟。而林国华长子林维让、次子林维源，年少时内渡从学于厦门举人陈梦三，返台后，于同治年间创立"大观书社"义学，由晋江举人、林维让妹婿庄正担任讲席，集漳、泉二郡学子，厚给膏火，月课诗文。此外，林国芳次子林维得亦不务名利，杜门笃学，其诗颇获佳评。板桥林氏家族原本并不以文教起家，未有以止途获得科举功名者，但透过延聘多位来自闽南的流寓文人，借重外力，也使得林家酷爱文艺的形象浮现，成为当时台北文坛的又一重要的家族性作家群体，而就整个北台文学而言，亦可与竹堑北郭园、潜园的文酒盛会相辉映。林维源、林尔嘉父子等林氏家族成员内渡厦门，寓居鼓浪屿，兴建菽庄花园，成为闽地以及台湾内渡文人雅集优游、吟哦酬唱的场所。1913 年，林尔嘉、林景仁父子于厦门鼓浪屿创立菽庄吟社，台南乡贤施士洁、许南英、汪春源先后入社，并被尊为"社中三老"，深受诸社友的敬重。"他们在社中吟咏唱和，每多思念台湾故土，盼望江山一统之音。

三、道学东传与台湾儒学

明末清初，郑成功收复台湾，就理念层面论，具有儒家的汉民族春秋大义的思想，强调华夷之辨，类似于东林和浙东的抗拒型儒家。清朝统一后，统治者认为，中国儒家思想中的朱子理学最利于巩固王朝，于是奉朱子学说为最正统的儒家学说。朱子学在台湾的推广和传播，做出很大贡献者颇多，有陈梦林、蔡世远、陈瑸、邓传安等人。其中陈梦林、蔡世远皆为漳浦儒生。

蔡世远少承家风，熟习朱子儒学，遍读宋代理学家周敦颐、张载、程颢、程颐、朱熹的著作。得中进士后，选入翰林院为庶吉士。在京期间，他得到福建同乡、大学士李光地的赏识，在李的启迪下，又对程朱理学作进一步探究，有了较深的造诣。回闽后，受聘到省城福州主持鳌峰书院，其学术主张既继承二程和朱子之学，又深研周敦颐、张载的学说，是清代闽学派的主干。在对朱子学说进行梳理时，十分强调其学说中有关义与利、天理与人欲之辨，把养成"浩然正气"看成是正直向上、高尚道德品质的展现。在蔡世远主持鳌峰书院期间，好友陈梦林受邀赴台修《诸罗县志》，诸罗县学建成之后，陈梦林向他索记。蔡世远也想借此机缘将鳌峰书院的学术传入台湾，隔海写了一篇碑文《诸罗县学碑记》。这篇碑文表达了蔡世远的儒学思想以及他以这些思想勉励台湾诸生的用心，是闽台儒学传承的具体实证。简短碑文除交代诸罗县学建设过程外，主要是阐发朱子学的基本思想，蔡世远引程伊川和朱熹的话语强调儒者居心行事须先立诚道，行无妄与不欺的生活。另外还阐明了朱子学说中的道问学之目的就是在于尊德性，儒者当以道德实践为其生命本质与生活主轴。蔡世远用清晰、准确和十分概要的文字为台湾的儒子们阐明儒学中的最基本的思想内容。

福建漳浦儒生中另一位对台湾发展及传播儒学中起重大影响作用的人物当推蓝鼎元。去台之前，蓝鼎元受聘于鳌峰书院，参与纂订前儒书籍，尽读宋明理学重要人物的著作，对朱子学说尤为推崇，深得其真传。康熙六十年，台湾朱一贵叛乱，经过闽学琢砺涵养而成的儒生蓝鼎元随其族兄南澳总兵蓝廷珍渡海平乱。在这期间，他对台湾的社会政治经济以及文教状况进行深入的考察，认为当时台湾社会秩序不良，民众喜犯法健讼、聚赌成性，根源在于文教衰败，于是提出了一系列加强台湾文教建设的建议。按照蓝鼎元的设计，台湾的儒学教育应分成两个层次。上层属于对年轻人的学校教育，即以府、县儒学为中心，广设义学，这里的义学包括社学、私塾等启蒙教育机构，对学生进行儒学教育，学习优秀的选拔到府城书院深造。下层属于城镇村庄中男女老少皆宜的社法名教等社会政治规范，就是儒家所谓"成人成己"、"内圣外王"的思想。也就是说，蓝鼎元并没有把儒家思想教育仅仅看成是一种学术想或精神资源，而是把它看成是依附于一定的经济政治制度的伦理规范、社会风习、文化心态、值标准等的综合体。

还有，曾任福建巡抚、且与鳌峰书院关系甚深的陈瑸，也在台湾的儒学传播上用力甚勤。他于康熙四十一年（1702年），调到台湾任知县，后离台另任他职，于康熙四十九年（1710年）再任台厦道兼理学政而回到湾。他对朱子学说的推崇是其儒吏生涯中至为重要的一个内容。《新建朱文公祠记》是一篇集中反映陈瑸对朱子学说的看法并权威叙述朱子学说的文章，在台湾儒学思想史占有十分重要的地位。陈瑸主要阐述了朱子学说的根本精神，他直截了当地强调孔孟以后，儒学失传，唯有朱子思想承接了孔孟之道的正统，由此而进一步主张朱子学说必须成为台湾儒学教育的经典思想。应该说，朱子学说中的礼教思想，伦理至上主义，有其重视道德自觉、强调教化作用、追求人际关系和谐等可取的因素，陈瑸从治理社会的角度出发，把社会公共秩序的建立及个体的日常生活置于朱子学说的基本精神之下，对台湾清初社会整合具有引导性意义。

第三节　闽台信仰与宗教的双向互动

一、神祇浮海而东游

宗教信仰是相信并崇拜超自然、超人间的神秘境界和力量的一种社会意识形态。明清时期，大陆民众迁移入台极具凶险，要横渡波涛汹涌的台湾海峡，要征服瘴疫时起自然条件恶劣的茫茫荒野，往往寄希望于祖籍地神明。因此，移民们往往恭请神像伴其渡台，或怀揣寺庙中提取的香火袋以作护符，或者在临行前到寺庙祭拜，祈求神明保佑。

移民抵台之后，先在住房内供奉祭拜伴随自己渡台的神像或香火袋；等到聚落发展到相当规模，特别是移民们有一定的经济实力后，才建立庙宇专门供奉。就这样，伴随着闽人的移居和垦殖活动，祖籍地的宗教信仰便来到台湾，从而开始了闽台世代相传的宗教信仰间的交融关系。日据时代日本人在研究中也认为："时至今日，那些当年的移民，仍然供奉他们大陆家乡的保护神，以及奉祀各自信仰的神像与香火。所谓'香火'，就是从大陆原乡带来的香火袋，用红布做成四角形，里面装的是家乡神龛前的香灰，带到台湾来当神供奉。"

表5　有20座以上的寺庙供奉主神一览（台湾省文献委员会，1960）

王爷	717	神农大帝	80	三圣恩主	38
观音佛祖	441	清水祖师	63	阿弥陀佛	34
天上圣母	383	三官大帝	60	大众爷	34
福德正神	327	开台圣王	57	孚佑帝君	32
释迦佛	306	开漳圣王	53	孔夫子	30
玄天上地	266	元帅爷	47	广泽尊王	29
关圣帝君	192	三宝佛	46	文昌帝君	24
保生大帝	140	有应公	45	义民爷	21
三山国王	124	城隍	44	姓名不详的祖师	21
中坛元帅	94	玉皇上帝	38	其他218种	434
合计	247 种	4220			

台湾神庙里大部分的神灵与闽人入台有关。以观音和王爷为例，观世音菩萨是台湾民间祀拜最多的对象，其中以龙山寺最具代表性，台北艋舺（今万华）龙山寺是全台规模最大最有影响的龙山寺。台北万华地区原是晋江、南安、惠安（所谓三邑）人聚居地，所以他们在1737年（乾隆二年）二月开会商议建龙山寺的事，寺庙用地大部分由泉州人黄典谟捐献，

建寺所耗的 2 万多银元由三邑人捐献。乾隆初年龙山寺建成后还专门派人到晋江安海龙山寺奉一观音佛祖到寺内恭祀，此后万华龙山寺还经常派人到安海祖寺进香。此后，曾回本山进香，民国五年三月又有庙祝吴福智，奉观音像一座回福建进香。1816 年（嘉庆二十一年）重修龙山寺时，三邑人共捐银一万五千余元。在此之后万华龙山寺又多次修建，其中较大的一次修建是 1919 年，当时由该寺住持福智和尚（晋江人，俗名吴灿明）倡议进行，聘请福建到台的建筑师傅修建。

福建地区的王爷信仰源自于瘟神崇拜。据《乌石山志》记载："榕城内外，凡近水依寺之处，多祀疫神，称为涧，呼之为殿，名曰五帝，与之以姓曰张、关、刘、史、赵。"关于五帝的来历，有许多不同的传说，一说是唐太宗时，有五位书生进京赴考，均名落孙山，他们五人流落街头，奏乐行乞。唐太宗召五人入地窖演奏，又佯称为乐声所困，请张天师化解，以试其法力。张天师入宫后，乃作法术，口念真言，拔剑作斩妖状，乐声骤然停止。唐太宗派人入地窖察看，五书生已全部死去。五人冤气不散，成为疠鬼，太宗畏惧，令天下立庙祭祀。闽南地区的瘟神称之为"王爷"，人数远不止五位，多达三百六十位。关于王爷的来历，更是众说纷纭；或说是秦始皇焚书坑儒时，被活埋的三百六十名博士演变而来；或说是唐代三百六十名冤死的进士被赐予"王爷"封号，血食四方；或说是明代末年三百六十名进士不愿臣服清朝统治，集体自杀，成为神祇；等等。传说虽不同，但都是死于非命，无一善终者，这都曲折地反映了古人对瘟疫的恐惧心理。闽南的"王爷"多冠以姓氏，常见的有赵、康、温、马、萧、朱、邢、李、池、吴、范、姚、金、吉、玉、岳、魏、雷、郭、伍、罗、白、纪、张、许、蔡、沈、余、潘、陈、包、薛、刘、黄、林、杨、徐、田、卢、谭、封、何、叶、方、高、郑、狄、章、耿、王、楚、鲁、齐、越、龙、殷、莫、姜、钟、韩、沐、虞、苏、宋、骆、韦、欧、沈、廉、侯、周、万、萍、琼等一百余姓王爷。王爷庙遍布闽南各地，一座庙供奉三尊王爷塑像的称"三王府"，供奉四尊王爷塑像的称"四王府"，供奉五尊王爷塑像的称"五王府"。

郑成功收复台湾之后，随着闽南人的增多，王爷信仰迅速传播。台湾现存的规模最为宏大，被称为瘟神信仰总庙的台南县北门乡代天府，相传因王爷船漂流至此而创建于永历十六年（康熙元年，1662 年）。永历年间台南和澎湖尚有许多王爷庙，如台南龙崎乡法府千岁坛和池府于岁坛、安平区弘济宫、永康乡王爷庙、澎湖湖西安良庙和广圣殿、西屿威扬宫等均创建于永历年间。王爷信仰长盛不衰，影响越来越大，成为台湾影响最大的民间信仰之一。据 1999 年统计，全台湾有王爷庙 800 余座，这些庙宇的建筑与雕塑保持着泉州、漳州等地王爷庙的建筑风格。

二、闽台民间神职渊源

按照刘枝万教授的研究，台湾有三种宗教职能者。就是灵媒（巫觋、童乩、尪姨）、法师（红头法师）、道士。这三种广泛分布于台湾的神职人员，均与福建民间宗教的神职人员有着直接的联系。

灵媒的功能，是民众通过他（她）直接跟神明或者亡魂沟通，可以了解他们的意志。一般的形式是灵媒通过催眠的方式引导人的灵魂进入阴间与亡者相会，女巫以亡者的化身与活人对话。问亡在各地的叫法不同，闽东称"提亡"，闽西北称"问神"或"问仙"，莆田仙游一带称"寻亡"，闽南和"问亡"，又称"探亡"。俗信人死后生活在阴间，这一宗教形式在台湾极为普遍，例如，有人夜晚做恶梦，梦见已死的家人好像想跟他说什么问题的话，那个人可以去找尪姨请她把亡魂招来到她身上，直接问亡魂要求什么东西。

"神汉"、"跳童"、"乩童"、"童乩"在福建民间宗教活动中极为普遍，他们除了平常为百姓祈福消灾外，还经常在迎神赛会上表演。表演时，他们多赤着上身，披头散发，腰围红肚兜，下身系白裙，或用刀枪剑斧狼牙棒自砍其背，或用尺余大针穿透双颊，或用七星剑割断舌尖，或爬刀梯过刀桥，或坐钉椅睡钉床，或赤足从熊熊燃烧的火炭上走过，或双手放入沸腾的油锅中。台湾的童乩也承袭福建宗教传统，有文乩和武乩两种。最常见而引起人们之关心的情况是，武神到童乩的身上来附体，用各种武器把自己的身体，弄得血淋淋的来表演他的威力，而当作进香团的卫护者。在台湾南部，每一所庙宇或者私人神坛，其后面一定有童乩的活动。

台湾道士有二类：一为乌头道士，头戴黑网巾，有一定服装。自称正统派，有茅山派系（玉京道士）、清微派系（天枢道士）、武当道系（北极道士）、正一教系（玉府道士）。乌头道士俗称"师公"，以举行祭灵度亡和祈福求宁的仪式为主。他们主要是两个来源，一种是从泉州来的，一种是从漳州的来的。法事稍有不同，泉州的幽法比较纯正完全，漳州的请法比较好看。

一为红头道士，头戴红布条，做法事时，上身随便，下身着围巾，光脚，俗称红头法师，以镇煞驱邪的法术为主。红头道士分为天师派、老君派、灵宝派、神霄派、闾山三奶派。据考证，明万历十八年（1590年）闾山三奶派道士从漳州抵达台南。红头道士不若正一派有比较严格授职要求，因此差不多台湾的每个村镇都有好几个。

三、鸾堂与闽台儒教

鸾堂是供奉文圣孔子、武圣关帝，并配祀其他神的庙宇，是儒教的重要祭祀场所。鸾堂以扶鸾为主要的宗教仪式，也称"扶乩"。清代木鱼乩笔与扶乩旧时占卜，置丁字形木架，悬木如锥在直端，名为"乩"。承以沙盘，由两人扶其两端，依术延神至，则锥自动画沙成文字，或与人诗词唱和，或示人吉凶休咎，或为人开药方治病。事毕，神退，锥亦不动，此法谓之"扶乩"。传入台湾的"扶鸾会"，或称"扶乩会"，至清末转化为以"扶鸾"为主要宗教仪式的鸾堂，以宣扬儒家圣道、施药开方为任。其扶鸾仪式，系由正鸾生经请鸾仪式后，借神灵附身推动乩笔书于沙盘上，旁有唱鸾生报读，民间亦称为"降笔会"。经扶鸾写出的文章称为"鸾文"，将这些鸾文集结出版则为"鸾书"，这便是该鸾堂的宗教经典。鸾书中有仙佛训文、宝诰、行述故事、诗歌、功过格等，多以阐扬儒教义理为主体精神。鸾堂中的执事成员一般称为"鸾生"，其中受神明推动鸾笔撰文者称为"正鸾"，是鸾堂中的灵魂人物，其他执事者尚有堂主、校正生、唱鸾生、记录生、宣讲生、钟鼓生等，各司其责。他们将鸾堂所著的鸾书比附于儒家经典，将鸾堂的创建说成是继承儒家的道统，鸾堂的飞鸾济世活动也被等同于儒家的"三不朽"（立德、立功、立言）。

鸾堂发展之初，主事者多是地方士绅文人，而许多鸾堂甚至就是原来的书房中可以。例如宜兰新民堂由李望洋、蒋国荣等士绅募款筹建，李望洋为清代的举人，曾担任甘肃河州县官，回籍后任宜兰仰山书院山长，当时他又充任新民堂的鸾生，职务是"校正兼总理"。宜兰鉴民堂则是摆里鉴湖陈氏家族私庙，创于光绪十三年（1887年），附在登瀛书院中。林学源为九芎林庄秀才，丘润河、彭阿健在地方被称为学者，在清代曾任教师。他们在光绪十七年（1891年）于澎湖成立一新社乐善堂，其鸾生林介仁、林梦、黄济时、郑祖年等人的身份是秀才，许占魁、高升、陈秉衡等人是童生。

清代台湾的鸾堂可以分为五大系统，即新民堂系统、一新社系统、彰化三兴堂系统、圣贤堂系统和其他鸾堂，其中一新社系统、彰化三兴堂系统、圣贤堂系统与福建有直接或间接联系。

一新社系统：清末澎湖地区的土绅为了"祈天消灾"、"匡复人心"，派人到泉州"公善社"，学习扶乩，并于咸丰三年（1853年）回澎湖成立了"普劝社"，奉关羽和保生大帝为主神，开始扶乩。光绪十三年（1887年）地方生员黄济时等人集资重建普劝社，改名"一新社"，以解救鸦片中毒患者为宗旨，出版鸾书《觉悟选新》八卷，在澎湖发展数十间鸾堂。

彰化三兴堂系统：其母堂为搜懿宫东兴堂，而东兴堂之母堂为广善堂，广善堂之由来与漳州有关。光绪八年（1882年）关圣帝君由漳州移驾入苑里白沙屯，光绪十七年（1891年）石冈坎下林家由白沙屯迎奉关圣帝君设鸾堂曰"讲道堂"，同年，永靖打帘村村民陈仪亭等慕名从石冈坎下"讲道堂"。恭迎三恩主公香火，成立广善堂。从三兴堂分香出去的鸾堂多达60多间。

圣贤堂系统：在台湾中部地区影响很大，其鸾法有两个源头，其中王翼汉的鸾法来自鹿港洪月樵（洪弃生），洪月樵于甲午战争前到福州参加科举考试，遇一老人授其鸾法，回到台湾后，将鸾法授予王翼汉。光绪二十年（1894年）左右，洪月樵的鸾法传人，经王翼汉的传承，在台中地区不仅自成体系，而且至今仍持续不断出版善书。

四、闽台一区的基督教、天主教传播

明清时期西方宗教在闽台地区传播中，视海峡两岸为一体。外国传教土首次进入台湾，纯因他们希望赴福州传教而引发。1602 年，马尼拉曾派神父至日本传教，应在福州的西班牙人之请，西班牙驻菲律宾总督与圣多明我会驻马尼拉会商议，决定由会长巴都老默·马志烈为大使，由马尼拉出发赴福州任职。不料船在海上遇台风后受损，而漂至台湾。在台湾修整期间，搜集了台湾资料，提交当时马尼拉总督。1626 年 2 月 8 日，圣多明我会省会长巴都老默·马志烈神父率方清各·毛拉神父、热罗尼莫·毛烈神父、若翰·厄额他神父等四位传教士，及方济各亚西默修士随前往台湾的军队赴台传教，5 月 12 日于基隆登陆，并以此为据点开始传教。

鸦片战争后，清廷对天主教弛禁，天主教在福建的活动重新公开并快速发展。据统计，从 1842 年到 1895 年入闽传教的多明我会传教士共有 63 名，在福建各地建有教堂 13 座。近代天主教在福建正式成立了一套较成系统的组织管理机构，福建教区成为独立的监牧区。1859 年，多明我会派遣神父郭德刚和若瑟到台湾传教，两人先到福州报到，然后前往厦门与另一位神父洪保禄会合。因若瑟须留厦门学习闽南语，郭与洪则在当年 5 月一同赴台，成为近代最早入台传教的两位天主教传教士，同行的还有几位闽籍传道员和厦门本地信徒。自此，在经历了长达 200 余年的中断后，天主教再度在台传教，而台湾教区与福建教区亦形成了分会与母会的关系。入台神父们一般都从菲律宾先抵达福州、厦门，再启程前往台湾，天主教由闽入台的传教格局逐渐确立，台湾传教区则归其管辖。

1913 年，台湾成为监牧区，脱离厦门教区。台湾教区和厦门教区虽然分家，但关系仍非常密切，教徒所用经本、教会年历等，仍多采用厦门或福州教会的出版物。1915 年，在台湾传教多年的马守仁神父从台湾到厦门教区当主教。厦门教区修院也为台湾培养台湾神父，不分彼此，仍然一家。1936 年在马尼拉举行的天主教第 32 届国际圣体大会上，来自台湾的天主教徒代表在开幕式上全部自发地站在福建队列，并向与会的福建教徒哭诉思念祖国之情。1945 年台湾光复时，厦门教区在漳州白水营修院培养的涂明正神父接替曾任台湾教区代理监牧 5 年之久的日本人里胁浅次郎。1946 年，台湾监牧区列入福建省，划归福州主教区监管，闽台天主教界来往更加密切。

基督新教虽早于荷据时期即已传入台湾，但规模、影响较小，并随着荷兰人被驱逐而烟消云散。鸦片战争结束后，1850 年，英国长老会抵达厦门传教，在福建立足后，长老会很快就注意到闽台之间密不可分的关系，并开始酝酿在台湾传教的计划。长老会在台湾传教的过程中，始终以厦门为中心基地，并从厦门派遣传教人员入台进行考察、正式传教、短期访察等，厦门总会与台湾教会之间是母会与子会的关系；台湾建立教堂、成立教会也要向设在厦门的总会报告，并多搬照福建的传教经验。1877 年，英国长老会成立台南教士会，台湾教会才逐渐有自主自决权力。尽管如此，闽台两地基督新教还是紧密联系、频繁互动。长老会仍然不定期派遣传教士入台协助工作或交流经验，台湾教会也经常派员到福建访问参观，互相学习交流，即便在日据时期也是如此。如 1912 年 10 月，台湾南北两长老会在新化举行台湾大会，闽南总会会使宛礼文及杨怀德两位牧师参加致辞，祝贺南北教会联合。在此期间，来自福建的牧师和信徒频频前往台湾工作，例如 1879 年厦门教徒王世杰到台任教，还担任宣教师的语言教员；1909 至 1915 年厦门教会派出传教经验丰富的何希仁牧师由闽南永春前往台湾，为当地群众宣教讲道等等。这些事例都体现了闽台基督教会之间剪不断的亲缘关系。

　　在天主教和基督教的传播过程中，传教士深谙闽台汉民语源同一的道理，在宣教过程中，编撰了不少闽南语工具手册，供传教人员和闽台居民使用。因此两地教会往往以闽南语为纽带，使用相同的教会出版物，台湾教会一直以用厦门话编撰的方言辞典、圣经及各类出版物为传教工具。如 1873 年出版的由杜嘉德编撰的《厦英大辞典》，是闽台两地最重要和最常用的一部字典。该字典详列厦、漳、泉三地闽南语的差别及使用方法，出版后流传很广。从 1913 年出版的由甘为霖编撰的《厦门音新字典》在两岸也应用甚广。1913 年开始，巴克礼在厦门在当地华牧与传道员协助下改译厦门音罗马字圣经，并于 1915 年和 1926 年两度前往厦门进行改译工作，最终于 1930 年完成，并出版使用。由他译出的新旧约圣经深受闽台信众欢迎，流传十分广泛。

参考文献（按姓氏拼音为序）

（荷）包乐史（Leonard Blusse），吴凤斌. 18世纪末吧达维亚唐人社会：吧城公馆档案研究. 厦门大学出版社，2002年.

（美）本尼迪克特（Benedict，R.）著，张燕，傅铿译. 文化模式. 浙江人民出版社，1987年.

C

陈存洗，林忠干. 武夷悬棺之谜. 福建科学技术出版社，1993年.

陈克俭，林仁川. 福建财政史（上）. 厦门大学出版社，1989年.

陈庆元. 福建文学发展史. 福建教育出版社，1996年.

陈庆元. 文学：地域的观照. 上海三联书店，2003年.

陈支平. 近500年来福建的家族社会与文化. 三联书店上海分店，1991年.

陈永正. 多学科视野中的闽都文化. 福建人民出版社，2009年.

陈支平、李少明. 基督教与福建民间社会. 厦门大学出版社，1992年.

陈支平. 福建宗教史. 福建教育出版社，1996年.

陈支平. 福建六大民系. 福建人民出版社，2000年.

陈支平，詹石窗. 透视中国东南：文化经济的整合研究，厦门大学出版社，2003年.

陈支平. 福建族谱. 福建人民出版社，2009年.

陈支平. 民间文书与明清东南族商研究. 中华书局，2009年.

F

福建省考古博物馆学会. 福建华安仙字潭摩崖石刻研究. 中央民族学院出版社，1990年.

福建省少数民族古籍丛书编委会. 福建省少数民族古籍丛书·畲族卷. 家族谱牒. 海风出版社，2010年.

福建省炎黄文化研究会，中共福州市委宣传部编．闽都文化研究．海峡文艺出版社，2006 年．

傅小凡，卓克华．闽南理学的源流与发展．福建人民出版社，2007 年．

G

郭启熹．闽西族群发展史．福建教育出版社，2008 年．

郭志超，林瑶棋．闽南宗族社会．福建人民出版社，2008 年．

郭志超．畲族文化述论．中国社会科学出版社，2009 年．

H

何绵山．闽文化概论．北京大学出版社，1996 年．

何绵山．八闽文化．辽宁教育出版社，1998 年．

何绵山．闽文化续论．北京大学出版社，2004 年．

何绵山．闽台文化探略．厦门大学出版社，2005 年．

侯外庐主编：中国思想史纲．上海书店出版社，2008 年．

黄贤强．跨域史学：近代中国与南洋华人研究的新视野．厦门大学出版社，2008年．

J

蒋炳钊等．百越民族文化．学林出版社，1988 年．

蒋炳钊．畲族史稿．厦门大学出版社，1988 年．

蒋炳钊．东南民族研究．厦门大学出版社，2002 年．

蒋炳钊．百越文化研究．厦门大学出版社，2005 年．

蒋炳钊，吴绵吉、辛土成．中国东南民族关系史．厦门大学出版社，2007 年．

焦天龙，范春雪．福建与南岛语族．中华书局，2010 年．

L

蓝炯熹．畲民家族文化．福建人民出版社，2002 年．

李国宏，范雪春，彭菲．远古的家园：两万年前台湾海峡揭秘．海潮摄影艺术出版社，2005 年．

李金明．明代海外贸易史．中国社会科学出版社，1990 年．

李金明．漳州港．福建人民出版社，2001 年．

李元瑾．林文庆的思想：中西文化的汇流与矛盾．新加坡亚洲研究学会1991 年．

李亦园．宗教与神话．广西师范大学出版社，2004 年．

廖大珂．福建海外交通史．福建人民出版社，2002 年．

林枫，范正义．闽南文化述论．中国社会科学出版社，2008 年．

林国平，彭文宇．福建民间信仰．福建人民出版社，1993 年．

林国平．闽台民间信仰源流．福建人民出版社，2003 年．

林惠祥，蒋炳钊．天风海涛室遗稿：纪念林惠祥先生百年诞辰．鹭江出版社，2001 年．

林金水．福建对外文化交流史．福建教育出版社，1997 年．

林开明．福建航运史（古、近代部分）．人民交通出版社，1994 年．

林仁川．明末清初私人海上贸易．华东师范大学出版社，1987 年．

林仁川．福建对外贸易与海关史．鹭江出版社，1991 年．

林仁川，徐晓望．明末清初中西文化冲突．华东师范大学出版社，1999 年．

林仁川，黄福才．闽台文化交融史．福建教育出版社，1997 年．

林星．福建城市现代化研究：以福州、厦门为中心．天津古籍出版社，2009 年．

林忠干．闽北五千年．海峡文艺出版社，2009 年．

刘朝晖．超越乡土社会：一个侨乡村落的历史文化与社会结构．民族出版社，2005 年．

P

潘朝阳．台湾汉人通俗宗教的空间与环境诠释．厦门大学出版社，2008 年．

S

（日）桑原骘藏著，陈裕菁译订．蒲寿庚考．中华书局，2009 年．

T

（英）泰勒著，蔡江浓编译．原始文化．浙江人民出版社，1988 年．

唐长孺．魏晋南北朝史论丛．中华书局，2009 年．

W

（澳）王赓武著，姚楠编译．东南亚与华人：王赓武教授论文选集．中国友谊出版公司，1987 年．

王赓武．王赓武自选集．上海教育出版社，2002 年．

王荣国．福建佛教史．厦门大学出版社，1997 年．

王荣国．海洋神灵：中国海神信仰与社会经济．江西高校出版社，2007 年．

吴春明，林果．闽越国都城考古研究．厦门大学出版社，1998 年．

吴春明．中国东南土著民族历史与文化的考古学观察．厦门大学出版社，1999 年．

吴春明，邓聪．东南考古研究（第三辑），厦门大学出版社，2003 年．

吴春明．环中国海沉船：古代帆船、船技与船贷．江西高校出版社，2007 年．

吴文良原著；吴幼雄增订．泉州宗教石刻．科学出版社，2005 年．

X

谢重光．陈元光与漳州早期开发史研究．台北文史哲出版社，1994 年．

谢重光．畲族与客家福佬关系史略．福建人民出版社，2002 年．

谢重光．闽台客家社会与文化．福建人民出版社，2003 年．

谢重光．客家文化述论．中国社会科学出版社，2008 年．

徐晓望．福建民间信仰源流．福建教育出版社，1993 年．

徐晓望．福建思想文化史纲．福建教育出版社，1996 年．

徐晓望．福建通史（第一卷—第六卷），福建人民出版社，2006 年．

徐晓望．闽北文化述论．中国社会科学出版社，2009 年．

薛菁．闽都文化述论．中国社会科学出版社，2009 年．

Y

（意）雅各·德安科纳著，（英）大卫·塞尔本（David Selbourne）编译，杨民等译．光明之城．上海人民出版社，1999 年．

杨琮．闽越国文化．福建人民出版社，1998 年．

杨国桢．闽在海中：追寻福建海洋发展史．江西高校出版社，1998 年．

杨国桢等．明清中国沿海社会与海外移民．高等教育出版社，1997 年．

叶国庆．笔耕集．厦门大学出版社，1997 年．

叶明生．福建傀儡戏史论．中国戏剧出版社，2004 年．

叶明生．莆仙戏剧文化生态研究．厦门大学出版社，2007 年．

叶文程．中国古外销瓷研究论文集．紫禁城出版社，1988 年．

叶文程，林忠干．福建陶瓷．福建人民出版社，1993 年．

Z

詹石窗，林安梧．闽南宗教．福建人民出版社，2007 年．

张先清．史料与视界：中文文献与中国基督教史研究．上海人民出版社，2007 年．

张先清．官府、宗族与天主教：17－19 世纪福安乡村教会的历史叙事．中华书局，2009 年．

郑学檬．中国古代经济重心南移和唐宋江南经济研究．岳麓书社，2003 年．

郑振满．乡族与国家：多元视野中的闽台传统社会．三联书店，2009 年．

郑振满.明清福建家族组织与社会变迁.中国人民大学出版社,2009年.

中国人民政治协商会议福建省华安县委员会文史资料委员会、福建省华安县文化馆编.华安文史资料:仙字潭古文字探索(第六辑),1984年.

钟礼强.昙石山文化研究.岳麓书社,2005年.

周雪香.明清闽粤边客家地区的社会经济变迁.福建人民出版社,2007年.

周雪香.莆仙文化述论.中国社会科学出版社,2008年.

周子峰.近代厦门城市发展史研究.厦门大学出版社,2005年.

驻闽海军军事编纂室编著.福建海防史.厦门大学出版社,1990年.

庄为玑.古刺桐港.厦门大学出版社,1989年.

庄为玑.海上集.厦门大学出版社,1996年.

(日)佐竹靖彦.佐竹靖彦史学论集.中华书局,2006年.